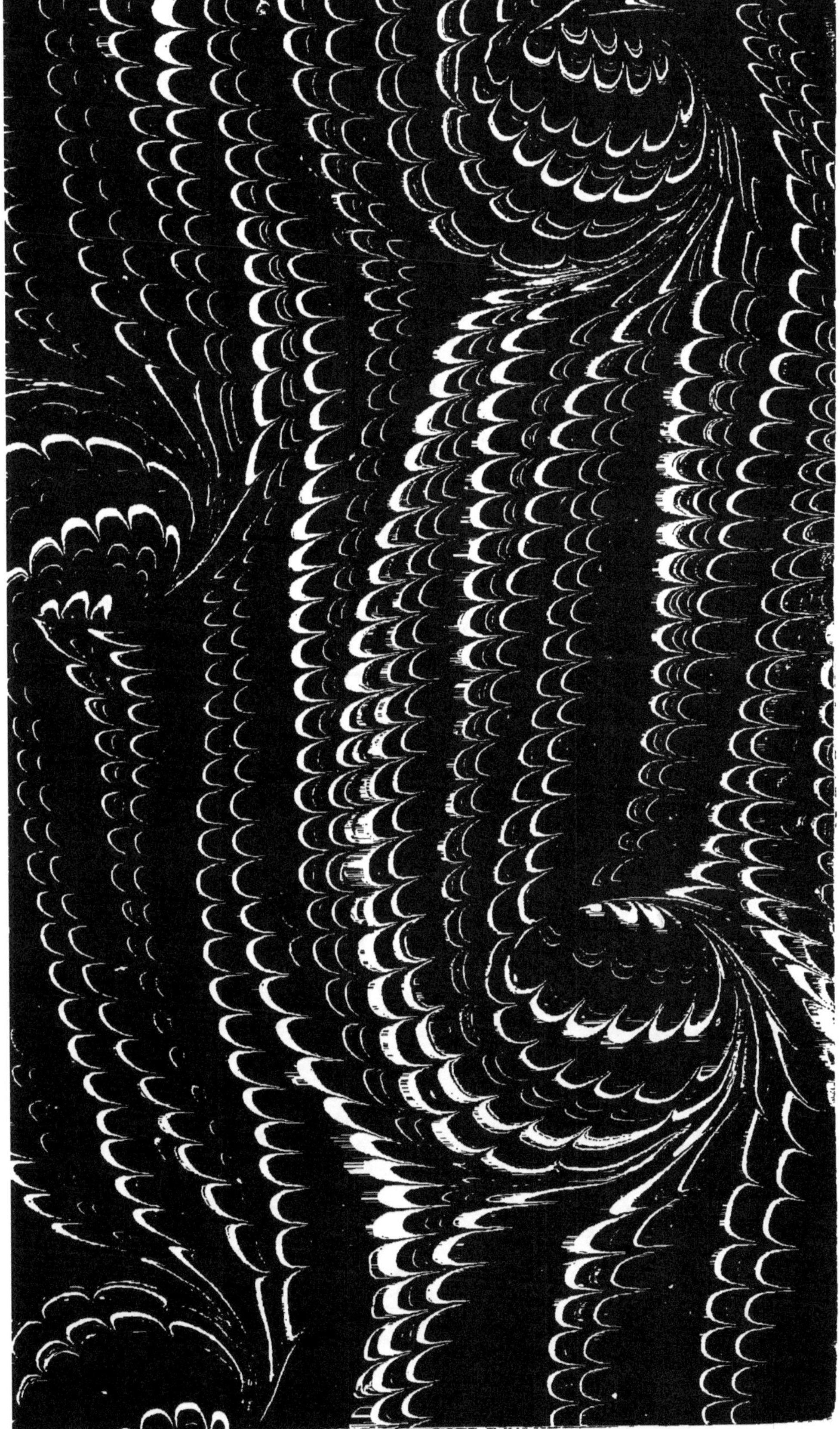

Croque Goslin,

OU

DE PARIS

SIÈCLE

TOME PREMIER

L'Evêque Gozlin,

OU

LE SIÉGE DE PARIS.

IMPRIMERIE DE FIRMIN DIDOT FRÈRES,
RUE JACOB, N° 24.

L'ÉVÊQUE GOZLIN,

OU

Par les Normands;

CHRONIQUE DU NEUVIÈME SIÈCLE.

TOME PREMIER.

PARIS,

CHEZ DUFÉY ET VEZARD, LIBRAIRES,

RUE DES MARAIS SAINT-GERMAIN, N° 17.

Seriez-vous curieux de connaître,

Et l'*auteur*,

Et le *traducteur*,

Et l'*annotateur*

de la vieille Chronique que je *mets en lumière*, comme on disait autrefois ?

L'Auteur, dont j'ai découvert le nom à la dernière page du manuscrit qui contient cette morale et dévote Chronique, s'appelait *Polycarpe Joculat*. Il vivait dans le ixe siècle, était moine, et de plus chapelain du château de Rollonville. — Voilà tout ce que je sais de l'auteur.

Le Traducteur de son œuvre, c'est moi,

aujourd'hui concierge du château qu'habitait le saint homme.

Que cette qualité de *concierge* ne vous donne pas de moi une opinion trop désavantageuse : j'ai toute raison de croire que mes ancêtres étaient, il y a quelques siècles, seigneurs de Rollonville... Mais ce n'est point ici le lieu d'exposer par quelles vicissitudes j'ai été dépouillé des titres et des biens de mes aïeux.

Mon nom est *Wandrille Leberneur*. C'est du moins celui que m'ont donné mes voisins, de bons paysans, que je me plais à rassembler, tous les dimanches, sous le portique du château, pour leur conter des histoires du vieux temps.

Je voudrais bien vous dire quelque chose de *mon* château ; mais je craindrais que vous n'y prissiez aucun intérêt.

Permettez-moi seulement de vous apprendre que c'est un des plus antiques édifices de cette Neustrie où il existe encore tant de monuments des siècles passés ; qu'il est éloigné de toutes les grandes routes ; que, du haut de l'une de ses tours, on découvre une vaste plage parsemée d'écueils; et qu'enfin il est entouré d'une sombre forêt de chênes, dont plusieurs sont aussi vieux que ses bastions, sa chapelle et son colombier.

C'est à présent la propriété d'un brave capitaine de vaisseau marchand, qui l'a acheté pendant la révolution. Il ne l'a visité qu'une seule fois; mais il se propose bien de venir y finir ses jours lorsqu'il sera las de parcourir les mers.

Il m'a conservé, en attendant, le titre et toutes les prérogatives de concierge. Je pourrais donc disposer à mon gré de tout le château; mais, modeste dans mes goûts, je me contente d'habiter la tour sous le toit de laquelle sont déposées les *archives*.

Là je mène une vie tranquille, mais qui ne serait pas sans ennui, si je n'aimais passionnément la lecture.

N'allez pas croire que, pour satisfaire ce besoin de lire, je m'entoure de tous les ouvrages nouveaux dont Paris inonde les provinces ; non. Voici tout ce qui compose ma bibliothèque :

Une grosse Bible, où j'ai noté les maximes sages et vraiment morales que j'y ai trouvées, et où j'ai rayé tout ce qui m'a paru absurde, dangereux, antisocial ;

Les deux grands poèmes d'Homère, où je n'ai rien rayé, que je sais par cœur (ou à peu près), et que je relis toujours ;

Un Shakspeare, don précieux d'un Anglais qui vint, il y a dix ans, passer plusieurs mois dans le château, et qui m'apprit sa langue.

Mais il faut dire que, dès que je suis las d'étudier mes auteurs favoris, je monte aux archives qui sont sous ma garde ; que j'y range chronologiquement les nombreuses chartes et pièces de tout genre qui y sont entassées, et que je tâche de les déchiffrer.

Il y a, dans *mes* archives, un vieux coffre tout vermoulu, qui n'existerait plus si les ais n'en étaient contenus par de larges bandes de fer, et s'il n'était presque tout couvert de gothiques ornements en bronze.

C'est dans cette *huche* (nos pères appelaient ainsi les grands coffres) qu'ont été successivement déposés, pendant des siècles, nombre de poèmes et romans de chevalerie; des lais; des fabliaux de toute espèce, tant mondains que dévots, tant moraux que licencieux. Vous devez bien penser que, de préférence, je fouille souvent dans ce meuble-là.

Un jour, je trouvai, tout au fond du coffre, une chronique écrite en mauvais latin, dans laquelle étaient racontées les aventures d'un certain évêque *Gozlin*, à l'époque où les Normands assiégèrent Paris.

A peine j'en eus parcouru quelques pages que le désir me prit de traduire l'ouvrage entier. (Je dois vous prévenir que je sais le latin, et même un peu le grec : j'en ai l'obligation au précepteur du fils aîné de l'ancien possesseur du château, qui, voyant que son élève ne voulait point étudier, me prit en amitié, et m'instruisait à sa place; mais il fit la sottise d'émigrer avec *monseigneur* et sa famille.)

Lecteur, c'est cette traduction que je vous présente avec humilité, avec un juste sentiment de crainte. Je me croirais heureux si le travail qui m'a distrait et amusé deux années de suite pouvait vous distraire et vous amuser deux heures.

Il me reste à vous parler de l'ANNOTATEUR. C'est un grave érudit, grand amateur d'antiquités, et, si je ne me trompe, membre d'une Académie de Paris, et de plusieurs autres académies.

Il vint, l'année dernière, visiter, en curieux, le château de Rollonville. Je travaillais alors à ma traduction ; je la lui montrai, et il m'encouragea beaucoup à continuer.

C'était donc un devoir pour moi, dès qu'elle fut terminée, de la lui communiquer ; et je m'empressai de l'expédier à Paris.

Il me l'a renvoyée avec des *notes et explications*, qu'il m'a autorisé à publier à la suite de l'ouvrage. Mais il ne m'a point permis d'y joindre son nom.

LECTEUR, vous remarquerez que, dans ce petit écrit préliminaire, que vous appellerez, s'il vous plaît, une PRÉFACE, je ne vous ai point donné cette qualification d'*ami* que vous receviez toujours des auteurs d'un autre temps. Ce n'est plus la mode d'appeler ainsi les lecteurs. Et pourtant que vous mériteriez bien ce titre si vous consentiez à lire, d'un bout à l'autre, l'histoire un peu longue à laquelle je donne pour titre :

L'Evêque Gozlin,

OU

LE SIÉGE DE PARIS

Par les Normands,

CHRONIQUE TRÈS-VÉRIDIQUE,

RÉDIGÉE, LA DERNIÈRE ANNÉE DU IXe SIÈCLE,

PAR FRÈRE **POLYCARPE JOCULAT**,

Chapelain du château de Rollonville ;

TRANSLATÉE DU LATIN EN FRANÇAIS

PAR **WANDRILLE LEBERNEUR**,

Concierge du même château ;

ANNOTÉE PAR M. *****, DE L'ACADÉMIE DES ***, DE CELLE DE ***, DE DIX AUTRES ACADÉMIES ET SOCIÉTÉS D'ANTIQUAIRES.

Urbs! medio Sequanæ recubans, culti quoque regni
Francigenûm, temet statuis per celsa canendo :
« Sum polis ut regina micans omnes super urbes. »

Abbo. De Lutetia Parisiorum obsessa.

L'Evêque Gozlin,

OU

LE SIÉGE DE PARIS.

CHAPITRE PREMIER.

LES PÉLERINS.

Misit igitur duos viros exploratores in abscondito, et dixit eis : Ite, considerate terram urbemque.

Il envoya donc deux hommes, des espions, et il leur dit : Allez, explorez en secret la ville et les environs.

JOSUÉ, chap. II, vers. 1.

. . . .
. . . . *

« — Maître, vous m'éveillez de grand matin!

— Mais vois donc, Nitard, déjà le soleil dore les tours de l'abbaye voisine.

* Les cinq premières pages du manuscrit de cette chronique sont tellement maculées qu'il a été impossible de les déchiffrer. Elles contenaient probablement le récit du voyage des *Pélerins*, depuis le lieu de leur départ jusqu'à Saint-Denis, où nous les trouvons s'entretenant ensemble.

— En effet, dit Nitard en se frottant les yeux; et je crois même entendre les moines qui marmottent leurs matines.

— Leurs matines, non, reprit Adalbert, mais les prières qu'ils sont obligés d'adresser, jour et nuit, au grand saint qui vint de Paris jusqu'ici, portant sa tête entre ses bras. C'est le bon roi Dagobert qui institua cette continuelle psalmodie*. »

Et il se mit à rire.

« — Maître, prenez garde : vous allez encore vous moquer de nos miracles et de nos augustes cérémonies.

Il ajouta d'un ton plus sérieux :

« Il faut que je vous aime bien; il faut que j'aie promis à Rollon, votre redoutable père, de ne vous abandonner jamais, pour supporter vos perpétuelles railleries contre notre sainte religion.

— Aussi mon père te récompensera. Mais lève-toi : quittons cette misérable hutte.

— Misérable, sans doute, mais que nous fûmes trop heureux de trouver déserte, hier au soir; car nous ne savions où passer la nuit.

— Oublions tout cela, Nitard : nous touchons au terme de nos fatigues; dans quelques heures nous serons à Paris. Mettons-nous donc en route.

* Voyez la note 1, à la fin du volume.

— Oh! ce n'est pas ma couche que je regretterai, dit Nitard en sautant à terre, de dessus la grosse botte de chaume où il avait dormi, et secouant les brins de paille qui s'étaient attachés à son sayon : jamais je ne fus si mal couché, même en Palestine.... Eh bien! vous riez encore; vous allez encore me répéter que je n'ai jamais vu le Saint-Sépulcre, moi qui ai tant eu à souffrir au milieu des barbares circoncis; moi qui les vis un jour préparer un long pieu.... j'en frémis encore. — Et ces vénérables reliques qui sont là, dans cette boîte! vous ne sauriez croire à quels périls je me suis exposé pour me les procurer!...

— A merveille! Nitard; voilà bien ce qu'il faudra dire à la populace qui va nous entourer dans la ville. Laisse faire; je te seconderai bien : tout ce que tu conteras de prodigieux, je l'affirmerai sur ma part de paradis. »

Nitard courut aussitôt détacher, d'un arbre voisin, l'âne qui finissait de brouter les chardons que nos voyageurs avaient rassemblés la veille pour sa nourriture de la nuit. Il mit sur le dos du patient animal une housse de laine jadis rouge, sur laquelle étaient brodées en blanc une multitude de petites croix. Puis, prenant avec respect le reliquaire, jadis doré, qui contenait le dernier vêtement qu'avait porté sainte

Marie l'Égyptienne, il l'attacha par des courroies sur l'épine dorsale de l'âne, qui, par sa gravité, témoignait assez combien il était fier d'un tel fardeau. Notre pélerin arrangea ensuite les nombreuses coquilles blanches qui ornaient son sayon de couleur noire, et fixa sur l'espèce de bonnet grec qui couvrait sa tête, plusieurs croix de plomb doré, dont il avait une ample provision. Après quoi, il offrit un morceau de pain à son singe, qui, pour le manger plus commodément, lui sauta sur l'épaule droite. Quant au jeune Adalbert, il orna son bonnet couleur de pourpre d'une grande plume d'autruche. De dessous le bonnet s'échappait une longue chevelure blonde, qui tombait en boucles ondoyantes sur ses épaules. Une simple tunique orange qui descendait à peine jusqu'aux genoux, couvrait son corps, et était serrée, vers le milieu, par une large ceinture de la couleur de son bonnet. Une rote *, soutenue par une étroite bandoulière, se balançait sur son dos. Nitard ne se lassait point de le regarder.

« — En vérité, mon cher maître, lui dit-il, vous ressemblez à ces jeunes chérubins que j'ai vus peints sur les murs de la vieille église de Saint-Pierre, à Rome; ou bien encore à notre saint Martin, le digne patron des Gaules.

* Espèce de vielle.

— Partons, dit Adalbert; gagnons d'abord le Mont-de-Mars *; de là nous verrons tout Paris. Je serai ton guide; car, si je ne me trompe, tu ne connais nullement ce pays.

— Comment le pourrais-je connaître? A l'âge de quinze ans, j'ai quitté le bon village où j'étais né, tout près de l'embouchure de la Seine....

— Nitard, tu aimes à conter : tout en cheminant, conte-moi ton histoire.

— Volontiers. Oh! elle ne sera pas longue. Écoutez. »

Et Nitard, après avoir toussé deux fois, et regardé si son âne les suivait bien, dit :

« Mon père cultivait les terres d'une belle abbaye qui s'élevait sur la côte de la mer, et d'où l'on pouvait découvrir l'île qu'habitent les Anglo-Saxons. Les moines nous visitaient souvent, venaient passer le temps avec ma mère, qui restait à filer à la maison, tandis que mon père travaillait aux champs. Un de ces moines surtout ne nous quittait presque jamais. Il m'avait pris en affection, m'apprenait à prier Dieu, et même à lire, ce qui m'a été fort utile dans mes voyages : il voulait faire de moi un clerc. Nos voisins prétendaient que je ressemblais trait pour trait à ce bon moine.

« Nous vivions paisibles, heureux, quand tout-

* Montmartre. — Voyez la note II.

à-coup une flotte arrive sur la côte, et débarque des milliers de Danois. Je ne veux pas dire de mal de ces hommes-là, parce que ce sont vos compatriotes; mais la vérité est pourtant qu'ils mirent le feu à l'abbaye, égorgèrent les moines qui voulaient échapper aux flammes. La cabane de mon père ne fut point épargnée : il y périt en voulant défendre l'honneur de ma mère. Je restai orphelin, seul sur la terre : que devenir!

« Comme je m'étais habitué, dès mes premières années, à marcher vite et long-temps, je suivis, presque toujours courant, les côtes de la mer, annonçant partout la nouvelle irruption des Normands. On me donnait quelques morceaux de pain, quelques petites pièces de monnaie. J'avançais toujours : de château en château, de ville en ville, j'arrivai jusque sur les bords de la Meuse.

« Là, je trouvai d'autres Normands qui ravageaient ce beau pays. Un pauvre prêtre, qu'ils avaient forcé à fuir de son ermitage, me rencontra; il avait formé le projet d'aller jusqu'à Jérusalem visiter le tombeau de notre Sauveur: il me proposa de l'accompagner.

« Dévot comme je l'étais, je crus voir en lui un ange, qui, revêtu de la forme humaine, me prenait sous sa protection, et me conduirait dans la voie du Seigneur : je le suivis avec joie.

Nous traversâmes les Alpes, l'Italie, une besace sur le dos, un bâton blanc à la main. Mais, hélas! le saint homme fut pris à Rome de la dyssenterie, et mourut après quelques jours de souffrances. Je continuai ma route...»

« — Je t'arrête ici, Nitard; je ne veux plus entendre toutes les fables que tu contes de ton voyage en Palestine.

— Soit; vous y perdrez plus que moi.

— Dis-moi seulement ce qui put te décider à revenir dans ton pays, toi qui, s'il faut t'en croire, jouissais du bonheur si rare de vivre dans les lieux que le dieu que tu adores avait sanctifiés par sa vie et par son supplice?

— Le désir de revoir les lieux où j'étais né; et puis, je m'étais procuré, non sans peine, les précieuses reliques renfermées dans ce coffret: j'étais bien sûr qu'avec cet inestimable trésor je ne mourrais jamais de faim dans ma religieuse patrie. Le capitaine d'un vaisseau, qui partait pour Marseille, voulut bien me prendre à son bord. De là, grâce à mon reliquaire, à mon singe et aux coquilles qui couvrent mon sayon, j'ai pu revenir gaiement dans la Neustrie, en visitant toutes les villes du midi des Gaules, et en côtoyant l'Armorique. Nulle part, je n'ai senti la misère. Mais je ne m'attendais pas à retrouver les Normands où je les avais laissés. Je ne m'en plains pas pourtant; ils ne sont pas si barbares que je l'imaginais. Votre magnanime père n'a pas permis qu'on me fît aucun mal; il se plaisait même à m'entendre conter mes aventures. Il se moquait, il est vrai, souvent de mes saintes reliques, ainsi que des moines et des prêtres chrétiens; comme s'il n'avait pas aussi des dieux et des prêtres! Du reste, il faut qu'il ait grande confiance en mon savoir-faire, puisqu'il m'a dit en me donnant à vous : « Tu suivras partout mon fils Adalbert ; tu partageras ses périls comme sa bonne fortune. » Ah ! si tous les chefs normands lui ressemblaient !... Mais dites-moi à votre tour : les Normands se trouvent donc bien dans la basse Neustrie, puisqu'ils y restent si long-temps? Leur projet serait-il de s'emparer pour toujours du pays?

— C'est à quoi, mon cher Nitard, tu me permettras bien de ne pas répondre : observe tout ce qui se passera, si tel est ton goût, forme des conjectures, mais ne m'interroge jamais si tu veux que nous restions amis. »

Ils continuaient de marcher, mais en silence. La campagne était triste; l'ardeur du soleil d'été, car juillet touchait à sa fin, avait desséché les herbes et les buissons, et l'on n'apercevait qu'à de rares intervalles des champs cultivés. Adalbert, une main sur son front, paraissait méditer profondément, puis il chantait à demi-voix, gesticulait avec force, et s'arrêtait tout-à-coup.

« — Nitard, dit-il brusquement, c'est bien *Marie* que s'appelle la sainte dont tu possèdes les reliques ?

— Sans doute ; et elle était née en Égypte...

— Où elle fit, dès ses plus jeunes ans, le métier de prostituée?

— Mais aussi, par pénitence, elle passa quarante ans toute nue dans un désert.

— Où elle n'eut d'autre compagnie que des bêtes féroces, et un bon ermite qui l'engageait à persévérer, et lui prêtait son manteau pour couvrir quelque chose de sa nudité ?

— C'est cela même. Mais que vous importe l'histoire de ma sainte, à vous qui ne croyez pas à tous les miracles qu'elle opère ?

— Ingrat! je viens de composer sur ta sainte le plus beau, le plus onctueux des cantiques : tu me l'entendras chanter aux Parisiens, qui fondront en larmes. Oh! bientôt mon cantique sera dans toutes les bouches ; tous le répéteront, les mères, les jeunes filles, les bateliers, les artisans, les archers et jusqu'à la garde du comte Eudes *... Mais nous voici au pied du mont célèbre où naguères on adorait encore le dieu Mars. Courage!

* Voyez la note III.

Nitard, prends à la main le licol de l'âne, et gravissons. C'est du sommet que tu pourras voir la ville qu'ont habitée la plupart de tes rois à dater de la conquête que les Francs firent de ta malheureuse nation, il y aura bientôt quatre siècles. Il est bien temps que nous autres Normands nous venions les punir...

— Et nous asservir à votre tour, dit Nitard. Au reste, que m'importe! je servais les uns, je servirai les autres. »

Le chemin n'était pas rude : ils montaient assez rapidement. Ils trouvèrent d'abord les ruines de la *villa* antique du riche romain *Clientius* *. Ces ruines rappelèrent à Nitard celles qu'il avait vues en Italie.

« — Oh! voilà bien, disait-il, une salle de bains : voyez les tuyaux qui y conduisaient l'eau ; voyez ces restes de statues de marbre, ces bras, ces têtes, ces beaux seins de femmes! Dites-moi, maître : savez-vous pourquoi ils ont détruit, renversé tant de belles figures?

— Eh! mon ami, les hommes sont-ils raisonnables? Parce qu'ils avaient cessé de croire aux dieux des Romains, ils en ont brisé les images.

* C'est du nom de ce Romain qu'est venu celui du hameau de *Clignancourt*, qui occupe l'espace où s'élevait sa maison. — Voyez la note IV.

Un jour, peut-être, d'autres insensés viendront, qui briseront aussi les images qu'ils ont placées dans leurs nouveaux temples; et leur saint Denis, et leur saint Loup, et leur saint Cloud, et même leur douce Geneviève...

— Oh! vos compatriotes les Normands leur laisseront peu de choses à renverser, à détruire; il me semble qu'ils s'entendent très-bien à faire des ruines : nous avons pu en juger pendant tout notre voyage dans la partie de la Neustrie que nous venons de parcourir. Ils n'ont épargné ni églises, ni statues, ni tombeaux. »

Nos voyageurs arrivèrent enfin au sommet du monticule que les Parisiens appellent une montagne, parce qu'en effet, il n'est pas de lieu plus élevé près des rives du fleuve qui baigne leur cité. Quelques colonnes encore debout, des frises renversées leur indiquèrent l'enceinte qu'occupait le temple du dieu de la guerre.

« — Asseyons-nous sur ces tronçons de colonnes, dit Adalbert; j'ai besoin que tu connaisses bien la plaine sur laquelle nous dominons, et que plus d'une fois, peut-être, nous aurons à parcourir. »

Nitard jetait avec étonnement les yeux sur l'immense pays qu'il découvrait. Ici, des forêts; là, des terres incultes, couvertes de buissons épineux et de bruyères. Presque aucune maison particulière dans la plaine; mais çà et là, des églises près desquelles s'élevaient de grands édifices destinés à l'habitation des moines qui les desservaient. Tous ces lieux saints étaient entourés de vastes jardins plantés d'arbres de diverses espèces, mais surtout de figuiers. On ne voyait aucun paysan dans la campagne; seulement, quelques hommes couverts de haillons, serfs des abbayes, paraissaient occupés à bêcher les jardins des moines, ou à cueillir des figues. Quelques troupeaux aussi, conduits par de pauvres bergers couverts de croix, broutaient l'herbe des deux rives du fleuve qui traversait la plaine.

« — Eh bien! comment trouves-tu ce spectacle? dit Adalbert.

— Grand et triste, répondit Nitard. Si j'étais roi de ce pays-là, il me semble que j'en ferais autre chose. A peine je vois une barque sur ce beau fleuve : ils ne vendent donc, ni n'achètent rien?

— Eh! mon ami, c'est l'Église qui possède ici presque tout. Au lieu de maisons de laboureurs, tu ne vois guère que des chapelles; au lieu de forteresses, des clochers.

— Mais, où est donc cette superbe cité, demeure ordinaire de nos rois?

— Ne la vois-tu pas à gauche dans une de ces trois petites îles qui partagent le cours de la Seine?

— Quoi! cet amas de masures que surmontent dix à douze clochers, cette langue de terre exiguë que termine une espèce de fort, ce serait là *Lutèce*, la ville des Parisiens?

— Sans doute. Et ce fort, que tu vois à la pointe occidentale de l'île, c'est le palais du puissant comte qui gouverne la Neustrie entière, c'est-à-dire tout le pays qui est de ce côté-ci, entre la Loire et l'Océan. On pourrait dire qu'il en est le roi, car le lourd Charles-le-Gros, qui réunit, en ce moment, sous sa domination presque autant de pays qu'en possédait son fameux ancêtre Charlemagne, ne règne que de nom, et ne sait pas plus ce qui se passe ici, que ton singe ne comprend ce que nous disons l'un et l'autre. Cette ville, au reste, cette Lutèce, aujourd'hui si petite, s'étendait autrefois sur les deux rives; tu peux distinguer encore les ruines des édifices qui s'élevaient au-delà des deux ponts de bois par lesquels elle communique aux bords opposés de la Seine. Je l'avouerai, ce sont les Normands, ce sont mes compatriotes qui ont détruit tous ces faubourgs de Paris; mais pourquoi les lâches habitants, au lieu de se défendre, fuyaient-ils à la seule nouvelle de notre approche? Trois fois, en moins de quarante années, nous remontâmes la Seine; trois fois nous trouvâmes une ville déserte. Les maisons étaient vides, nous les brûlions; les moines avaient emporté les reliques de leurs saints, ce qui nous privait de l'or dans lequel elles étaient enchâssées; mais heureusement, ils n'avaient pas eu le temps de dégarnir leurs celliers, ce qui nous dédommageait un peu de la peine que nous prenions à brûler leurs couvents et leurs églises.

— Oh! dit Nitard, vous ne les avez pas toutes brûlées, ces églises, ou elles ont été bien promptement reconstruites; car j'en vois une qui s'élève au milieu des prés, non loin de la rive gauche de la Seine, et qui me paraît magnifique : une haute tour carrée l'annonce au loin.

— C'est, dit Adalbert, l'abbaye que bâtit le dévot roi Childebert, et où l'on invoque saint Vincent, mais plus encore un évêque du nom de saint Germain. Deux cents pieux fainéants sont là, ne cessant de psalmodier un latin qu'ils n'entendent pas. Un jour, nous leur fîmes une peur horrible (quand je dis *nous*, j'entends mes compatriotes, car à peine alors j'étais né); ils chantaient, ces bons moines de *Saint-Germain-des-Prés*, sans se douter que les Normands étaient aux portes. Quand ils nous virent entrer, ils s'enfuirent en jetant des cris aigus, et se cachèrent, les uns dans les gouttières, les autres dans les puits. On n'en tua que deux ou trois, les autres capitulèrent ; et moyennant une bonne somme d'argent, qui fut comptée dans l'église même, ils obtinrent qu'on épargnerait et leur église et le tombeau de leur saint Germain *. Il n'en fut pas de même de cette autre église que tu vois là-bas à gauche sur une hauteur, de cette abbaye qui couvre les os de la patronne de Paris, et aussi ceux du barbare Clovis et de la reine Clotilde son épouse. Celle-ci fut entièrement brûlée; mais les prêtres avaient emporté plus loin la châsse de la sainte bergère.

« Entre cette église et l'abbaye des moines de Saint-Germain, vois-tu sur un coteau verdoyant, entouré d'arbres antiques, un vaste édifice qui, par sa forme, ne ressemble à aucun des autres châteaux des Francs? Les Normands l'ont respecté, et jamais ils n'en ôteront une seule pierre : c'est l'ouvrage d'un sage empereur romain, de Julien, que les chrétiens appellent *apostat*, parce qu'après avoir reçu le baptême, il voulut rétablir le culte des dieux de ses ancêtres; parce qu'il abandonna de tristes et ridicules fables pour revenir à de douces, d'aimables illusions **. Il vécut long-temps dans les Gaules, et s'y fit remarquer par sa bravoure, et encore

* Voyez la note V.

** Voyez la note VI.

plus par sa justice et sa modération. Ah! saluons-le ce palais, Nitard; il renferme tout ce qu'il y a de plus beau, de plus parfait au monde, la jeune, l'aimable sœur du comte Eudes. Tandis que son frère s'occupe dans Paris, avec l'évêque Gozlin, de l'administration publique, elle passe, dans le palais de Julien, des jours qui doivent lui paraître bien tristes, bien ennuyeux, car sans doute elle aime; oh! oui, j'ai besoin de croire qu'elle a fait un choix.

— J'entends, dit Nitard; mais comment l'avez-vous connue?

— Tu le sauras une autre fois. Continuons d'observer le pays. Vois-tu, en descendant la rive gauche de la Seine, un étroit sentier tracé au milieu des prairies? Il conduit à une grosse roche qui s'élève sur l'eau, précisément à l'endroit où la Seine semble vouloir, par un détour, se rapprocher des collines qui bordent son autre rive.

— J'aperçois très-bien, dit Nitard, tout là-bas, un *gros caillou* qui s'avance dans le fleuve *.

— Eh bien! reprit Adalbert, derrière ce caillou est une cabane qu'habite un pauvre pêcheur, qui fut long-temps prisonnier des Normands,

* Voyez la note VII.

et à qui mon père a donné la liberté. Peut-être, Nitard, aurons-nous besoin de lui. Rappelle-toi bien le chemin qui conduit à sa cabane... Mais il est temps, dit Adalbert en se levant, de descendre vers Paris. »

Ils se remirent en marche.

Chemin faisant, Adalbert remarqua que l'on avait élevé une tour à l'entrée du pont qui traversait le plus grand bras de la rivière.

« — Ah! dit-il, est-ce qu'ils craignent de nous quelque nouvelle attaque? Je croyais que, depuis notre dernière incursion, et le traité qu'ils firent avec nous, ils nous avaient oubliés. Heureusement la tour n'est pas haute; est-ce avec cela qu'ils espèrent nous arrêter*?

— Mais, dit Nitard, est-ce que votre père compte les attaquer? Maître, nous sommes donc envoyés en avant, comme des espions? Savez-vous que ce métier est très-dangereux.

— Tais-toi, poltron. Je te défends aussi de m'appeler désormais ton maître : tu me perdrais avec ton air obséquieux. Je ne suis point ton maître, mais bien ton compagnon, ton ami, un pauvre jeune homme que, dans le cours de tes voyages, tu as rencontré chantant avec des moines l'office dans un couvent. Tu l'as trouvé

* Voyez la note VIII.

bon pour raconter et chanter les prodiges qu'opèrent les reliques de ta sainte, et tu l'as associé à ton sort. Voilà ce que je suis, Nitard; rien de plus. Souviens-toi de la leçon. »

CHAPITRE II.

LE CANTIQUE.

Ἐτυγχάνον ἔγω κοιμάζων παρὰ τὴν φίλην Λευκετίαν, κ. τ. λ.

J'habitais alors Lutèce et j'en aime le séjour. Lutèce est le nom que les Parisiens donnent à leur ville. Elle est située dans une île peu grande, qu'entoure un fleuve dont les eaux s'enflent rarement, et rarement s'abaissent. Par deux ponts de bois elle communique aux rives opposées du fleuve.

L'empereur JULIEN. *Misopogon* (dans la 2e partie de ses œuvres).

TOUT en conversant ainsi, nos deux voyageurs, leur âne, leur singe et leurs reliques, arrivèrent près de la tour qui défendait le grand pont.

Dès que le péager qui était de garde les aperçut, il appela ses camarades.

« — Voici des pélerins, cria-t-il; il faut qu'ils nous désennuient par leurs contes ou leurs chansons. »

Et les autres péagers d'accourir.

« — Ou payez le droit, dirent-ils à Nitard, ou faites danser votre singe. »

Nitard ne se fit pas prier. Il fait un signe à son

singe, qui, aussitôt, sautant de dessus son épaule à terre, fait toutes sortes de grimaces aux péagers, qui rient à pleine gorge : à la voix de son maître, il se couche, se relève, fait des culbutes, s'affuble la tête d'un vieux turban, et puis, portant la main au front, salue les péagers. Adalbert voulut aussi les régaler de quelques airs sur sa rote. Ce furent des airs de chansons à boire qu'il joua ; et les péagers de chanter aussitôt des couplets sur ces airs. Dans cette confusion de voix et de ris, on n'eût pas entendu Dieu tonner. Adalbert craignit que tout ce bruit n'attirât sur eux l'attention de quelque homme en place, peut-être même du comte de Paris, dont le palais n'était pas loin; il leur joua des airs de danse. Voilà aussitôt les péagers qui dansent jusqu'à perdre haleine ; ils ne s'interrompaient que pour féliciter Adalbert sur son rare talent. Ils le remerciaient, voulaient presque l'embrasser; et ils le forcèrent, ainsi que Nitard, de boire avec eux une pleine tasse de bon petit vin de Surène.

Puis, ils demandèrent à Nitard de leur dire ce que portait son âne; et Nitard, ôtant son bonnet, leur expliqua comment il était possesseur des plus précieuses reliques qui eussent été jusqu'à présent apportées dans les Gaules. Tous s'inclinèrent avec respect, et plusieurs exprimèrent le désir de baiser le reliquaire, ou du moins, la croupe de l'âne, ce que Nitard voulut bien leur permettre.

Dès lors on laissa les pélerins et leurs bêtes passer sur le pont; et l'un des péagers les avertit même de rester deux jours, au moins, dans Paris, leur promettant qu'ils recueilleraient beaucoup d'argent, parce que tous les nobles du comté devaient s'assembler le lendemain auprès du comte Eudes, qui donnait une grande fête au peuple de Paris. « — Voilà, disait tout bas Adalbert, des gens bien faciles à tromper! »

Nos pélerins, quand ils eurent passé le pont, se trouvèrent dans une rue très-boueuse, bordée de hautes maisons, qui paraissaient chancelantes. A chaque pas qu'ils faisaient, il leur fallait éviter quelque trou, ou quelque tas d'ordures; car chaque habitant est, comme on sait, dans l'usage de déposer sur la voie publique ce qu'il ne peut garder dans sa maison. Mais ce qui ralentissait le plus leur marche, c'étaient les nombreux cochons qui erraient dans les rues : ces grossiers animaux ne s'éloignaient pas même pour laisser passer l'âne, dont ils mordaient les jambes, et qui, par des ruades continuelles, cherchait à se venger.

« Quelle différence, disait Nitard, de ces vilaines villes des Gaules à celles que j'ai visitées en Italie ! Dans celles-ci, les maisons sont souvent de marbre et ornées de hautes colonnes; les murs, dans l'intérieur, sont peints, les meubles sont dorés. On se promène dans des rues toujours propres, sans craindre ni les ornières, ni les cochons.... »

Ce ne fut pas sans peine qu'ils arrivèrent, tout crottés, sur la grande place où s'élève la cathédrale dédiée à saint Étienne, et, tout près, une autre église dédiée à Notre-Dame, la bienheureuse vierge Marie. Celle-ci est la plus petite; mais il faut espérer (car Marie est bien plus puissante au ciel que le saint) que des deux églises, on n'en fera qu'une pour Notre-Dame toute seule *.

Il y avait sur cette place grand nombre de personnes de tout sexe et de toute condition : des marchands y étalaient, les uns, des étoffes, des vêtements de toute espèce; d'autres, des graines, des farines, des légumes et des fruits. On y voyait surtout des moines de différentes couleurs, qui, suivis des serfs attachés à leurs couvents, venaient y acheter des provisions.

« — Arrêtons-nous au milieu de la place, dit Adalbert; il est temps de montrer notre savoir-faire. » — Aussitôt il fait résonner sa rote.

* Voyez la note IX.

Un grand cercle de curieux se forme autour de nos voyageurs. Et Nitard, après les avoir humblement salués, explique, avec emphase, comme quoi il revient de Jérusalem; comme quoi il apporte la dernière jupe de sainte Marie l'Égyptienne. Adalbert prend alors la parole :

« Vous ignorez peut-être, religieux Parisiens, quelle est cette sainte étrangère dont nous possédons la précieuse dépouille : vous allez connaître sa vie entière, si vous daignez prêter l'oreille à mes chants. »

Et aussitôt, en s'accompagnant de sa rote, il commença, d'une voix douce, le cantique suivant :

Oyez, bon peuple de Lutèce,
L'histoire d'une pécheresse
Née au pays égyptien;
Sans honte, sans délicatesse,
Elle livra, dès sa jeunesse,
Son corps au juif comme au chrétien.
Plus tard, sa patronne Marie
En fit une femme de bien;
Aussi le ciel est sa patrie.

Grande sainte, priez pour nous :
Las! nous péchons tous comme vous.

A douze ans, comme elle était belle!
Mais déjà, le nom de pucelle,
Elle ne le méritait plus :
Encore s'en glorifiait-elle,

Et dans la maison paternelle
N'attirait que gens dissolus.
Pour la punir, son digne père
La chasse; elle alors de Vénus
S'établit prêtresse vulgaire.

Grande sainte, point de courroux,
Si nos femmes font comme vous.

Sur les bords que le Nil arrose,
Errante dès l'aurore, elle ose
Provoquer les navigateurs :
« Dans mon bosquet où croît la rose,
« Venez, dit-elle, on y repose
« Sur le gazon et sur les fleurs.
« J'en ai fait un doux sanctuaire
« Où je dispense mes faveurs;
« Le plaisir seul est mon salaire. »

Grande sainte, pardonnez-nous,
Si nous cherchons plaisirs si doux.

Au port de la ville prochaine,
Tous les jeunes gens de la plaine
S'étaient réunis un matin;
Tous montent sur un long navire
Qui doit, en deux jours, les conduire
Tout près du fleuve du Jourdain.
Ils vont y célébrer la fête
De la Vierge à l'enfant divin,
Qui du diable écrase la tête:

Des amants, des dévots, des fous,
C'était le commun rendez-vous.

« Oh ! se dit notre Égyptienne,
« Là, dans cette fête chrétienne,

« Ils vont danser, rire et chanter ;
« Je prétends être du voyage. »
Et soudain, sans aucun bagage,
Sur la barque on la voit monter.
Le chef dit : « Payez le passage. »
« — Or, argent ne puis présenter ;
« Mais je me donne à vous pour gage. »

Gentil corps de femme, entre nous,
Vaut-il pas mieux qu'or et bijoux ?

Elle charma tout l'équipage ;
Pas un, hélas! ne resta sage....

Adalbert en était là de son cantique, lorsqu'un petit juif, couvert d'un vieux manteau vert, et tenant en main une boîte pleine de bagues, de boucles d'oreilles et de petites fioles de parfums, s'approcha de lui par derrière, et lui dit à voix basse : — « Finissez votre chant ; votre présence est plus nécessaire ailleurs. »

Ces paroles troublèrent notre jeune homme qui, feignant d'être fatigué de chanter, récita, en peu de paroles, au grand regret des auditeurs, la fin de la vie de sainte Marie. Nitard fit ensuite le tour du cercle, le bonnet à la main, et reçut abondamment des oboles. On lui disait partout : « Revenez demain, vous nous ferez danser : c'est grande fête. En attendant, rendez-vous au palais de Julien, vous y serez bien reçus de la sœur du comte Eudes. »

C'était précisément là que voulait aller Adalbert : aussi nos voyageurs se hâtèrent-ils de prendre le chemin du Petit-Pont, et de gagner l'autre rive de la Seine. Le petit juif, qui les avait suivis, parlait en secret à Adalbert, qui paraissait vivement ému, car il se frappait la tête de la main. Nitard ne savait que penser. Enfin, Adalbert quitta le juif, et vint rejoindre Nitard.

Ils étaient alors à deux cents pas au moins de la ville, et marchaient, à l'ombre de deux rangs de figuiers, dans le chemin qui conduit à l'antique palais de Julien. Adalbert, tout entier à ses réflexions, ne laissait échapper que des paroles entrecoupées et sans suite. « — Quoi ! elle m'aurait oublié ! . . . la perfide ! ou plutôt, quelle âme faible ! Que dirai-je à mon père ? Je lui avais si solennellement promis. . . . Ce n'est qu'à cette condition qu'il avait consenti à mon périlleux voyage ! . . . Elle se marie demain ; est-il possible ? . . . Le temps me manquera. . . N'est-il donc plus d'espoir ? . . . »

Nitard, à la fin, ne put s'empêcher de l'interrompre :

« — Maître, vous paraissez bien malheureux : apprenez de moi qu'il ne faut jamais désespérer. Les saints sont bien puissants ; si nous offrions, par exemple, à la patronne de Paris. . . .

— Va-t-en au diable avec tes saints ! Si le puissant Odin, si Frigga n'ont rien fait pour moi, qu'attendre de tous les saints de ton insipide paradis?.... O comte Grimoard, si je te tenais là, dans mes serres, avec quel plaisir je te déchirerais.... »

Et il avait saisi le cou de Nitard qu'il secouait fortement, et qui tremblait de tous ses membres.

« — Maître! maître! criait Nitard, je suis votre fidèle serviteur, tout prêt à vous défendre contre le monstre, le géant, sans doute, qui vous persécute... mais ne m'étouffez pas. »

Adalbert sembla revenir à lui. Des larmes roulèrent dans ses yeux en apercevant les grands arbres qui entouraient le palais de Julien, et qui s'élevaient au-dessus des murs de l'enceinte: « — C'est là, dit-il, que j'ai passé les plus doux moments de ma vie. Aujourd'hui, voudra-t-on même m'y recevoir?... Oh! j'y pénétrerai ou par la force ou par la ruse.

— Essayons d'abord de la ruse, dit Nitard; c'est le moins périlleux. »

A la grande porte de la cour, ils virent un garde armé d'une longue lance, qui leur demanda brusquement ce qu'ils voulaient. Nitard expliqua, avec respect et douceur, qu'ayant appris à la ville que la sœur du comte Eudes devait se marier le lendemain, ils venaient....

« J'entends, dit le garde; vous venez vous réunir à la troupe des ménétriers et des bateleurs qui sont arrivés hier. C'est venir un peu tard; mais vous pouvez entrer : j'ai ordre de laisser pénétrer tous les gens de votre métier. »

Ils franchirent la porte.

CHAPITRE III.

LE PÊCHEUR DU GROS-CAILLOU.

Vulnus alit venis et cæco carpitur igni.

VIRG. *Æneid.*, l. II, v. 2.

« Dans ses veines circule un feu qui la dévore. »

Nos pélerins se trouvèrent dans une grande cour, sur laquelle dominait le palais. Le milieu était occupé par une fraîche pelouse et quelques groupes d'arbustes mêlés de fleurs. A droite du palais étaient les logements des esclaves, la boulangerie et les cuisines. A chaque instant on voyait entrer, dans cette partie du palais, des provisions de toute espèce, du gibier, des vins : tout le monde y paraissait occupé des préparatifs de la fête du lendemain; personne ne parlait aux pélerins, ne les regardait même.

Une femme cependant, assez belle encore, quoiqu'elle ne fût pas très-jeune, qui traversait la cour pour rentrer au palais, s'arrêta, et considéra avec quelque attention Adalbert. C'était Barbara, l'une des femmes de la jeune sœur du comte Eudes. Quoiqu'elle fût nouvellement attachée à son service, elle n'en avait pas moins toute l'affection de sa maîtresse. S'approchant plus près du jeune homme, elle lui demanda avec vivacité, mais douceur, si lui et son compagnon attendaient là quelqu'un du palais.

« — Vous le voyez, répondit Adalbert, nous sommes de pauvres pélerins qui, chaque soir, demandons un asile dans les châteaux ou dans les abbayes. Nous savons d'intéressants cantiques et des chansons nouvelles : si votre jeune maîtresse voulait nous entendre ?

— J'en doute fort, dit Barbara ; elle est trop affligée ; (puis, se reprenant tout à coup) trop occupée, voulais-je dire, de son mariage, pour s'amuser à des chansons. N'importe ; je vais lui annoncer qu'un beau jeune homme (et elle considérait Adalbert de la tête aux pieds) voudrait la distraire par des chants d'amour. Attendez là ma réponse. »

Et Barbara, d'un pied rapide et léger, courut vers le palais, tourna encore une fois la tête pour revoir Adalbert, puis entra.

Elle trouva Adelinde au milieu de cinq autres femmes, qui déployaient devant elle, et étendaient sur des siéges, de magnifiques robes brodées. L'une voulait attacher sur ses épaules un manteau couleur de pourpre, tout récemment arrivé de Sicile ; une autre plaçait sur son front la couronne de roses blanches, qui devait la parer le lendemain. Adelinde jetait sur tous ces objets un œil distrait, et semblait absorbée par une tout autre pensée.

« — Bonne maîtresse, dit Barbara, voulez-vous faire un grand plaisir à de pauvres pélerins qui sont là, dans la cour? Ils voudraient bien vous faire entendre leurs chansons. »

Adelinde fit de la tête un signe négatif.

« — Des chansons! oh! je n'en veux point entendre, dit-elle en soupirant; Barbara, qu'on renvoie ces pélerins. »

Dans ce moment, Adalbert, qui s'ennuyait de ne point voir revenir sa protectrice, fit quelques préludes sur sa rote, et puis joua l'air du cantique de sainte Marie. Adelinde prêta un moment l'oreille, puis avec un ton d'impatience :

« — Cet instrument me fait mal, dit-elle; tu le sais bien, Barbara, depuis long-temps j'ai défendu qu'on en jouât devant moi. Donne quelque argent à ce jongleur, et dis-lui de s'éloigner. »

Barbara s'avançait lentement, et d'un air contrarié, vers la porte de la salle, lorsqu'après un moment de silence, la rote fit entendre un air auquel tressaillit Adelinde. Elle s'élance aussitôt, comme un trait, vers la croisée, jette rapidement les yeux sur les pélerins qui étaient dans la cour, et s'écrie : « Barbara! Barbara! fais-les entrer sous le vestibule; je veux les voir de plus près, leur parler. Mais va donc plus vite, Barbara ! »

Et aussitôt, elle congédie ses femmes, et descend pour recevoir les pélerins.

Les pélerins entraient en même temps qu'elle sous le vestibule. En les voyant, elle se troubla, et ne put s'empêcher de jeter un léger cri; mais se remettant aussitôt, car elle ne voulait pas que Barbara s'aperçût de son saisissement, elle dit à Adalbert, avec une apparente dignité :

« — Je vous ai entendu jouer un air qui m'a toujours charmée : savez-vous certaine chanson que j'ai autrefois entendue sur cet air, et qui fut composée par un amant que l'on avait forcé de s'éloigner d'une tendre amie ?

— Madame, dit Adalbert, je puis la chanter à l'instant même, si toutefois le trouble que j'éprouve me permet de former quelques sons.

— Prenez courage, et chantez. »

Alors Adalbert, d'une voix d'abord tremblante, et ensuite plus ferme, mais toujours passionnée, chanta, en s'accompagnant de la rote, dont il avait l'art de rendre les sons expressifs et doux :

Adieu, bosquets; adieu, verte prairie,
Que rafraîchit le fleuve aux cent détours!

Adieu, châtel, et vous, antiques tours,
A qui je laisse en dépôt mon amie!..
Adieu vous dis...; mais il viendra le jour,
Le beau jour
Du retour.

Quand tu verras d'un renaissant feuillage
Se revêtir les buissons d'alentour;
Quand les oiseaux, par de doux chants d'amour,
Ranimeront les saules du rivage,
Tu pourras dire : Il est tout près le jour,
Le beau jour
Du retour.

Comme à son nid retourne l'hirondelle,
Je reviendrai dans cet heureux séjour,
Le cœur brûlant d'espérance et d'amour.
Mais si j'allais la trouver infidelle!..
Ah! j'en mourrais en maudissant le jour,
L'affreux jour
Du retour.

Tant qu'Adalbert chanta, Adelinde n'exprimait par ses gestes, ni saisissement, ni plaisir; mais si on l'eût bien considérée, on aurait vu des larmes s'échapper furtivement de ses yeux, couler le long de ses joues jusque sur son sein.

« — Votre chant me plaît, dit-elle à Adalbert; mais êtes-vous seulement un chanteur? N'avez-vous point quelque autre art, quelque autre talent?

— Ah! répondit Adalbert, grâce à ce talisman (et il lui montra un anneau qu'il avait au doigt, et Adelinde rougit en voyant cet anneau), je sais pénétrer dans les cœurs; je puis dire aux jeunes filles si elles seront fidèles; ce qui leur doit arriver, si elles oublient les serments d'amour qu'elles ont faits.

— Voilà précisément ce que je désirais, reprit Adelinde : vous saurez donc me prédire si mon futur hymen sera heureux?... Mais tant de soins m'occupent aujourd'hui, que je ne saurais consacrer plus de moments à vous entendre. J'aurais bien voulu savoir de vous, cependant, pourquoi, si jeune, vous vous êtes décidé à courir ainsi le monde en chantant. Vos aventures doivent être intéressantes : vous me les conterez. Ce soir, lorsque je serai débarrassée d'une foule de personnages que j'attends, je vous prierai de me venir trouver.

Puis, se tournant vers sa suivante :

« Barbara, ne souffrez pas que ces voyageurs soient confondus avec les autres jongleurs qui sont ici rassemblés : vous les placerez dans une chambre particulière. Et, comme ils doivent être fatigués et sentir le besoin de prendre quelque nourriture, vous leur ferez servir un bon repas.»

Nitard, à ces douces paroles, se sentit attendri; il se baissa avec respect pour rendre grâce à une si noble dame. Le singe, qui n'avait pas quitté ses épaules, sembla deviner l'intention de son maître, et sautant lestement à terre, il se prosterna, comme lui, devant Adelinde.

« — Oh ! dit Barbara, avec un grand éclat de rire; le charmant animal! on dirait, madame, qu'il vous a entendue.

Puis s'adressant à Nitard :

« Puisque vous restez ici, refuseriez-vous de nous confier, pour aujourd'hui seulement, votre singe ? il amuserait les femmes de madame. Oh! il ne manquerait de rien....

— Non-seulement le singe, dit Nitard, mais encore mon reliquaire, que je prise beaucoup plus...

— Quoi! un reliquaire? dit Adelinde.

— Oui, madame; et un reliquaire dont la vertu est admirable. Toute femme qui le possède, n'est jamais contrariée dans ses amours : elle épouse toujours celui qu'elle a préféré.

— Oh! reprit Adelinde, si tel est son pouvoir, prêtez-le moi; j'invoquerai, avec beaucoup de ferveur, le saint dont il renferme les restes.»

Nitard ne fit qu'un saut dans la cour, et bientôt reparut avec le reliquaire, qu'Adelinde prit avec respect, en disant qu'elle le déposerait dans sa chambre même. Pendant la courte absence de Nitard, elle n'avait cessé de tenir ses beaux yeux fixés sur Adalbert; et ces yeux exprimaient l'amour et le regret. Puis, elle remonta dans ses appartements, après avoir répété toutefois :

« Dans quelques heures, pélerin, vous me raconterez vos voyages ; vous me prédirez mon sort à venir. »

Barbara prenant Adalbert par la main :

« Venez, beau jeune homme; vous êtes sous ma garde, et vous n'aurez point à vous en plaindre : j'ai toujours aimé la jeunesse. »

Elle conduisit les deux voyageurs dans un pavillon, très-proprement meublé, tout voisin du palais. D'après les ordres qu'elle donna, des serviteurs vinrent leur apporter d'excellent vin des rives de la Loire, et des viandes de plusieurs espèces. Ils s'assirent à table. Adalbert, tout pensif, mangeait peu et lentement; Nitard dévorait : le vin lui parut délicieux.

«Qu'elle est bien préférable, disait-il, cette joyeuse liqueur, à la triste bière, et au fade hydromel dont s'abreuvent vos compatriotes ! »

Et il riait, et il chantait, et il parlait de ses voyages et de ces barbares mahométans, qui ne veulent pas boire de vin.

Tout-à-coup ils crurent s'apercevoir d'un assez grand mouvement dans la cour du palais; ils quittèrent aussitôt la table, pour voir par la fenêtre ce qui se passait dehors.

Tous les serviteurs sortaient, s'appelaient, s'agitaient. Bientôt après, ils se rangèrent sur deux files, des deux côtés de la grande porte d'entrée; et des trompettes et des cors se firent entendre. « Tout ce bruit, dit Adalbert, annonce, sans doute, l'arrivée du frère d'Adelinde. » En effet le comte ne tarda point à paraître au milieu d'une foule de jeunes nobles, montés sur de superbes chevaux. On voyait tout près du comte, un cavalier vêtu plus magnifiquement encore que les autres. « Oh! dit Nitard, voilà sans doute le futur époux; il vient visiter sa fiancée. »

A ces mots, Adalbert pâlit, et sentit un froid de glace courir partout son corps. La foule des serviteurs fit alors retentir l'air des cris : Vive le brave comte Eudes! Vive l'heureux comte Grimoard! Adalbert disait : « Quoi! la belle Adelinde serait l'épouse de cet homme qui me semble un monstre! Mais vois donc, Nitard, sa barbe noire et épaisse, son œil farouche, son air gauche et hypocrite.... Non, il ne l'épousera pas, ou je mourrai dans le jour.» Et il se promenait avec fureur dans la chambre. Quant à Nitard, il finissait tranquillement son repas. « Maître, disait-il seulement, de la prudence : nous avons été bien accueillis, ne nous faisons point honteusement chasser; comptez d'ailleurs sur la Providence et sur sainte Marie, dont je lui ai prêté les reliques... »

Adalbert lui imposa silence et continua à se livrer à de graves réflexions.

Cependant les comtes étaient entrés dans le palais. Que leur visite parut longue au pauvre Adalbert! il se levait, s'asseyait : « Ils ne s'en iront pas! disait-il; le soleil va quitter l'horizon; il fait presque nuit, et rien n'annonce leur départ. Oh! malheur!... s'ils allaient passer la nuit dans le palais? »

Mais il vit de l'agitation sous le vestibule; il vit qu'on allumait des torches. Et bientôt, sortirent les deux comtes qui, entourés de leur cortége, reprirent le chemin de Paris.

Peu après, Barbara entra vivement dans la chambre des pélerins: elle s'écria : « Vite, vite, suivez-moi, gentil chanteur, qui prétendez être un peu sorcier; ma maîtresse vous attend. »

Adalbert ne se fit pas répéter cet ordre; lui-même hâtait encore la marche légère de Barbara.

Adelinde agitée se promenait dans sa chambre d'un pas rapide. Lorsqu'ils entrèrent, elle essuya secrètement, du revers de sa main, une larme qui allait tomber sur ses joues; puis s'efforçant de paraître tranquille :

« Barbara, dit-elle, fais rentrer et renferme mes femmes dans la salle commune, où elles reposent. Quant à toi, ma bonne Barbara, va te coucher aussi, car tu dois être plus fatiguée que de coutume. Mais j'irai te trouver dans peu, lorsque j'aurai écouté cet étranger. »

Barbara témoigna d'abord quelque surprise de ce que sa maîtresse allait rester seule avec le beau jeune homme; mais s'apercevant bientôt qu'elle déplairait, en faisant la plus petite observation, elle la remercia du soin qu'elle prenait de sa santé, lui baisa la main, et se retira. Cependant elle ne put s'empêcher de sourire malignement, en tirant sur elle la porte de la chambre.

Nous verrons plus tard quel fut le sujet de l'entretien d'Adalbert et d'Adelinde.

Nitard resté seul dans le pavillon, au milieu des débris du repas et des bouteilles de vin de la Loire, réfléchit d'abord sur tous les événements de la journée : il était un peu humilié de ce que son compagnon de voyage avait été appelé, sans lui, près de la belle Adelinde. « S'il n'eût fallu, se disait-il, que l'amuser par des histoires, ou lui prédire de continuelles prospérités, il me semble que je m'en serais tiré tout aussi bien que notre jeune homme. »

Tandis qu'il méditait ainsi, contre sa coutume,

il sentit ses yeux s'appesantir, et s'endormit si profondément sur son siége, qu'il n'aperçut point le serviteur qui venait lui apporter une lampe allumée. En s'éveillant quelques heures après, il fut fort étonné de n'entendre aucun bruit dans le château. Il court à la fenêtre, ne voit nulle part de lumière; seulement, aux premiers rayons de la lune qui se levait, il aperçut deux gardes près de la grande porte, qui se promenaient leur lance à la main.

« Quoi donc! disait-il, Adalbert ne revient point? me laissera-t-il là, toute la nuit, dans l'attente et l'inquiétude? S'il avait été surpris dans ce château!... si on l'eût enchaîné, tué!.... Oh! je n'oserais plus me présenter devant le terrible Rollon, devant la fière Judith. Et que devenir! me rendrait-on, du moins, mon singe, mes reliques et mon âne? »

Il finissait son soliloque, lorsqu'il entendit, sur les degrés qui conduisaient à la chambre, le bruit des pas d'Adalbert; et bientôt, il le vit paraître. Les yeux du jeune homme étaient étincelants, sa respiration courte et agitée.

« — Nitard, suis-moi à l'instant même, et fais le moins de bruit qu'il te sera possible. Il faut partir sans retard.

— Mais, cher maître, comment partir? la porte du château est fermée et gardée.

— Ce n'est point par cette porte que tu sortiras. Suis-moi, te dis-je, et trève à toute réflexion. »

Il fallut obéir. Adalbert tenant Nitard par la main, le conduisit d'abord dans le jardin; et au milieu de la plus grande allée, il se détourne tout-à-coup, le fait passer par d'étroits sentiers, sous des arbres épais. Nitard frissonnait à chaque pas, mais n'osait parler. Il lui sembla même voir un fantôme blanc qui se cachait dans les arbres : il le dit tout bas à Adalbert qui ne lui répondit que ce mot : « Poltron! »

Après avoir parcouru bien des détours dans ce bois, ils arrivèrent à une petite porte très-basse et couverte de broussailles. Adalbert l'ouvrit, non sans peine, car les verroux étaient rouillés. Enfin elle roula sur ses vieux gonds; et Nitard s'aperçut, à la fraîcheur plus vive de l'air, qu'ils étaient dans une vaste plaine.

« — Maintenant, dit Adalbert, écoute et retiens tout ce qui te reste à faire. Te rappelles-tu que ce matin, je t'ai montré, de loin, une roche énorme qui s'avance dans la Seine ? C'est à cette roche qu'il faut te rendre, sans perdre un seul moment : ta vie et la mienne en dépendent. Le pêcheur qui habite tout près de cette roche sera, sans doute, endormi, quand tu arriveras à sa cabane; tu crieras alors à plusieurs reprises : *Roll! Roll!* il t'ouvrira, n'en doute point. S'il paraissait craindre quelque surprise, s'il te disait : « Ne pouvez-vous prouver par qui vous êtes envoyé près de moi? » montre-lui ce poignard brisé que je remets dans tes mains ; et tu lui diras ensuite : « N'en avez-vous pas l'autre moitié ? » Tu le trouveras aussitôt très-disposé à t'entendre et à te croire. Alors tu ajouteras : « Adalbert, fils de Rollon, vous demande de tenir pour lui une de vos barques prête à descendre le fleuve. » Allons, répète-moi ce que je viens de te dire : j'ai besoin de m'assurer que tu n'as rien oublié. »

Nitard redit, tant bien que mal, toutes les paroles qu'il venait d'entendre. Adalbert lui fit faire ensuite quelques pas de plus dans la prairie, et, sentant qu'il n'y avait pas d'herbe sous ses pieds, lui dit :

« Te voilà dans le sentier qui conduit directement à la cabane du pêcheur, ne le quitte point : suis toujours, à peu près à cette distance, le cours de la rivière que tu vois à ta droite, et tu seras bientôt arrivé; mais surtout, marche vite et sans t'arrêter. »

Adalbert se retourna ensuite pour regagner la petite porte du jardin.

« — Maître, lui dit de loin Nitard, nous oublions le singe, et...

— Sois sans inquiétude; nous ne perdrons rien. Dans quelques heures, je serai près de toi avec tout ce que tu peux t'imaginer de plus précieux au monde. »

Nitard, fidèle aux ordres de son maître, cheminait, sans s'écarter du sentier tracé dans la prairie. Rien n'interrompait le silence de la nuit: pas une voix d'homme; seulement une chouette, nichée dans la tour de l'abbaye de Saint-Germain, jetait, de temps en temps, un cri plaintif, ce qui paraissait à Nitard d'un très-mauvais augure.

Au milieu de ses tristes réflexions, il arriva pourtant à ce gros caillou, qu'on lui avait si bien indiqué, et découvrit la cabane du pêcheur. Il en fit le tour, et trouva la seule porte qui y donnait entrée. Comme il s'échappait quelque lueur par les ais entr'ouverts de cette chétive porte, il regarda dans l'intérieur de la cabane, et vit que la lueur provenait de quelques charbons qui finissaient de brûler dans la cheminée. Au milieu était une mauvaise table, sur laquelle il crut voir un coutelas, ce qui le fit frissonner de tous ses membres; il osa pourtant heurter à la porte, d'abord faiblement, puis plus fort.

« — Que me veut-on à l'heure qu'il est? dit une voix qui lui parut terrible.

— Nitard répondit par le cri de *Roll! Roll!*

— Ah ! ceci est bien singulier, dit la voix. »

Et Nitard vit, par les fentes de la porte, un grand homme sauter d'un mauvais grabat à terre. Ses yeux lui parurent hagards ; une barbe noire et touffue lui couvrait les trois quarts du visage.

« — Répète encore les mots que tu viens de prononcer, et je t'ouvrirai, dit le pêcheur.

— *Roll ! Roll !* dit aussitôt Nitard d'une voix tremblante.

— Je ne me suis point trompé, c'est bien cela, » reprit l'homme à la forte voix ; et mettant le coutelas sous son bras, il ouvrit la porte à Nitard.

« Quoi ! s'écria-t-il, en regardant Nitard avec mépris ; un pélerin ! que viens-tu faire ici, avec ton sarrau noir et tes coquilles ? Les gens de ton espèce ne doivent point quitter les villes ou les châteaux : c'est là qu'ils peuvent gagner de l'argent à force de momeries, et en racontant des fables à une foule d'hommes plus imbéciles qu'eux. Allons, vieil hypocrite, que me veux-tu ? parle. »

Nitard crut que c'était le moment de présenter son poignard brisé. A cette vue, le pêcheur radoucissant un peu son ton :

« — Ah ! ceci est bien différent. Je le vois, tu viens vraiment de la part de Rollon, mon protecteur, celui pour qui je me sacrifierais tout entier.

— Ce n'est pas lui, mais son fils Adalbert qui m'envoie.

— Quoi! le jeune Adalbert est à Paris! il a osé paraître au milieu des ennemis de son père! Quel brave jeune homme! J'ai toujours dit que Rollon aurait en lui un digne successeur. »

Alors Nitard, prenant un peu plus d'assurance, lui expliqua le genre de service qu'Adalbert attendait de lui.

« Il sera obéi à l'instant même, dit le pêcheur. J'ai là, sur la grève, une barque toute neuve : viens, mon vieux pénitent, m'aider à la mettre à flot. »

Ils sortirent. Sans beaucoup d'efforts, la barque fut poussée dans le fleuve; et comme le courant, en cet endroit, était assez rapide, ils jugèrent à propos de l'attacher fortement, par une corde, à une grosse pierre du rivage.

« Oh! dit le pêcheur, il faut que notre jeune Adalbert soit couché mollement dans ma barque; je vais y pourvoir. »

Et il alla chercher, dans sa cabane, une vieille voile, dont il remplit tout l'intérieur de sa nacelle.

« — Mais, dit à son tour Nitard, je pense que si mon maître doit faire un long voyage, il aura besoin de quelques provisions; car il ne serait pas prudent à lui de descendre, pour s'en procurer, dans quelques-unes des villes qui bordent le rivage.

— Oh! reprit le pêcheur, je sais à peu près où il se rend. Sa course sera finie dans une seule journée. N'importe; grace à Rollon, je ne manque de rien dans ma pauvre cabane : je partagerai volontiers avec son fils tous les mets que je possède. »

Aussitôt, il rentre dans sa cabane, et reparaît bientôt avec deux larges cruches pleines d'un vin vieux, quelques viandes sèches et une grosse anguille rôtie de la veille sur des charbons.

« En attendant Adalbert, dit le pêcheur, nous pourrions goûter le vin. »

Nitard ne demandait pas mieux : ils burent largement, et Nitard se fit un devoir de raconter au pêcheur ses voyages; mais celui-ci interrompit le conteur dans l'endroit le plus intéressant de son récit :

« Par tous les diables, dit-il, Adalbert tarde bien à venir! Tes histoires sont fort drôles; mais, je ne sais pourquoi, je ne puis résister au sommeil. Dormons; Adalbert nous trouvera tous deux dans la barque : c'est tout ce qu'il lui faut. »

Il s'étendit sur la voile, Nitard en fit autant, et ils s'endormirent.

CHAPITRE IV.

L'EXORCISME.

Audi, maledicte Satana : adjuratus per nomen æterni Dei..., etc.

« Maudit Satan, écoute ; je t'adjure au nom du Dieu éternel... Tremble à ce nom, gémis et éloigne-toi... Je te l'annonce, ô Satan, tu es menacé des plus grandes peines, d'affreux tourments : il arrive le jour du jugement, le jour d'un supplice qui ne finira point... Sors donc, esprit immonde, du corps de cette créature de Dieu, et ne te flatte point de pouvoir y rentrer jamais. »

(Formule de l'exorcisme, dans les Rituels.)

A peine l'aurore paraissait, et déjà les cloches ébranlées de vingt églises et monastères annonçaient à Paris et dans les environs le brillant hyménée de la jeune sœur du comte Eudes avec le noble Grimoard, comte d'Auxerre. La cérémonie devait être célébrée dans la chapelle du château, ou palais des Thermes, qu'habitait la belle fiancée. C'est l'abbé Ebles, neveu du puissant Gozlin, et à qui cet évêque, en montant au siége épiscopal de Paris, avait cédé l'abbaye de St.-Germain-des-Prés ; c'est cet abbé Ebles, remarquable par sa beauté, sa haute taille et sa force extraordinaire, qui devait unir l'illustre couple.

Il fut un temps où, épris des charmes d'Adelinde, il avait cherché à lui plaire, et s'était proposé de la demander pour épouse au puissant comte son frère; mais son oncle Gozlin lui avait représenté combien il lui serait plus avantageux de suivre la carrière de l'église. Il avait donc renoncé à devenir l'époux d'Adelinde, et il allait l'unir à un autre, avec autant de joie qu'autrefois il l'aurait épousée lui-même. Il est vrai qu'il avait l'espoir très-fondé de devenir, dans peu, le directeur de sa conscience, et conséquemment un confident de ses plus intimes sentiments.

L'air était pur, le ciel sans nuage. L'été, déjà avancé, n'avait point encore offert de plus douce matinée. À la quatrième heure du jour, l'abbé sortit de son monastère, pour se rendre au palais des Thermes. Placé sous un dais couleur de pourpre, surmonté de longues plumes blanches, qui formaient à chaque coin de larges corbeilles, que le souffle du vent d'est agitait mollement, il marchait à la tête de son clergé. De jeunes novices, le front nouvellement tondu, portaient le dais, autour duquel marchaient gravement douze bedeaux, en habits chamarrés de diverses couleurs, chacun une longue hallebarde dans une main, et, dans l'autre, un énorme bouquet. Venaient ensuite deux longues files de moines, portant de gros cierges et chantant l'hymne *Veni, Creator*. Dans la foule des moines, on en remarquait un qui paraissait rêveur, préoccupé : il tenait des tablettes qu'il ouvrait par intervalles, et sur lesquelles il écrivait, avec un stylet, quelques mots. C'était le moine Abbon qui corrigeait un long épithalame en vers latins, qu'il avait composé la nuit dernière, et qu'il se proposait bien de réciter pendant le repas qui devait suivre la cérémonie.

Ce poëte a fait, depuis, un très-long et superbe poëme dans lequel il raconte quelques-uns des événements que je retracerai dans la suite, et dont il avait été témoin *; mais, comme il n'avait pu tout voir, il doit m'être permis à moi, quoique je ne sois qu'un humble prosateur, d'annoter dans cette véridique histoire une foule d'aventures dignes de mémoire, et qui, à ce qu'il me semble, lui ont été absolument inconnues.

La procession suivit le chemin qu'avait fait pratiquer, il y avait plus de trois siècles, au milieu de ses jardins et ceux de l'abbaye, le roi Childebert, chemin par lequel il se rendait, de

* Voyez la note X.

son palais des Thermes, à l'église dont il était fondateur. Un peuple nombreux s'était réuni sur le passage de la procession. Tous s'agenouillaient, dès que paraissaient les bannières réunies de St.-Vincent et de St.-Germain ; tous répondaient en chœur aux antiennes que chantaient les moines.

On avait transformé en chapelle, pour la cérémonie du mariage, une salle du palais des Thermes, qui n'était séparée des lieux d'habitation que par un portique de cent pas environ de longueur. C'était, au temps des empereurs romains, une salle dans laquelle on se livrait à divers exercices du corps, après le bain. L'empereur Julien y avait placé une Minerve qu'il avait apportée d'Athènes, et devant laquelle il venait quelquefois la nuit faire, en secret, des sacrifices *. Cette figure d'une chaste déesse, dont on avait changé le casque surmonté d'un hibou, en un voile surmonté de rayons, représentait alors la Vierge immaculée, mère du divin Sauveur des hommes.

La vaste chapelle, monument du goût des Romains, n'était éclairée que par des fenêtres très-exhaussées, et ornées de sculptures anciennes, travaillées avec beaucoup d'art. Un autel magnifique s'élevait à l'une des extrémités de la salle;

* Voyez la note XI.

vingt lampes d'argent étaient suspendues à la voûte; des tapisseries sur lesquelles on voyait représentés la création du monde, Adam et Ève dans le paradis terrestre, et l'affreuse scène du déluge universel, couvraient, de tous côtés, les murs.

C'est dans cette magnifique chapelle que l'abbé Ebles arriva avec tout son clergé. Il se plaça sur un siége élevé au milieu du chœur; les moines s'assirent dans les stalles qui l'entouraient de toutes parts. Tout près de l'autel, étaient deux autres siéges, ou plutôt deux trônes, destinés pour le comte Eudes et l'évêque Gozlin.

Des fanfares qui se firent entendre dans la grande cour du palais annoncèrent la prochaine arrivée de ces grands personnages. Ils venaient de Paris, au milieu d'un brillant cortége composé des comtes et des ducs de tout le pays à plus de trente lieues à la ronde. Tous avaient été invités à prendre part aux fêtes préparées pour le mariage du comte d'Auxerre. La magnificence des habits du futur époux n'était surpassée que par celle du comte de Paris, le vaillant Eudes. Comme il avait déjà formé le projet de se faire reconnaître bientôt pour roi de la Neustrie entière, il voulait accoutumer les yeux du peuple à le voir revêtu du costume et des insignes de la royauté *. Aussi sa tête était-elle ceinte, comme celle des empereurs romains, de deux branches de laurier entrelacées; sur une tunique de drap d'argent il portait une ample chlamyde de pourpre, attachée sur les épaules par des agrafes d'or; pour chaussure, il avait des cothurnes de soie rouge, qu'ornaient des perles et des pierres précieuses; dans sa main droite, il tenait un court bâton d'or, terminé par une fleur à larges feuilles, ce qui ressemblait beaucoup à un sceptre. Tous ceux qui avaient connu son père, le brave Robert-le-Fort, retrouvaient en lui une parfaite image de ce héros, qui avait été trop prématurément ravi aux Francs, dans une bataille contre les Normands.

Les vêtements de l'évêque Gozlin étaient plus splendides encore : sa longue robe pontificale de couleur violette, sa mitre surchargée de pierres étincelantes et de diverses couleurs, une belle croix d'or qui brillait sur sa poitrine, ses gants de soie, brodés avec un art infini, enfin le long bâton pastoral, qui paraissait d'or massif, sur lequel il s'appuyait, tout annonçait que l'on voyait en lui, non-seulement un grand dignitaire de l'église, mais un des principaux, des plus puissants chefs de l'État. Entre l'évêque et le comte

* Voyez la note XII.

de Paris s'était placé le futur époux d'Adelinde ; il tenait à la main une branche de myrte.

Dans leur marche vers le milieu de la cérémonie, ces trois hauts personnages étaient précédés par des hérauts vêtus d'une casaque blanche, brodée en argent, et d'un corps de musiciens qui jouaient des airs de triomphe sur des trompes, des flûtes, des harpes, des cymbales et toutes sortes d'instruments à vent et à cordes. Après eux, venaient les comtes de Monthléry, d'Étampes, de Corbeil, de Dammartin, etc., etc.; tous étaient armés d'une longue et large épée suspendue à un brillant baudrier. Ils conduisaient avec eux, par la main, leurs enfants qui, d'après un capitulaire du roi Charles-le-Chauve, promulgué il n'y avait encore que huit ans, devaient hériter de leurs comtés et de tous leurs droits sur les terres qui en dépendaient. Jusque-là, les rois avaient disposé, à leur gré, de ces *bénéfices* *.

A mon avis, Charles eut tort de se dépouiller, lui et ses successeurs, d'une si belle prérogative. Peut-être ne pouvait-il faire mieux; car ces seigneurs, quoiqu'ils ne possédassent point les terres en toute propriété, s'étaient rendus bien redoutables. Mais, en devenant plus puissants

* Voyez la note XIII.

encore, ils ont repris plus d'orgueil et d'insolence : ils battent, et tuent, sans scrupule, les serfs qui vivent sur leurs terres; accablent d'impôts et d'outrages les hommes, même de condition libre, enlèvent ou violent leurs filles; forcent de marcher avec eux contre les comtes ou ducs, leurs voisins, avec qui ils sont toujours en querelle, les enfants mâles, dès qu'ils sont en état de porter les armes; ils n'épargnent que les prêtres et les moines, parce qu'ils en obtiennent l'absolution de tous leurs crimes.

La marche était fermée par une troupe d'hommes choisis parmi les habitants les plus considérables de Paris. C'étaient d'anciens centeniers à qui l'on commençait à refuser le droit de se réunir pour rendre la justice, car le comte Eudes la rendait lui-même, ou la faisait rendre par des officiers de choix, et enlevait ainsi au peuple la plupart des priviléges que lui avaient accordés les Romains, avant la conquête des Gaules par les Francs, et que leur avaient conservés les rois de la précédente race (les Mérovingiens). Ces riches habitants de la comté de Paris, qui formaient l'arrière-garde, n'avaient pour armes que de longues lances, et pour parure que de courtes tuniques de drap de diverses couleurs.

Ce fut au milieu de la foule immense de serfs, de femmes et d'enfants, que l'annonce des fêtes du mariage avait attirée de tous les environs, que le cortége entra dans la grande cour du palais des Thermes, et de là dans la chapelle où l'attendait le clergé. A son arrivée, les moines entonnèrent un *Gloria Patri*, pendant lequel l'évêque, le comte et le futur époux allèrent prendre les places qui leur étaient destinées, au milieu du chœur. Le comte Eudes fit ensuite approcher les hérauts, et leur donna l'ordre d'aller chercher sa sœur Adelinde, et de l'avertir qu'elle était attendue pour la cérémonie.

Les hérauts sortirent aussitôt de la chapelle. Arrivés près des bâtiments destinés à l'habitation des femmes, ils furent étonnés du silence qui régnait dans cette partie du palais. Les deux sentinelles, postées à la porte, leur assurèrent que personne n'était sorti du gynécée *. Ils franchissent le vestibule, ils entrent dans les premières salles, qu'ils trouvent silencieuses et désertes; ils appellent, personne ne répond. Ne sachant plus quel parti prendre, un d'eux se décide à aller prévenir le comte de l'impossibilité où ils sont de remplir la mission qui leur a été confiée.

Dans la chapelle où, déjà, l'on commençait à trouver que la future mettait peu d'empresse-

* Voyez la note XIV.

ment à se rendre à l'autel, on n'est pas peu surpris de voir un héraut traverser, seul et rapidement, la nef, monter les degrés du sanctuaire, et parler bas au comte Eudes. L'évêque Gozlin et le futur s'approchent du comte, qui paraît leur communiquer quelque nouvelle importante. Après trois minutes d'hésitation, on voit le comte Eudes, Grimoard et l'évêque suivre tous les trois le héraut, et quitter la chapelle. Le comte était d'une pâleur mortelle, les deux autres paraissaient surpris, indignés.

Bientôt un bruit sourd se répand dans toute l'assemblée; on se dit à l'oreille : « La future a disparu; on ne trouve point la mariée. » Chacun veut s'assurer de la nouvelle, tous défilent l'un après l'autre, et les moines les premiers. La grande cour est remplie d'une foule de personnes de toutes les classes, hommes, femmes, moines, soldats, qui s'interrogent, se répondent avec action, dont les uns rient, dont les autres froncent le sourcil et paraissent indignés. Tout le monde voudrait pénétrer dans le gynécée du palais; mais les gardes s'y opposent et ne laissent passer par respect pour leur habit que les moines, que les clercs.

Cependant, le comte avait déjà parcouru l'appartement de sa sœur, et il l'avait appelée en vain. Dans la chambre qui précédait celle où couchait Adelinde; il avait trouvé, comme on les avait laissés la veille, la robe, le manteau magnifique de la future, étalés sur des siéges, même le bandeau précieux, qui devait ceindre le front de la mariée.

« Mais, observa l'évêque Gozlin, si Adelinde s'est enfuie, aurait-elle emmené ses femmes avec elle? je n'en vois paraître aucune. »

En cet instant le comte se ressouvient que la chambre de Barbara communique avec celle de sa maîtresse, il en reconnaît la porte, et y frappe à coups redoublés.

« — Est-ce vous, ma chère maîtresse? répond de l'intérieur Barbara; il me semble que, dans un pareil jour, vous auriez dû m'avertir bien plus tôt.

— Ouvre! dit le comte d'une voix de tonnerre.

— Eh! comment le pourrais-je? je suis enfermée. »

A ces mots, le comte prend son élan, et d'un coup de pied enfonce la faible porte de la chambre de Barbara.

En voyant la foule qui remplit le gynécée, Barbara reste interdite et troublée; à toutes les questions que lui adressent le comte et Grimoard elle répond qu'elle ne sait rien de tout ce qui a pu arriver pendant la nuit; que sa maîtresse est allée se coucher tranquillement la veille, après lui avoir ordonné d'enfermer, suivant l'usage, ses femmes dans leur salle commune. Elle se garda bien d'avouer qu'elle l'avait laissée seule avec un étranger qu'elle-même avait introduit; elle aurait été trop coupable, et sa vie même eût été en danger.

« — Quoi! les autres femmes sont aussi enfermées? dit le comte.

— Voilà la clef de leur chambre, répond Barbara. »

Le comte Eudes la prend brusquement, et la remettant à un domestique, il ordonne qu'on les fasse toutes venir.

Elles arrivent bientôt, en témoignant aussi leur étonnement de ce qu'on les appelait si tard à la cérémonie. Mais, du moins, elles n'avaient pas perdu leur temps : toutes, présumant que leur maîtresse aurait voulu avoir ce jour-là des femmes plus expertes pour présider à sa toilette, et qu'elle n'avait pas besoin d'elles, s'étaient occupées de leur parure. Elles étaient vêtues de robes blanches du tissu le plus fin; leurs ceintures, couleur de feu et brodées en or, contrastaient avec la blancheur de leur vêtement; une couronne de roses blanches ornait leurs cheveux, qui tombaient en boucles sur leurs épaules demi-nues. Elles ressemblaient à ces prêtresses du paganisme, qu'on voyait partout dans les

Gaules avant l'établissement de notre sainte religion.

En vain Eudes les interroge : elles ont dormi la nuit entière profondément, n'ont rien vu, rien entendu. Sur les traits altérés du comte on voyait se peindre, tour à tour, la honte, la colère.

« Ne serait-ce point, se disait-il en lui-même, le comte d'Évreux qui l'aurait enlevée ? ce comte à qui je l'avais si justement refusée, parce qu'il avait laissé les Normands s'établir dans une partie de ses domaines !..... Oh ! s'il en était ainsi, comme j'irais, à la tête de mes braves, ravager ses propriétés ! Je tuerais, j'égorgerais tous ses serfs, hommes, femmes, enfants ; je brûlerais ses villes, ses châteaux, ses métairies. » Et ses yeux étincelaient de rage. Tout à coup, se tournant vers Barbara :

« Dans la chambre de ta maîtresse, n'y aurait-il pas quelque secrète issue ? »

Barbara croit se rappeler que, sous une tapisserie, est une petite porte que sa maîtresse n'avait jamais ouverte, à ce qu'elle croyait, et par laquelle on devait probablement descendre dans le jardin. Cet aveu est comme un trait de lumière pour Eudes. Il veut vérifier si cette porte a été récemment ouverte, et rentre précipitamment dans la chambre d'Adelinde, où le suivent l'évêque, Grimoard et toute la foule qui remplissait l'antichambre. Pendant que le comte Eudes tâtait toutes les tapisseries de la chambre, pour tâcher de découvrir la porte secrète, un moine s'écrie qu'il croit voir remuer quelque chose dans le lit d'Adelinde, placé tout au fond de la chambre. Tous les yeux se portent aussitôt sur le lit, et l'on entend dire de toutes parts : « Oui ! c'est très-sûr, il y a quelqu'un dans le lit ! »

A ces mots, Eudes, qui lui-même avait jeté la vue de ce côté, se précipite vers le lit, soulève brusquement une couverture, et recule d'effroi. Une figure horrible, noire, ayant à peine des traits humains, mais dont la tête est couverte d'une magnifique coiffe de nuit, se lève sur son séant, au milieu du lit ; et bientôt le monstre saute à terre. La foule épouvantée jette un cri de terreur, et se précipite vers la porte pour sortir ; tous les moines font des signes de croix ; l'abbé Ebles, au contraire, veut se saisir de l'épée de Grimoard, qui était resté stupéfait, immobile.

En ce moment, un moine (c'était Abbon) sort de la foule, demande, d'un signe de main, qu'on fasse silence, prie le comte Eudes de lui permettre de parler, promettant qu'il va expliquer tout ce mystère. A ces mots, on se tait, on se presse en cercle autour de lui, non sans regarder de côté le monstre affublé d'une coiffe, qui va tranquillement s'accroupir sur un siége, et paraît aussi attentif que le reste de l'assemblée au discours d'Abbon.

« Nobles seigneurs, dit le moine, et vous, très-saint évêque de notre cité, vous saurez que, cette nuit, je travaillais avec ardeur à l'épithalame que voici (et il montra ses tablettes). Vers le milieu de la nuit, un sommeil invincible s'est emparé de tous mes sens; ma tête s'est involontairement penchée sur le dos du siége où j'étais assis; ma main est restée immobile au troisième pied du vers que je traçais. Dans mon sommeil, je me suis cru transporté dans une chambre magnifique, presque semblable en tout à celle où nous sommes en ce moment. Sur un lit de repos était couchée une jeune fille vêtue d'une simple tunique blanche, et dont le sein et les bras étaient couverts d'un voile. On eût dit que Morphée avait versé tous ses pavots sur les yeux de la dormeuse; que...» (Eudes, à cette comparaison, fronça le sourcil, et le moine s'aperçut que le comte n'était pas très-sensible aux beautés de la poésie : il n'acheva pas sa phrase.) «Une porte s'ouvre, d'où je vois sortir un guerrier farouche, à barbe épaisse, suivi d'un de ces êtres qui tiennent le milieu entre l'homme et la bête, et que les païens nommaient *satyres*, lesquels, comme vous savez, avaient une queue au bas du dos, et des cornes à la tête. C'est ainsi que nous autres chrétiens nous représentons le diable ; et c'est bien là sa vraie forme, comme l'assurent tous ceux qui l'ont vu. Le diable de mon songe était sans doute celui de la luxure, car il semblait inviter du geste et de la voix le guerrier à ravir à la jeune fille ce qu'elle avait de plus précieux ; il soulevait le voile qui couvrait le sein de la dormeuse, et montrait au guerrier des appas tels que nous en voyons à nos vierges dans les tableaux qui décorent les églises chrétiennes. Mais, ô prodige! au moment où le guerrier, par les insinuations de l'esprit immonde, allait se jeter sur sa proie, comme le milan sur une colombe, le plafond de la chambre s'est ouvert, et j'en ai vu descendre, au milieu d'un nuage, un ange parfaitement beau, armé d'une lance d'où semblaient jaillir des éclairs : c'était sans doute l'archange saint Michel. Ce héros céleste donnait la main à une femme d'une haute stature, qui n'avait d'autre vêtement que celui que les poëtes donnent à la *Vérité*, c'est-à-dire qu'elle était entièrement nue. L'ange s'est précipité vers le lit, et, d'un coup de lance, il a percé le guerrier à l'instant même où il serrait déjà dans ses bras la jeune dormeuse. Le guerrier roule mort dans la ruelle. Mais le satyre, ou plutôt le malin esprit sous les traits du satyre, s'est apprêté à venger la mort du guerrier, il a voulu saisir l'ange avec ses griffes; il en est résulté un terrible combat. Je voyais avec étonnement que l'épée de l'ange traversait souvent le corps du diable; mais ses blessures se guérissaient aussitôt. Vous savez, illustres auditeurs, que les anges peuvent bien empêcher les diables de faire tout le mal qu'ils projettent, mais ne peuvent leur ôter l'immortalité dont ils jouissent par un malheureux privilége. La femme nue (et c'est sans nul doute une sainte), pendant le combat de l'ange avec le diable, s'est approchée de la jeune fille, qui, s'étant éveillée au bruit des combattants, témoignait la plus vive frayeur; elle lui a dit d'une voix ferme : « Ne crains rien; tu as eu confiance « dans mes reliques, qui, même en ce moment, « sont près de toi; tu en seras récompensée. « Monte avec moi au ciel; viens jouir avec moi « des plus doux plaisirs. » Et, en même temps, de concert avec l'ange, la sainte l'a soulevée de son lit. Le diable, en rugissant, a voulu leur ravir cette belle proie; mais la sainte a fait trois signes de croix, et le monstre est resté immobile. Alors, l'ange lui a dit : « De la part du « Très-Haut, je te condamne à garder, trois jours

« au moins, cette figure sous laquelle tu t'es « transformé, afin que tu sois un témoignage « de la puissance de Dieu et de ses saints sur les « malins esprits qui tentent de séduire les hom- « mes. » Le nuage qui avait apporté l'ange et la sainte est alors descendu près d'eux, a enveloppé le lit, et j'ai vu, comme au travers d'une vapeur, l'ange et la sainte tenant, entre leurs bras, la jeune fille, s'élever dans l'air; et le plafond s'est refermé sur eux.

« Il me semble, ô chrétiens qui m'entendez, que je suis très-fondé à croire que la chaste et belle Adelinde jouit, en ce moment, dans le paradis, de tous les plaisirs célestes; qu'une sainte, qu'elle priait de préférence à toutes les autres, l'a sauvée des séductions de ce siècle pervers; et que le monstre que voilà, et qui nous écoute, n'est autre que l'esprit malin qui s'était promis la perte d'une âme si pure et si vertueuse. »

A peine Abbon eut-il fini de parler, que le plus grand nombre cria :

« Miracle! oui, Adelinde est une sainte; priez pour nous, sainte Adelinde! »

Le comte Eudes ne criait pas; il paraissait absorbé dans ses pensées. Il tenait toujours à cette idée, que sa sœur avait été séduite, enlevée par le comte d'Évreux; mais il n'était pas fâché que le peuple eût une autre opinion ; qu'il crût qu'elle était montée au ciel.

Quant à Barbara, elle était loin, aussi elle, de crier au miracle avec les autres : elle avait parfaitement reconnu le singe des pélerins introduits par elle, et par elle seule, dans le château ; elle avait même deviné qu'après la fuite de sa maîtresse, le singe, qu'elle avait laissé dans une petite loge sur le jardin, trouvant ouvertes ces secrètes issues, s'était introduit jusque dans la chambre d'Adelinde, et qu'effrayé par le bruit affreux qui s'était fait dans la maison, il était allé se cacher, dans le lit, sous les couvertures. Mais le moyen de faire au terrible comte de semblables révélations! le supplice de la croix eût paru trop doux pour la punir de son imprudence.

La voix de l'évêque Gozlin la tira de sa rêverie :

« — Avez-vous connaissance, lui disait-il, que votre maîtresse eût une dévotion particulière pour quelque sainte ?

— Sans doute, répondit-elle; jamais elle ne se couchait sans adresser de ferventes prières à sainte..... » En ce moment, elle aperçut, sur une table, le reliquaire que lui avait confié Nitard, et le montrant à l'évêque : « Tenez, reprit-elle, voilà les reliques de la sainte que ma maîtresse préférait à toute autre. »

L'évêque s'approche aussitôt de la table, ouvre avec respect le reliquaire, en tire un vieux lambeau d'étoffe de laine, devant lequel se prosternent tous les assistants, même ceux qui, d'abord, avaient paru les plus incrédules. L'évêque y prend ensuite un rouleau de parchemin jauni par le temps, d'où pendaient des sceaux en cire rouge. Il déroule le parchemin, fixe long-temps les yeux dessus, et dit :

« Je vois là une écriture dont les caractères me sont absolument inconnus. »

Mais Abbon s'était approché de l'évêque, et avait cru reconnaître des caractères grecs. C'était le seul moine de son monastère qui sût, et très-imparfaitement encore, expliquer cette langue. Il prend le rouleau des mains de l'évêque, et après quelques minutes d'hésitation, il déclare que cet écrit est un certificat authentique, portant que ce morceau de laine est vraiment la dernière jupe qu'ait portée sainte Marie l'Égyptienne ; qu'elle la laissa au saint prêtre Zozime, lorsqu'elle se décida à aller vivre toute nue dans un désert ; que Zozime la déposa dans une église de Constantinople, comme l'atteste le patriarche des Grecs, dont on voit au bas du certificat la signature et le sceau.

« Vous n'en pouvez plus douter, mes frères, s'écria alors Abbon : cette sainte, qui m'est apparue dans mon songe, était vraiment sainte Marie l'Égyptienne ; elle a voulu se montrer à moi telle qu'elle a vécu dans le désert, et telle qu'elle est entrée dans le séjour céleste. Quelle faveur ! et que je m'en croyais peu digne ! » Et de grosses larmes tombèrent de ses yeux, inondèrent son visage. L'attendrissement gagna tous les cœurs ; on n'entendait de toutes parts que des soupirs et des sanglots. L'évêque, alors, décida d'une voix émue que la sainte relique serait portée en pompe dans l'église de Saint-Germain, et que, plus tard, on construirait, pour l'y placer avec honneur, une chapelle particulière.

Quant au singe, que l'on prenait pour l'esprit malin, il fut décidé que l'on prononcerait sur lui les prières de l'exorcisme; et le prélat ordonne aussitôt à des gardes de le saisir. On n'y parvint pas sans peine ; car l'animal, leste et rusé, sautait des chaises sur le lit, du lit sur quelque table. Enfin, un moine imagina de lui présenter le reliquaire. Aussitôt l'animal, qui était depuis long-temps habitué à se prosterner devant cette relique, se couche ventre contre terre, attitude que Nitard lui faisait toujours prendre lorsqu'il montrait sa relique. Il fut dès lors facile de s'en emparer et de le lier fortement par les bras et les jambes. Les spectateurs reconnurent tous la puissance de sainte Marie, et, pleins d'admiration, crièrent de nouveau au miracle.

L'abbé Ebles fit signe à ses moines de se ranger sur deux lignes; lui-même, portant le saint reliquaire, descendit le gynécée, et alla se placer sous le dais. L'évêque et les deux comtes se rangèrent derrière l'abbé. Le singe, toujours lié, avait été couché sur un brancard, que portaient quatre archers robustes à la suite de la procession. Une foule innombrable l'escortait : les moines chantaient des litanies, et l'abbé Ebles ayant jugé à propos d'y introduire le nom de sainte Marie l'Égyptienne, toutes les fois que le clergé entonnait ces mots : *Sancta Maria Ægyptiaca*, le peuple répondait : *Ora pro nobis;* et, chaque fois, avec un redoublement de ferveur.

Dès que la procession et le peuple furent entrés dans l'église de Saint-Germain, on procéda à l'exorcisme. On récita beaucoup de prières, on fit de nombreux signes de croix sur le singe étendu sur le brancard au milieu de la nef; mais en vain l'officiant criait-il de toutes ses forces : *Vade*, *Satana*, le malin esprit ne sortait point du corps du singe; et, au contraire, lorsqu'on s'approchait de lui, il montrait les dents et faisait d'effroyables grimaces. Un des moines, malin et satirique, ayant osé s'approcher de très-près du singe, prétendit qu'il l'avait entendu vomir des imprécations contre les plus saints personnages de l'abbaye ; qu'il avait appelé l'évêque Gozlin, un hypocrite et un débauché; le moine Abbon, un fou livré à toutes les superstitions; l'abbé Ebles, un ambitieux dont bientôt il s'emparerait. Sur cela, l'évêque et l'abbé déclarèrent que le démon qui occupait le corps du monstre était un de ces démons opiniâtres qu'on ne parvient à faire déguerpir des corps qu'ils possèdent, qu'après avoir obtenu, par des prières multipliées et de longues pénitences, l'intervention du ciel et le pardon des péchés du peuple. L'évêque Gozlin ordonna donc de porter l'animal, possédé du diable, dans la chapelle particulière qu'il avait dans le palais du comte. « C'est là, s'écria-t-il, que j'irai, chaque jour, prier avec ferveur sur ce pauvre animal qui souffre des douleurs inouïes de l'hôte incommode qu'il recèle dans ses entrailles. Oui, mes frères, je prierai sans cesse; je jeûnerai, s'il le faut, trois fois la semaine, pour obtenir de Dieu le Père la même faveur qu'il avait accordée à son adorable Fils qui, comme vous savez, chassait sans peine les diables de toute espèce; qui força un troupeau entier de porcs, possédés par les plus infâmes habitants de l'enfer, d'aller se noyer eux-mêmes dans les eaux d'un fleuve. J'espère donc, ô vous fidèles qui m'écoutez, que cet animal, aujourd'hui si farouche, je pourrai, dans quelques mois, le présenter à vos yeux, aussi souple, aussi doux que les animaux de son espèce qui tous les jours vous amusent, dans nos villes, par leurs spirituels tours et leur adresse. »

On emporta le singe dans le palais de Gozlin.

Pendant que tout ceci se passait, les palefreniers du palais des Thermes avaient amené à l'abbé Ebles, en le priant de l'exorciser, car ils ne doutaient point que ce fût un démon, un âne qu'ils avaient trouvé dans les écuries, sans que personne pût dire comment il s'y était introduit; mais l'abbé Ebles ne jugea pas à propos d'entreprendre ce nouvel exorcisme; il ordonna que l'âne serait conduit au moulin de l'abbaye, et employé aux plus rudes travaux.

On procéda ensuite à l'installation du reliquaire dans l'église. Après des chants de joie et d'adoration, on plaça la jupe de sainte Marie tout près du fémur de saint Germain. Dès le jour même, il s'opéra d'éclatants miracles : je dirai ceux dont j'ai été témoin.

Une jeune Parisienne, non mariée, était enceinte depuis plusieurs mois, et, pour cacher sa faute à ses parents, elle se proposait bien, dès qu'elle sentirait les premières douleurs, de se rendre en toute hâte dans la forêt voisine de la ville de Paris, et d'y enterrer, de ses propres mains, l'enfant qu'elle mettrait au monde. Sa curiosité l'attira dans l'église, le soir même du jour où on y avait placé les reliques de sainte Marie. A peine se fut-elle approchée de l'autel, qu'elle mit au monde un gros enfant, à la vue de tout le peuple, et presque sans douleurs. Ce fut, sans nul doute, par la vertu des reliques de la sainte, qui voulut prévenir le crime affreux qu'elle avait projeté.

Le même jour, un mécréant, un juif, osa entrer dans le temple pour se moquer de nos saintes cérémonies. Il s'était mêlé dans la foule pour mieux voir et entendre. Mais qu'arriva-t-il? Quand il était entré, ses poches, bien fermées, étaient remplies de pièces d'or, et quand il sortit, il n'y trouva pas une obole, quoique ses poches ne parussent pas avoir été ouvertes, ni déchirées.

Enfin, une jeune veuve souffrait, depuis plusieurs nuits, des agitations, un feu intérieur qui ne lui permettait de reposer ni le jour ni la nuit; elle vint à l'église de Saint-Germain, y fit sa prière, et s'endormit. Pendant son sommeil, elle crut voir la sainte qui lui annonçait qu'elle avait tout près d'elle le remède à ses maux. Elle s'éveilla, et se trouva la main dans celles d'un jeune homme, qui la reconduisit à sa maison, et qu'elle invita à souper. Je me suis assuré que, depuis ce temps, si elle ne dormait pas toujours la nuit, elle ne se plaignait plus du moins de ses insomnies.

CHAPITRE V.

LES FUGITIFS.

Ecce dilectus meus loquitur mihi : Surge, propera, amica mea, columba mea, formosa mea, et veni.
CANT. CANT. II, 10.

« Voilà que mon bien-aimé m'a dit : Lève-toi, hâte-toi, mon amie, ma colombe, ma toute belle, et viens ! »

VOYEZ-VOUS, au milieu du fleuve, une barque solitaire glisser rapidement sur les eaux? Un homme (c'est Nitard), placé à la proue, tient à la main deux rames qu'il fait mouvoir à de lents intervalles, car le courant suffit pour emporter la barque. A l'autre bout, assis sur des voiles repliées, sont les deux amants. Adalbert entoure d'un de ses bras la taille déliée d'Adelinde, dont la tête repose sur le sein de son ami.

« — Oh! cesse de pleurer, lui disait-il, douce amie ; les larmes dont tu arroses ma poitrine pénètrent jusqu'à mon cœur, le déchirent, le brûlent. Regrettes-tu donc d'avoir suivi un amant qui ne t'a ravie à un frère ambitieux et dur, que pour t'aller déposer dans les bras de sa mère? Oui, mon Adelinde, dès aujourd'hui peut-être, tu la verras, cette digne et courageuse mère : elle te recevra comme sa fille, sa fille bien-aimée.

—Adalbert, mon ami, tes paroles sont pour moi comme celles du Dieu qu'adorent les chrétiens : il guérissait, avec quelques mots, les malades, et ressuscitait les morts. Mais la plaie de mon âme est profonde. Ne me reproche point de donner quelques larmes à ma patrie, à ma famille, que je fuis pour suivre un étranger qui ne croit point au Dieu que je sers. Tu es né au milieu d'un peuple que, dès mon enfance (ne t'offense point, Adalbert, de ce que je vais ajouter), d'un peuple que l'on m'a appris à regarder comme le plus cruel, le moins civilisé des peuples.

— Quand tu auras vécu, chère Adelinde, parmi ces prétendus barbares, tu leur rendras plus de justice. Crois qu'ils ont des lois, de l'honneur. Tu penses que leur religion n'est pas aussi pure que la tienne; je ne veux point te contredire : bientôt, je l'espère, tu verras que, plus dégagée de superstitions, la religion des Danois leur fait aussi un devoir de la probité, de l'hospitalité, de toutes les vertus, et surtout du courage..... Mais laissons cet entretien trop sérieux; ne parlons que du bonheur d'être ensemble. Ce jour, combien je l'ai désiré! Je l'appelais de tous mes vœux.

— Et moi, dit Adelinde; quelle année triste, douloureuse, j'ai vu s'écouler pendant ton absence!.. Oh! Adalbert, il m'en souvient, c'est aujourd'hui même l'anniversaire du jour où je te vis pour la première fois. Ce jour, il ne sortira jamais de ma mémoire. J'étais venue du palais des Thermes dans la forteresse qui termine l'île où s'élève la ville des Parisiens; j'y embrassais mon frère, que je n'avais point vu depuis quelques jours, lorsqu'on vint lui annoncer qu'une députation de trois chefs des Normands qui étaient restés dans quelques villes de la Neustrie, après le dernier traité de paix conclu avec eux, lui demandait une conférence. Il les reçut à l'instant même, et en ma présence. Parmi ces envoyés si remarquables par leur haute stature, leur chevelure blonde, leurs traits prononcés et fiers, enfin par l'éclat de leurs armes, mes yeux ne s'arrêtèrent que sur le plus jeune. Qu'il me parut beau!... Quand je m'aperçus qu'il fixait sur moi ses grands yeux bleus, si doux, si expressifs, une rougeur subite couvrit mon visage; je sentis mes genoux fléchir.

— Oh! mon Adelinde, tout ce que tu éprouvais dans cette première entrevue, je le ressentais bien plus vivement encore; je crus voir en toi la femme dont mon imagination m'avait si souvent montré le modèle; la femme qui, cent fois, s'était présentée à moi dans mes songes, comme une fée protectrice. Elle avait cette taille élancée, ces regards modestes, cette douceur... Tu proféras quelques mots, et ta voix résonna à mon oreille, ou plutôt sur mon cœur, comme le son le plus mélodieux de la harpe de nos scaldes.

— Le soir, Adalbert, lorsque je fus de retour dans le palais des Thermes, comme je pleurai, en pensant que, peut-être, je ne te reverrais plus! Mais une de mes femmes m'apprit que mon frère avait fait conduire avec honneur les envoyés dans le château de Saint-Éloy, à Gentilly, château peu distant de celui que j'habitais*; que la négociation qui était l'objet de leur message les retiendrait quelques jours dans nos contrées. Dès lors, l'espoir rentra dans mon ame; je me dis: Il n'est donc pas entièrement perdu pour moi!... Je ne pus fermer les yeux de toute la nuit; jamais je n'avais éprouvé tant d'agitation, de trouble. A peine l'aurore parut, j'allai promener mes rêveries sur la terrasse des jardins qui domine la vaste plaine de Saint-Germain. Les sons d'une rote, et bientôt après les accents

* Voyez la note XV.

d'une voix douce et passionnée vinrent frapper mon oreille. Je courus aussitôt vers un créneau du parapet, d'où je pouvais voir jusqu'au pied de la muraille. Oh! que devins-je, quand je t'aperçus, chantant et mesurant des yeux la hauteur des murs qui nous séparaient! Le roucoulement d'une tourterelle qui semblait soupirer aussi son amour sur un arbre, tout près de moi, te fit tourner la tête de mon côté. Je te vois encore, Adalbert, accourir, t'arrêter au-dessous du créneau, me tendre les bras, joindre les mains, et t'écrier : « Belle Adelinde!...» J'aurais dû me retirer, fuir : je n'y songeai même pas. C'était la seconde fois que je te voyais, et il me semblait que je te connaissais depuis longtemps : nos cœurs étaient d'intelligence, comme si nous nous étions dit l'un et l'autre : Je t'aime! Tu me priais de t'indiquer comment tu pourrais pénétrer dans le palais; je te répondais, avec bien du regret, que la chose me paraissait impossible; que mon frère serait bientôt instruit de tes visites; que, bien qu'il eût accueilli avec bienveillance les députés des Danois, il abhorrait cette nation; que, dans le gynécée où je vivais au milieu d'une foule de femmes mes esclaves, je ne pouvais recevoir aucun homme, et surtout des étrangers... Tu étais désespéré. Tu me demandas alors si je pouvais du moins descendre dans le jardin, la nuit, lorsque mes femmes seraient endormies; j'avouai que, de mon appartement même, une issue particulière conduisait sur cette terrasse. Tu m'appris alors que, non loin du lieu où nous étions, tu avais découvert un ancien aquéduc, dont les ruines s'élevaient encore dans la plaine, et qui traversait autrefois la terrasse pour porter de l'eau dans les jardins; qu'à la vérité, une petite porte, assez récemment posée, fermait l'issue de l'aquéduc; mais que, si je voulais, il me serait facile.... Je t'entendis, Adalbert : je ne promis pas d'ouvrir la porte; mais, le soir, lorsque tu vins, n'est-il pas vrai que la porte céda au moindre effort?

— Douce amie, s'écria Adalbert, que j'aime à t'entendre raconter ainsi nos premiers amours. Mais, dis aussi, mon Adelinde : ai-je jamais abusé de ta confiance? Tu m'avais fait promettre de te respecter, de ne pas profiter même de ta faiblesse : eh bien! pendant quinze nuits, tu m'as reçu, tantôt dans le jardin, et plus d'une fois dans ta chambre même; et qu'y faisions-nous? nous jurions de nous aimer toujours; nous formions de doux projets pour l'avenir; nous nous livrions à l'espoir que nos deux nations, en se connaissant mieux, s'uniraient, n'en formeraient plus qu'une seule...

— Ah! dit Adelinde en souriant, ne te vante pas trop de ta retenue : tu oublies qu'un soir....

— Il est vrai, chère Adelinde : ce soir-là, dévoré de désirs, je te pressais dans mes bras, je te couvrais de baisers...; mais je vis de grosses larmes s'échapper de tes yeux ; tu me demandais d'une voix suppliante de ne pas déshonorer celle que j'aimais ; je te vis faire d'une main égarée ce signe religieux auquel les chrétiens ont recours au milieu des grands dangers... Mes bras te relâchèrent ; tu me vis, à tes genoux, te demander pardon de mon offense.

— Oh ! combien je t'en sus gré, Adalbert : cet instant redoubla mon amour pour toi. Hélas ! je l'avoue, emportée moi-même par la plus aveugle passion, je n'aurais pu te résister. Et ensuite, que de regrets eussent suivi mon imprudence! Mais rappelons-nous plutôt cette autre nuit, Adalbert, nuit si triste, et pourtant si douce, où je te reçus, pour la dernière fois, dans ma chambre. Tu venais de recevoir l'ordre de partir, dès le lendemain, de Paris avec tes deux compatriotes.

— Oui, ton frère, excité par l'orgueilleux évêque Gozlin, avait rejeté avec dédain nos propositions. Et pourtant, que demandions-nous ? quelques lieues carrées de terrain dans la partie la plus déserte de la Neustrie. Oh ! comme je maudissais et le comte Eudes et son odieux conseiller !

— Ce fut alors, Adalbert, que, témoin de mes larmes, de mes soupirs, tu juras, par tous les dieux de ton pays, de t'exposer à tous les dangers pour venir m'arracher des bras de quiconque oserait te disputer la femme de ton choix.

— Et toi, Adelinde, tu me pris par la main, et tu me conduisis vers un tableau, où l'on voyait un homme nu sur une croix ; là, fléchissant le genou, tu dis : « O mon Dieu, soyez témoin et « garant du serment que je fais, en votre pré« sence, de n'oublier jamais, d'aimer toujours le « guerrier que je tiens par la main. J'espère « que, par mes leçons et par mes prières, je « l'amenerai, ô mon divin Maître, à croire en « vous, à vous adorer, à vous craindre ; et alors « vous l'aimerez, comme je l'aime moi-même ; « vous nous couvrirez de votre égide contre les « méchants. » Ainsi tu parlais, Adelinde ; et pourtant, pardonne ce reproche que je ne renouvellerai plus, lorsque, après une année d'absence, je suis revenu vers toi, toujours plus amoureux et fidèle, je t'ai trouvée à la veille de t'unir au comte Grimoard. Sans doute, tu ne m'avais point oublié ; j'en ai la preuve, puisque je te serre aujourd'hui dans mes bras ; mais enfin, tu avais cédé aux ordres de ton frère : soumise, obéissante, tu marchais à l'autel.

— Écoute-moi, mon Adalbert, écoute-moi avec attention, et peut-être tu ne te croiras plus en droit de m'adresser une plainte. Malgré la promesse que tu m'avais faite, je ne recevais de toi aucun message ; j'ignorais si tu existais encore, si tu m'aimais toujours. Durant dix mois entiers, je ne fis que pleurer, que gémir.

— Adelinde ! s'écria vivement Adalbert, crois qu'un obstacle invincible s'opposait à tout ce que je tentais pour te retrouver, pour revenir près de toi. Judith, ma bien-aimée mère, craignait que je ne tombasse dans les mains du perfide Gozlin ; car c'est ainsi qu'elle l'appelle toujours. Quoiqu'elle soit née, comme toi, dans Paris même, elle déteste la nation des Francs, depuis qu'elle est l'épouse du magnanime Rollon ; mais surtout elle abhorre leurs prêtres, qu'elle appelle des hypocrites sans cœur et sans foi. Ce n'a été qu'après une longue résistance de sa part, que mon père l'a déterminée à me laisser partir, sous un déguisement, et avec ce bon Nitard, qui nous écoute. « Va, m'a-t-il dit ; enlève, s'il le faut, ta maîtresse. Si « tu amènes près de moi la sœur du comte Eudes, « je te la donnerai aussitôt pour épouse ; et tu « m'auras plus servi dans mes projets, que si tu « m'avais conquis, en Neustrie, dix comtés. »

Comme il sera satisfait, mon père, quand il me verra à tes côtés, quand je te présenterai à lui et à la fière Judith! quand je dirai : « Si j'étais ar-« rivé un jour plus tard, ô mon père, elle n'é-« tait plus à moi ; Adelinde eût fait le bonheur « d'un autre époux !...

— Ah! ne parle pas ainsi, Adalbert ; ne crois pas que, jamais, j'eusse permis à un autre homme de me serrer dans ses bras, de me souiller de ses baisers...

— Que veux-tu dire, Adelinde? Ne te mariais-tu pas? Tout n'était-il pas préparé pour la cérémonie ?

— Oui, je me serais mariée ; mais...

— Eh bien! parle donc ; qu'aurais-tu fait?

— Adalbert, apprends un secret que je renfermais dans mon cœur :... j'aurais fait comme la bienheureuse *Scholastique.*

— Et que fit Scholastique ? Quelle était cette femme? Tu excites vivement ma curiosité.

— Quoi! mon Adalbert, tu ne sais pas l'histoire des *deux amants d'Auvergne?*

— Je n'en ai jamais entendu parler.

— Je te dirais bien cette histoire ; mais elle est un peu longue.

— N'importe ; parle. J'ai tant de plaisir à t'entendre. »

Jusque-là, Nitard, témoin de l'entretien des

jeunes amoureux, s'ennuyait beaucoup de ne pouvoir y prendre part ; il n'avait pas trouvé moyen de glisser un seul petit mot au milieu de leur long dialogue. Mais quand il vit que l'on allait commencer une histoire, il demanda la permission d'approcher pour mieux entendre.

« — Soit, dit Adalbert en souriant : je connais ton goût pour les histoires. »

Nitard, posant aussitôt ses rames sur les deux bords de la barque, vint s'accroupir aux pieds d'Adalbert ; et, les coudes sur les genoux, le menton dans ses mains, il écouta attentivement Adelinde qui parla ainsi :

LES DEUX AMANTS D'AUVERGNE *.

« Dans une cité de notre montueuse Auvergne, vivait, il n'y a pas long-temps, le jeune *Injuriosus*, fils d'un illustre et très-riche sénateur. Il était d'une beauté remarquable : Adalbert, d'après le portrait qu'on m'en a tracé, il avait quelque chose de toi ; il avait tes yeux tendres et passionnés. La même ville avait donné le jour à *Scholastique*, fille d'un autre sénateur, non moins riche et puissant. C'était une vierge douce, modeste, qui fréquentait les églises et ne se plaisait qu'à entendre la parole de Dieu. Cependant elle aimait :

* Voyez la note XVI.

les excellentes qualités d'Injuriosus avaient fait une vive impression sur son âme. Leurs parents étaient amis : les deux jeunes amants pouvaient se voir tous les jours, à toutes les heures. Quand Injuriosus parlait, la vierge rougissait ; se taisait-il, elle jetait sur lui ses grands yeux, et soupirait en silence. Le soir, comme elle se reprochait ces tendres émotions, ce penchant irrésistible qui l'entraînait vers un autre que celui qui lui semblait seul digne de son amour, ce doux Jésus, mort sur une croix pour le salut du genre humain !

« Les deux familles des amants n'eurent pas de peine à s'entendre : l'hymen fut arrêté, conclu, et le jour des noces fut fixé. Scholastique se disait à elle-même qu'elle aurait dû s'opposer aux apprêts du mariage ; que l'époux qu'elle avait choisi était dans le ciel : les prêtres ne cessaient de lui répéter qu'une vierge est bien plus agréable aux yeux du Tout-Puissant qu'une femme, une mère de famille. Mais elle aimait, et la voix de son cœur l'emporta sur les conseils des prêtres. Affliger son amant par un refus, faire le malheur de sa vie ! voilà ce qui lui semblait impossible. Elle en demanda pardon à Jésus ; mais elle se laissa conduire, ou plutôt, elle marcha sans contrainte à l'autel, où son union avec Injuriosus fut consacrée en présence de tout le peuple, qui admirait la beauté des deux nouveaux époux, et les saluait par des acclamations générales. Le beau couple fut reconduit par les deux familles dans le palais qui leur était destiné, et où l'on avait préparé le plus magnifique banquet. Toute la journée se passa en chants, en danses. Lorsque la nuit fut venue, dix vénérables matrones vinrent prendre la mariée pour la conduire dans une chambre où tout inspirait la volupté. On voyait peints sur les murs les amours de nos premiers parents dans le paradis terrestre ; on y voyait aussi le sage Salomon au milieu de toutes ses femmes, et une foule d'autres histoires gracieuses que contiennent nos livres sacrés. Les matrones enlevèrent d'abord à la mariée, l'un après l'autre, les riches vêtements dont elle était parée ; elles ôtèrent la couronne de lis qui ornait sa tête ; et elle-même, sans trop de résistance, leur laissa détacher sa ceinture virginale. Elles la portèrent ensuite sur le lit nuptial, qu'elles avaient tout parsemé de feuilles de roses. L'amoureux époux ne tarda point à paraître, ivre d'espoir et de joie; ses yeux brillaient d'un feu... d'un feu que j'ai reconnu, Adalbert, dans les yeux d'un autre, une certaine nuit....

«Cependant la foule qui remplissait la chambre s'était discrètement dissipée; la porte s'était fermée sans bruit. Injuriosus s'élance vers le lit de sa bien-aimée. Mais elle s'était tournée du côté du mur; il ne pouvait voir son visage. Quelle est sa surprise! il s'aperçoit qu'elle pleure, qu'elle sanglote : « Belle amie, lui dit-il d'une voix tendre, d'où vient votre chagrin? Pourquoi me fuir ainsi? » Elle ne répondait point. « Ah! explique-toi, je t'en conjure par Jésus-Christ. »

« La vierge, à ce mot, se tourne vers lui, et dit : « Dussé-je pleurer toute ma vie, mes larmes ne seraient jamais assez abondantes pour effacer la douleur immense de mon cœur. J'avais résolu de consacrer à Jésus-Christ mon corps pur de tout attouchement d'homme; mais malheur à moi, qu'il a tellement abandonnée, que je ne pourrai accomplir mon vœu, et que je crains de perdre, en ce jour à jamais funeste, ce que j'avais jusqu'alors si précieusement conservé! Voilà que, délaissée par le Christ immortel, qui me promettait le paradis pour dot, je suis liée à un mari mortel; et, au lieu d'être parée d'une couronne de roses incorruptibles, je recevrai du mariage la triste parure d'une couronne de roses flétries! »

« — Chère Scholastique, lui dit son époux, éloigne de ton esprit de telles idées. Songe que tu feras mon bonheur; songe aux honneurs, aux respects qui attendent dans le monde la vertueuse mère de famille. . . . »

« Elle l'interrompit à ces mots. « — Que me

font, s'écria-t-elle, les pompes de la terre? Je les ai en horreur, quand je me représente les mains du Rédempteur percées pour sauver le monde. Je ne puis voir les diadêmes resplendissants de pierres brillantes, lorsque je porte le regard de ma pensée sur sa couronne d'épines. Je méprise les vastes espaces de la terre, car je souhaite ardemment le paradis. Tes palais élevés me font pitié, lorsque je regarde le Seigneur élevé au-dessus des astres. »

«Le jeune homme, touché de cette espèce de délire, ne chercha point à combattre ses refus par des paroles; mais il essaya de passer un de ses bras autour d'elle; Scholastique le repoussa, et alors il lui dit : « Ma bien-aimée, nous sommes les enfants uniques des pères les plus nobles de l'Auvergne, et ils ont voulu nous unir pour propager leur race, de peur qu'à leur sortie du monde, un héritier étranger ne vînt à leur succéder.... »

« Mais elle aussitôt, et dans une demi-extase, continua : « Le monde n'est rien, les richesses ne sont rien, la pompe de cette terre n'est rien. Il vaut mieux rechercher cette vie, que la mort ne termine point, qu'aucun accident, aucun malheur ne peut interrompre, ni finir; où l'homme, plongé dans la béatitude éternelle, s'abreuve d'une lumière qui ne se couche point; et, ce qui est bien plus que toutes ces choses, où la présence du Seigneur lui-même, dont il jouit par la contemplation, le transporte dans l'état des anges, et le pénètre d'une joie impérissable. »

« Tant d'exaltation et d'éloquence firent une vive impression sur le cœur du jeune homme. Peut-être aussi quelque ange envoyé du ciel lui inspira-t-il des sentiments d'honneur et de délicatesse. Il lui dit :

« A tes douces paroles, la vie éternelle brille à mes yeux comme un soleil resplendissant! Si donc tu veux t'abstenir de tous ces plaisirs des sens que l'on recherche avec tant d'ardeur, je m'unirai à tes pensées, je commanderai à mes désirs. »

« Elle lui répondit : « Il est difficile que les hommes accordent aux femmes de telles choses; cependant, si tu fais en sorte que nous demeurions sans tache dans ce monde, je te donnerai une part de la dot qui m'a été promise par mon époux, mon seigneur Jésus-Christ, à qui je me suis consacrée comme servante et comme épouse. »

« Le jeune homme, s'étant alors armé du signe de la croix, lui répondit : « Je ferai ce à quoi tu m'exhortes. »

« Ils se donnèrent ensuite les mains, et s'endormirent l'un près de l'autre. Depuis, ils couchèrent tous les jours, pendant plus de dix années, ensemble, dans le même lit, sans s'être jamais touché autre chose que la main. »

« — Oh! s'écria Adalbert, c'est une fable que tu nous contes là, chère amie!

— Une fable, répondit Adelinde! la preuve que c'est une histoire bien véritable, la voici: « Scholastique alla rejoindre son époux céleste; elle mourut jeune. Injuriosus la porta lui-même dans le tombeau. Avant de l'y déposer, il voulut voir encore ses traits chéris, et détacha le linceul qui couvrait son visage. Puis, élevant les mains vers le ciel : « O notre Seigneur, Dieu éternel! je te rends ce trésor sans tache, comme tu me l'as confié. A ces paroles, la morte se mit à sourire, et lui dit : « Pourquoi divulguer ce « qu'on ne te demande pas? » Voilà ce qu'entendirent tous les assistants. »

« — Bonne et crédule Adelinde, tu comptais donc, en répétant tous les beaux discours de ta Scholastique, amortir les feux du fougueux Grimoard devenu par l'hymen maître de ta personne? Quelle erreur! crois que l'on ne trouve guère des hommes tels que ton Injuriosus.

— Je le sais; mais si Grimoard ne m'eût pas respectée, j'aurais fui du lit nuptial; j'aurais appelé des témoins, et là, j'aurais déclaré que je consacrais pour toujours ma virginité à la suprême protectrice de toutes les virginités, à la Vierge mère.

—A la Vierge mère! dit Adalbert avec surprise; puis, mettant la main sur son front, comme s'il eût cherché à se rappeler quelque chose: « Ah! oui; c'est bien cela: une vierge qui enfanta et resta toujours vierge! ma mère m'a conté cette histoire-là. » Puis, se tournant vers Adelinde: « —Pouvais-tu penser que ta consécration un peu tardive au service de la mère de ton Dieu aurait brisé des nœuds aussi sacrés que ceux du mariage?

—Sans doute, Adalbert; tu ne connais pas nos lois, nos usages. Un époux n'a plus de droits sur sa femme; elle est à l'abri de ses poursuites, si elle se résoud à vivre renfermée dans un monastère. Demande à Nitard. »

Nitard affirma par un signe de tête que c'était la vérité.

« —Eh bien! Nitard, comment trouves-tu l'histoire des deux chastes époux? lui dit Adalbert.

—Maître, très-édifiante; et tellement, qu'elle m'a inspiré des remords.

—Comment cela?

—Oui; je n'ai pas toujours respecté, moi, les épouses de Jésus-Christ. Dans ma jeunesse, lorsque je voyageais en Italie... Oh! je crois encore la voir cette jolie nonnain, cette Petronilla! voulez-vous que je vous conte aussi cette histoire?

—Une autre fois, Nitard. Tu ne t'es pas aperçu, pendant que tu écoutais Adelinde, que notre barque s'est beaucoup trop approchée du rivage. C'est ce que, pour notre sûreté, il faut soigneusement éviter: reprenons le milieu du fleuve.»

Nitard vit que son maître avait raison, et ressaisissant aussitôt ses rames, il regagna le courant.

CHAPITRE VI.

LE CAP DES FIANÇAILLES.

Gaudeamus et exultemus... quia venerunt nuptiæ amici, et uxor ejus præparavit se.

« O bonheur et joie !... Elles se feront les noces de l'ami : la future est toute préparée. »

Apocalypse, XIX, 7.

Adelinde jetait sur l'une et l'autre rive un regard inquiet; elle avait à craindre, ainsi qu'Adalbert, que son frère n'eût soupçonné par quelle route ils s'étaient enfuis, et qu'on n'envoyât des hommes armés à leur poursuite. C'était pour eux une grande satisfaction de voir que les pays qu'ils traversaient étaient presque toujours déserts. De temps en temps, sur les bords du fleuve ou sur les collines qui l'environnent, au milieu d'épaisses forêts ils voyaient s'élever de grosses abbayes qui ressemblaient à des forteresses, et tout autour des huttes de pêcheurs ou de laboureurs qui s'étaient placés sous la protection des moines ou du saint leur patron. Comme le soleil n'avait paru que depuis une heure, tous les pauvres habitants de ces hameaux dormaient encore. A peine voyait-on, par hasard, un de ces misérables serfs sortir lentement de sa cabane pour aller à ses travaux; si l'un d'eux s'arrêtait un moment pour regarder la barque passer, c'était sans curiosité, sans intérêt; il continuait bientôt sa route.

« Ah! dit tout-à-coup Adelinde, je reconnais ce coteau qui est à notre gauche, et qui est tout couvert de vieux chênes. J'y suis venue quelquefois en pélerinage avec mes femmes. Quoi! nous naviguons depuis quatre heures au moins, et nous sommes encore si près de Paris. Oui! voilà bien, au milieu de ce groupe d'arbres plus grands que les autres, la pointe aiguë du clocher de saint Clodoald *; voilà l'église que ce malheureux petit-fils du grand Clovis éleva au Dieu qui l'avait sauvé des mains de ses oncles. Les monstres! ils massacrèrent de sang-froid, en sa présence, ses deux frères pour se partager leurs états. Clodoald était alors si jeune qu'ils crurent n'avoir encore rien à craindre de lui; ils l'épargnèrent. Mais lui, dégoûté de bonne heure de l'éclat des couronnes, vint, dès qu'il fut un peu plus avancé en âge, se réfugier dans cette

* Saint-Cloud.

solitude où il brava les rois et leurs poignards... Et moi aussi, Adalbert, je fuis les cours; mais à ma honte: ce n'est pas dans le sein d'un Dieu que je me réfugie, c'est dans les bras d'un amant. Tôt ou tard, mon front aurait pu être paré d'un diadême, car je suis sœur du comte Eudes; et certes, mon frère succédera bientôt à la race dégénérée de Charlemagne : oui, il recevra bientôt de tout le peuple le titre de roi, et alors, sa sœur.... Mais, je le jure, plus que Clodoald encore, je dédaigne le rang, les honneurs qui m'étaient destinés. Je suis près de mon Adalbert; je le vois, je le touche, je lui parle; il est mon bien, ma couronne, mon tout. »

Et elle pencha amoureusement sa tête sur le sein de son ami. Puis se relevant, elle ajouta : « Une idée pourtant m'agite, trouble mon bonheur. Je suis fille de ce Robert-le-Fort, dont la renommée est répandue dans le monde entier, de ce Robert qui fut la terreur des Normands, qui les vainquit en dix batailles, mais qui enfin tomba sous leurs coups, près d'Angers sur les rives de la Loire. Et c'est à un Normand que je me livre! C'est au fils de l'un de ses meurtriers, peut-être!.... O mon père, pardonne à ta fille; pardonne à l'amour qui l'a égarée : il me fallait être à lui ou mourir. »

« — Adelinde, tu me charmes à la fois et tu me

désespères. Oh! si l'ombre de Robert-le-Fort peut être témoin des tendres égards que mon père et moi nous aurons pour sa fille, du bonheur que nous tâcherons de lui procurer, il pardonnera à notre nation d'avoir arrêté le cours de ses triomphes. Entourée de nos hommages, Adelinde oubliera, dans sa nouvelle famille, qu'elle aurait pu recevoir ceux des Francs de la Neustrie entière. »

Nitard, qui voyait que la conversation devenait, entre les amants, sérieuse et presque triste, se mit à chanter, tout en suivant avec ses rames le rhythme du chant, des couplets fort gais, qui ne sont point parvenus jusqu'à nous. Tout ce que nous savons, c'est qu'il y célébrait l'amour et le vin. Il se sentait inspiré par le spectacle enchanteur qu'offraient les coteaux de *Surisnæ* *, couverts de ceps vigoureux, surchargés de feuilles d'un vert foncé, au travers desquelles on voyait pendre des milliers de grappes, dont les unes étaient déjà noires, dont les autres commençaient à prendre une couleur jaune-d'or. Quand il interrompait, pour un moment, sa chanson, « Quel pays, disait-il avec extase, que celui où croît si abondamment un arbuste si précieux! et que les hommes du Nord ont bien

* Suresnes.

raison, quand ils cherchent à s'y établir! Par ma foi, continuait-il, le pays me paraît si désert, j'y vois si peu d'habitants, que l'on devrait bien y faire une petite place à ces étrangers; on épargnerait bien du sang humain, et la honte de leur céder par force ce qu'on pourrait libéralement leur accorder.

« — Très-bien! Nitard, disait Adalbert en souriant... Mais sais-tu que tu deviens un profond politique? »

Cependant le soleil qui s'était élevé sur l'horizon, dardait ses rayons brûlants sur la tête d'Adelinde. Adalbert craignit que son amie n'en souffrît, et il lui dit : « Adelinde, cette chaleur excessive doit t'incommoder; d'ailleurs, le soleil brunirait les traits de ton visage si blanc et si frais. Je vais former, au-dessus de ta tête, une tente qui la mettra à l'abri du soleil. Permets seulement que je détache le manteau de soie bleue qui couvre ta blanche tunique. » Et, sans attendre sa réponse, il ouvrit l'agrafe qui retenait le manteau d'Adelinde; elle le laissa faire, mais elle rougit. Adalbert, à l'aide de quelques bouts de vieilles rames qu'il lia fortement à la barque, et sur lesquels il étendit le manteau de soie, construisit, au-dessus de la tête d'Adelinde, une espèce de niche semblable à celles qui, dans les églises, contiennent les statues des saints. Cette ressemblance frappa sans doute Adalbert, car mettant un genou en terre: « Voilà ma sainte! s'écria-t-il; c'est ainsi que je veux toujours la servir, l'adorer. »

Comme ils voguaient rapidement, ils ne tardèrent pas à apercevoir la flèche aiguë qui surmonte l'église de Saint-Denis.

« C'est ici qu'il faut user de précaution, dit Adalbert. Ce pays est plus habité que tous ceux que nous venons de traverser : l'abbé de Saint-Denis a de vastes domaines qu'il fait cultiver par des milliers de serfs. Évite, autant que tu pourras, Nitard, de t'approcher du rivage; et comme la Seine, en face même de l'abbaye, a formé une île oblongue, prends le bras de la rivière qui t'éloignera le plus du monastère. »

Nitard obéit, et força de rames pour franchir promptement le passage dangereux. « Quel dommage, disait-il, que cette belle rivière fasse de si grands détours, qu'elle retourne sans cesse sur ses pas! Nous voilà presque revenus à Paris, après nous en être trouvés assez loin; mais il faut prendre patience. »

« — Oh! à quelque distance de cette maudite abbaye, dit Adalbert, nous serons dans un pays où les Parisiens n'oseraient certainement pas nous poursuivre; car ils craindraient de rencontrer quelques-uns des Normands que mon père a laissés pour la garde du château de Charlevanne*, où, je l'espère bien, nous arriverons avant que le jour finisse. »

Nitard aperçut en ce moment la mauvaise hutte de chaume où ils avaient passé l'avant-dernière nuit : « — Maître, dit-il, jetez donc un regard de reconnaissance sur la hutte qui servit d'asile à deux pauvres pélerins.

— Quoi ! dit Adelinde en apercevant cette hutte délabrée, c'est donc là, mon Adalbert, qu'en venant vers moi tu as cherché quelque repos ? Comme tu as dû souffrir dans cette misérable retraite !

— Non, Adelinde ; je pensais à toi, j'espérais te voir le lendemain.

— Mais, dit Nitard, puisque nous en sommes si près, permettez-moi d'y descendre : j'y retrouverai peut-être ma gourde pleine d'un excellent hydromel, cette gourde sur laquelle sont si bien sculptés tous les instruments de la passion de notre Seigneur. J'oubliai de la prendre avec moi, tant vous me pressiez de partir ! »

Adalbert refusa d'abord, puis jetant les yeux sur la plaine, et la voyant déserte aussi loin que sa vue pouvait s'étendre : « Je ne vois point de danger : le jour est si chaud que, sans doute,

* Voyez la note XVII.

tous les laboureurs, ou sont retirés dans leurs cabanes, ou dorment à l'ombre des figuiers. Nous n'avons aucun ennemi à redouter. Tu peux descendre, Nitard; mais surtout sois prompt dans tes recherches. »

A peine avait-il fini de parler que Nitard, ne ramant que d'une main, avait gagné le rivage. Sauter à terre, entrer dans la hutte, reparaître triomphant, sa grosse gourde dans les mains, reprendre dans la barque et sa place et ses rames, tout cela fut l'affaire d'un instant; et presque aussitôt la barque continua de voguer.

Nos voyageurs eurent bientôt dépassé le territoire de l'abbaye de Saint-Denis; et Adalbert avoua qu'il respirait plus à l'aise, puisqu'ils touchaient à une contrée sur laquelle les Normands exerçaient une espèce de domination, et où, d'ailleurs, il n'y avait presque plus d'habitants.

Sur le haut d'un coteau couvert de buissons ils aperçurent le village de *Spinogelum* *, et, près de là, le château où le roi Dagobert fut pris d'un flux de ventre, et s'enfuit bien vite à Saint-Denis, d'où il se fit porter sur le tombeau du saint dont il attendait sa guérison **. Mais il oubliait, ce bon roi, qu'il avait

* Épinai.

** Voyez la note XVIII.

tué de sa main ses propres neveux, fait massacrer une foule de Saxons (tous ceux qui étaient plus hauts que son épée), et qu'il avait eu, à la fois, trois femmes au moins, sans compter les concubines. Aussi le saint ne voulut rien faire pour lui : Dagobert alla rejoindre ses ancêtres; mais son tombeau fut honorablement placé dans l'église de Saint-Denis, qu'il avait enrichie et embellie.

« — Vois, mon Adelinde, disait Adalbert, en racontant cette scandaleuse histoire, si tu n'es pas sage d'abjurer une nation qui obéit à de tels rois, ou plutôt à de tels monstres. Bientôt, tu pourras apprécier les chefs que nous choisissons nous-mêmes : tu les trouveras justes et humains, excepté, peut-être, lorsque, dans les combats, ils éprouvent une trop longue résistance.

— Maître, dit Nitard, puisque nous sommes à présent hors d'atteinte, ne pourrions-nous prendre un peu de repos, et surtout un peu de nourriture? J'avoue que j'ai besoin de réparer mes forces.

— Eh bien! dit Adalbert, cette île que nous côtoyons depuis long-temps, nous offre un asile et un abri commode. Elle est couverte d'arbres, et sur le sol croît un gazon fin et frais : c'est là qu'il faut nous descendre, Nitard.»

Ils abordèrent à la pointe même de l'île, presque en face de l'antique château de Dagobert, qui s'élevait à leur droite, de l'autre côté du fleuve. Nitard attacha la barque au tronc d'un vieux saule que le vent avait courbé, et dont les rameaux la couvraient tout entière. Il en tira toutes les provisions qu'y avait entassées l'hospitalier pêcheur, et les étendit avec soin sur l'herbe, au milieu d'une petite clairière qu'entouraient les arbres qui couvraient en grande partie le reste de l'île. L'endroit était délicieux, et semblait avoir été préparé tout exprès pour recevoir des amants : loin de tout œil humain, dans une complète solitude, ils étaient, comme nos premiers pères, dans un paradis terrestre.

Assis sur le gazon, autour des viandes salées et de la grosse anguille rôtie, dons du pêcheur du Gros-Caillou, nos trois voyageurs, et Nitard surtout, mangeaient avec une sorte d'avidité, et comme des gens qui, après avoir couru des dangers, jouissent d'une entière sécurité. Les tasses de terre dans lesquelles ils buvaient étaient grossièrement façonnées; mais le vin était délicieux, et ils ne l'épargnaient pas. Adalbert s'animait, ses yeux pétillaient de joie et de désirs; il vidait souvent sa coupe, en pressant amoureusement d'un bras la taille svelte d'Adelinde, qui avait, elle-même, un peu renoncé à sa retenue accoutumée, s'animait, et souvent la première appuyait sa main sur la main de son ami, comme pour lui dire: «Serre-moi plus fortement encore! » Nitard contemplait avec une espèce d'attendrissement, sentiment qui, pour l'ordinaire, lui était assez étranger, le spectacle des chastes amours qu'il avait sous les yeux. S'échauffant même par degrés, il s'écria tout à coup avec exaltation : « — Mes excellents maîtres, ce serait bien le moment de célébrer vos fiançailles, de jurer que votre union sera éternelle : vous n'aurez pour témoin que Dieu et moi, votre dévoué serviteur; mais faut-il donc tant de solennité? faut-il tant de témoins pour des promesses que ni l'un ni l'autre n'avez certainement pas l'intention de violer?

— Bien parlé, Nitard! Oui, Adelinde, renouvelons, en face du ciel, les serments déjà faits tant de fois, de nous unir pour la vie, de nous être toujours fidèles. En te présentant, dès ce soir peut-être, à mes nobles parents, je leur dirai : « Je vous amène ma fiancée, bénissez-la! »

Nitard, tout fier de l'approbation de son maître, reprit aussitôt: « — Un acte si important doit être accompagné de quelque cérémonie : chez les Francs, les fiancés boivent dans la même coupe, en signe d'union et d'amour; voici ma gourde encore toute pleine, buvez l'un après l'autre l'hydromel qu'elle contient.

— De mieux en mieux, Nitard ! s'écrie Adalbert. L'hydromel est la boisson des dieux dans le Walhalla ; buvons en leur honneur * ! »

Et aussitôt il prend en main la gourde. Debout ainsi qu'Adelinde, qui, à son exemple, passe un bras autour de son corps, il boit à longs traits l'hydromel, et porte lui-même la gourde à la bouche d'Adelinde, qui ouvre avec avidité ses lèvres purpurines, et s'enivre à son tour de la suave liqueur.

« — Maintenant, ajoute Adalbert, prions chacun nos dieux de protéger l'union que nous venons de contracter. »

Levant alors les yeux vers le ciel, il dit :

« Dieu suprême, et père de tous les dieux de
« la Norwège, patrie de mon père, puissant Odin,
« et vous, Frigga, sa bienfaisante épouse ; vous
« aussi Freya, déesse qui présidez aux amours ;
« et vous enfin Vara, qui recevez les promesses
« des amants, et punissez ceux qui ne gardent
« pas la foi donnée : voyez dans celle qui est à
« mes côtés, et que je tiens enlacée, la compagne
« de ma vie, mon épouse bien-aimée. Que le dieu
« Thor lance sur moi ses foudres ; que l'hydro-
« mel si suave, dont je viens d'étancher ma soif,
« se change pour moi en poison, si, lorsque je

* Voyez la note XIX.

« promets d'aimer toujours celle qui a quitté « pour me suivre ses parents et sa patrie, ma « voix n'est pas l'écho de ma pensée, et n'exprime « pas tout ce que sent mon cœur! »

Adelinde, à son tour, faisant le signe de la croix de la main dont elle pouvait disposer (son autre bras serrait le corps d'Adalbert), prononça d'une voix douce et tremblante:

« Doux Jésus, qui, avec votre Père et l'Esprit « saint, ne faites qu'un Dieu en trois personnes, « ne vous irritez point contre votre humble ser- « vante, si elle se donne, sans réserve, à l'homme « qui depuis long-temps possédait son cœur. Si « l'époux qu'elle a choisi ne vous connaît point « encore, pardonnez à son ignorance. C'est vous « qu'il adore sous un autre nom. Et vous, ô « Marie, vierge divine, vous avez aimé, puisque « vous fûtes mère; accueillez le serment que je « fais de n'aimer qu'Adalbert, de n'exister que « pour lui. Peut-être aurais-je dû, comme le « conseillent les prêtres chrétiens, vous consacrer « ma virginité, rester pure et sans tache, comme « vous l'êtes, vierge prédestinée; mais si je ne « puis plus espérer de prendre place parmi les « vierges dans votre saint paradis, réservez-moi, « ô Marie, une place parmi les épouses fidèles, « les vertueuses mères de famille: je bénirai en- « core ma destinée. »

« A présent, dit Adalbert, mettons le sceau par un baiser à tous les serments que notre bouche a prononcés. » Et aussitôt Adelinde, se regardant désormais comme le bien, la propriété d'Adalbert, avança la tête pour recevoir le baiser. Son ami colla ses lèvres sur les siennes. Qu'il fut savoureux et long ce baiser obtenu aussitôt que demandé, accordé, pour la première fois, sans résistance comme sans regret!

Nitard contemplait, en répandant des larmes de plaisir, le couple heureux. « Oh! dit-il, que n'ai-je le droit de bénir vos engagements! mais nos prêtres prétendent qu'ils ont seuls ce privilége. » Prenant alors la gourde des mains d'Adalbert : « Je garderai du moins un gage, un monument de vos fiançailles! » Et puis, rendant plus grave le ton de sa voix :

« Jeunes gens, si jamais vous pouviez oublier
« l'acte solennel dont je viens d'être le témoin,
« pour vous rappeler à vos devoirs je vous mon-
« trerai cette gourde.... »

« Mais, dit-il en s'interrompant tout à coup, et regardant le soleil, il est plus que temps de remonter dans notre barque, si nous voulons arriver à Charlevanne avant la nuit. Nous pouvons laisser là les restes de notre repas; nous en trouverons sans doute, ce soir, un meilleur. »

Nos amants quittèrent à regret le bocage où,

comme ils disaient, ils venaient de s'unir pour la vie. Avant de remonter dans la barque, ils imposèrent à un petit rocher qui, en cet endroit, s'avançait dans le fleuve et terminait l'île, le nom de *Cap des Fiançailles*.

CHAPITRE VII.

LA RELIGIEUSE D'ARGENTEUIL.

Horret animus temporum nostrorum ruinas persequi... Quot matronæ, quot virgines Dei, et ingenua, nobiliaque corpora, his belluis fuere ludibria!... Quot monasteria capta! Quantæ fluviorum aquæ humano cruore mutatæ sunt!

Divi HIERONYMI L. II, Epist. 22.

« Je me sens saisi d'horreur à l'idée seule de raconter les malheurs de nos temps... Que de matrones, que de filles du Seigneur, que de nobles, d'illustres personnages ont été la proie et le jouet des barbares!... Que de monastères pris et pillés! Que de fleuves n'ont plus roulé que des eaux teintes de sang humain! »

Saint JÉRÔME, L. II, Épître 22.

NITARD, ayant repris des forces, mania ses rames avec plus de vigueur; la barque fendait l'eau comme un trait : les deux rives semblaient s'enfuir avec tant de rapidité, que l'œil ne pouvait s'arrêter sur aucun objet. Nos deux amants, assis l'un près de l'autre, se serraient mutuellement les mains, se regardaient, ne parlaient point; mais leurs yeux s'entendaient, s'exprimaient leur amour. Nitard chantait.

Ils étaient en face du village d'*Argentoialum* *, tout récemment détruit par les Normands, lorsqu'un cri aigu, sorti des ruines d'un immense bâtiment, leur fit jeter les yeux sur le rivage; et ils virent, sur les pierres entassées de ces décombres, une femme qui fuyait et paraissait violemment agitée. Dès qu'elle eut mis le pied dans la plaine, elle courut de toutes ses forces vers le fleuve, et, voyant la barque qui voguait au milieu, elle criait en tendant les mains, elle demandait secours. Bientôt après on vit paraître un homme que son costume faisait aisément reconnaître pour un Normand. Il avait à la main une épée nue, et courait après la fugitive, mais non sans de grands efforts, car il boitait, et semblait souffrir à chaque pas.

Nitard, aux cris de cette femme, avait rapproché la barque du rivage par un mouvement naturel, et sans attendre les ordres de son maître : l'inconnue s'élance dans la barque, et vient tomber aux pieds des deux amants, qui la relèvent avec bonté, tâchent de la rassurer, et la font asseoir au milieu d'eux; de leurs bras joints derrière son dos, ils soutiennent son corps défaillant.

* Argenteuil.

Le Danois, qui était arrivé presque au même instant qu'elle sur le rivage, jeta sur les voyageurs des regards courroucés, et leur dit : « Étrangers, cette femme est mon esclave, rendez-la-moi, ou craignez !.. » et il faisait brandir son épée d'un air menaçant ; mais il était trop loin des voyageurs pour les atteindre.

Adalbert, debout au milieu de la barque, le regardant avec mépris, lui répondit en langue danoise : « Si cette femme est à toi, viens la réclamer ce soir à Charlevanne. En attendant, je t'ordonne, au nom de Rollon, dont je suis le fils, de remettre ton épée dans le fourreau, et de t'éloigner. » A ce nom révéré de Rollon, le Danois abaissa son arme. Il voulut pourtant répliquer, mais un geste d'Adalbert lui imposa silence ; et la barque regagna le milieu du fleuve.

La femme que nos voyageurs avaient accueillie paraissait âgée de vingt-quatre ans au plus ; elle était d'une maigreur extrême ; ses traits réguliers et nobles semblaient altérés par la terreur et la souffrance. Une longue robe de laine blanche, attachée par une ceinture de cuir, enveloppait tout son corps. Un voile, de laine blanche aussi, qui couvrait sa tête, avait été déchiré ; il n'en restait que des lambeaux qui ne lui permettaient plus de cacher son visage. Adelinde vit bien, d'après son costume, que c'était une religieuse; mais elle ne pouvait s'expliquer comment une religieuse avait pu se trouver ainsi seule dans une espèce de désert.

Dès qu'Adelinde s'aperçut que l'inconnue avait repris un peu de calme, elle lui dit avec sa douceur accoutumée : « — Nous désirons connaître celle qui déjà excite en nous tant d'intérêt. Si vous n'avez aucun motif pour vous taire, dites-nous qui vous êtes; dites-nous ce qu'il faudrait faire pour soulager la profonde douleur qui paraît empreinte sur vos traits.

— Ah ! répondit l'inconnue, je suis et je fus toujours malheureuse. Vous allez en juger; car je ne craindrai point d'exposer ma vie entière devant ceux qui m'ont sauvé l'honneur. »

Nitard, qui aimait presque autant à entendre qu'à raconter lui-même des histoires, devint tout oreille à ces mots.

HISTOIRE D'UNE BATARDE DE CHARLES-LE-CHAUVE.

« Mon nom est Odille, reprit l'inconnue. Le sang des rois francs coule dans mes veines. Une concubine de Charles-le-Chauve, mort il y a quelques années seulement, m'a donné le jour. Le roi, mon père, ne voulant point exciter la jalousie de sa femme Ermentrude, nous relégua, ma mère et moi, dans le couvent dont vous venez de voir les ruines, et que fondèrent, il y a deux siècles, le riche Franc Ermenric et la pieuse Nummane son épouse *. Deux cents femmes nobles ou filles de rois l'habitaient. Malheureusement aussi, la discorde s'y introduisit, et, pourquoi le cacherais-je? un excessif déréglement de mœurs. Ces religieuses, soumises, par leur institut, à l'abbaye de Saint-Denis, se disputaient les attentions, les hommages des moines, s'arrachaient l'une à l'autre leurs amants.

« Je croissais près de ma mère et au milieu de cette troupe de femmes, sans trop m'apercevoir de leur conduite. Devenue plus grande, j'attirai à mon tour les regards des moines, nos protecteurs, ou plutôt nos maîtres. J'eus malheureusement le triste honneur de plaire à l'abbé de Saint-Denis; et ce moine était le favori de notre abbesse. Dès lors elle me prit en haine, et ne cessa de me persécuter. Il me fallait souffrir ses railleries et celles de toute la communauté sur l'illégitimité de ma naissance : on me reprochait aussi d'avoir toujours le plus vif désir de plaire; et, je le dis franchement, j'ignorais même que j'eusse quelque beauté.

« Le roi, mon père, était mort; ma mère dispa-

* Voyez la note XX.

rut un jour du couvent, et l'on n'a jamais pu découvrir ce qu'elle est devenue. Je n'avais donc plus aucun appui contre tant de persécutions. J'aurais pu, sans doute, me donner un zélé protecteur dans le puissant abbé de Saint-Denis; mais cet homme, quoiqu'il fût beau et de formes élégantes, m'inspirait un invincible éloignement. Je ne pouvais supporter son orgueil, son hypocrisie; je résistai à ses amoureuses instances, et je m'en fis un ennemi.

« Il cherchait l'occasion de se venger de mes refus, et bientôt la trouva. L'abbesse s'étant plainte de mon arrogance, de ma continuelle désobéissance, je fus condamnée à la prison. Un matin, quatre religieuses vinrent me saisir dans ma cellule, et me forcèrent de descendre dans un cachot, où le jour ne pénétrait qu'avec peine par un trou pratiqué dans la voûte : c'est là que je fus renfermée. Je n'avais d'autres meubles qu'un lit et une chaise; mais on me laissa, pour m'occuper, une quenouille, de la filasse et des fuseaux. Chaque jour, on venait m'apporter quelques mets grossiers et de l'eau.

« Depuis près de six mois je vivais dans cette solitude, ignorant ce qui se passait dans le couvent et dans le reste du monde, livrée à mes regrets, à ma douleur, ne trouvant quelque remède à l'ennui que dans le travail, et de consolation que dans les prières ferventes que j'adressais au Seigneur.

« Une nuit, je fus réveillée par un effroyable tumulte : il me semblait que des murs s'écroulaient au-dessus ou tout près de la voûte de mon cachot; de temps en temps aussi, je croyais entendre de grands cris, puis des gémissements. Tout à coup, une lueur rougeâtre pénétra dans mon cachot; on aurait cru que les murs en étaient teints de sang. De quelle horreur j'étais saisie! mes cheveux se dressaient sur mon front. Je passai dix heures dans des angoisses inexprimables. Une chaleur étouffante remplissait tout le cachot : l'air que je respirais me semblait sortir d'une fournaise ardente. Je touchais les murs; ils me brûlaient les mains. Je ne doutai plus que le feu n'eût pris au couvent, et que j'allais périr consumée.

« Le jour parut; et quelle fut ma surprise! une lumière plus libre et plus pure, et, bientôt après, les rayons même du soleil éclairèrent tout mon cachot, où jusque là n'avait jamais pénétré qu'un jour douteux. Je m'aperçus bientôt aussi que les murs perdaient de leur chaleur, que l'air devenait plus frais, qu'il n'existait plus rien au dehors qui l'empêchât d'arriver directement jusqu'à moi. Je commençai à espérer que je pourrais échapper à la tombe où j'étais renfermée vivante.

« J'attendis vainement qu'on vînt, ou me donner la liberté, ou ma ration de vivres accoutumée. Personne ne parut ; mes inquiétudes revinrent plus vives, plus poignantes. « Après avoir « échappé, me disais-je, à un affreux incendie, « suis-je destinée à mourir dans les tourments « de la faim ! » Jusqu'alors je n'avais pas même songé à m'échapper, à fuir ; mais, par un mouvement subit, je me précipitai vers la porte de mon cachot pour essayer de l'ouvrir. En examinant bien la serrure, je crus m'apercevoir que la rouille avait rongé, en grande partie, la gâche qui retenait le pêne, surtout aux deux endroits où elle était enfoncée dans la muraille. J'employai toute la force de mes mains pour la rompre ou l'arracher, je n'y pus réussir ; mais me servant d'un de mes fuseaux, comme d'un levier, la gâche céda, sortit du mur, et vint tomber au milieu du cachot. Ouvrir la porte, monter l'escalier de pierre par lequel on m'avait, il y avait six mois, descendue dans ma prison, ce fut pour moi l'affaire d'un instant. Je me trouvai dans une longue galerie voûtée que je connaissais bien, puisque c'était le lieu destiné aux jeux des nonnes, les jours de fête. Plusieurs corridors y aboutissaient ; j'en parcourus un, puis un autre ; mais je les trouvai tous deux fermés par des éboulements de pierres : mes craintes recommencèrent : « Je n'ai fait autre « chose, me disais-je, que changer une prison « étroite contre une plus vaste ; je n'en mour-« rai pas moins. »

« Il me restait un corridor à visiter : j'y entrai presque sans espoir : il était si obscur ! J'errai quelque temps dans ces ténèbres, et j'allais revenir sur mes pas, lorsque je crus voir que, tout au bout, le jour pénétrait par un petit trou. Guidée par cette lumière, je m'avance vers l'issue, que je trouve obstruée par un monceau de pierres. Je grimpe avec peine jusqu'à l'endroit par où entrait le jour : à peine pouvais-je passer la main dans ce trou ; mais je m'aperçus que les pierres qui l'entouraient, entassées sans ordre, se soutenaient à peine : j'en poussai quelques-unes ; elles roulèrent aussitôt du côté opposé, et le trou s'élargit. En faisant rouler sans cesse des pierres, tantôt de mon côté, le plus souvent de l'autre, je formai une ouverture où je pus enfin glisser mon corps en rampant. Oh ! quel sentiment j'éprouvai quand, libre, je pus voir le ciel et le soleil qui, dans ce moment, se cachait à ma droite derrière les collines que couvre, jusqu'à leur sommet, l'antique forêt d'Yvelines *! Je tombai à genoux, et j'adressai à Dieu une prière de reconnaissance.

«Je jetai ensuite les yeux autour de moi. Quel triste spectacle! de hautes murailles nues, noircies par la fumée; des monceaux de décombres et de cendres, des longues poutres à demi brûlées, encore fumantes; quelques colonnes de l'église encore debout, quelques fenêtres, quelques arceaux : voilà tout ce qui restait de ce couvent si vaste, si riche, où j'avais été élevée, qui était le seul lieu du monde que je connusse, mon berceau, mon unique patrie! La plaine qui l'entourait était déserte, silencieuse; je n'y voyais plus un seul hameau, pas une de ces nombreuses maisons de campagne dont elle était naguère parsemée : je distinguai seulement, au loin et sur la lisière d'un bois voisin du fleuve, un amas de cabanes que dominaient quelques maisons plus élevées, et même une église : c'est là que je résolus d'aller chercher un asile.

« Le soleil venait de se cacher : à peine y voyais-je assez pour me diriger; mais je résolus de suivre toujours les bords du fleuve, bien sûre qu'alors je ne pourrais m'égarer. Après deux heures, au moins, d'une marche assez pénible, et tremblant d'être rencontrée par quelque bri-

* Voyez la note XXI.

gand, je me trouvai tout près des premières maisons du village où je me rendais. Mais le cœur me faillit quand je vis qu'elles étaient sans portes, sans fenêtres, et qu'elles avaient été presque aussi dévastées que mon couvent. En avançant toujours, je m'aperçus pourtant que plusieurs cabanes avaient été épargnées. Dans l'une, un peu de lumière sortait d'une lucarne entr'ouverte; je ne balançai point à frapper à la porte. On m'ouvrit, et je vis un vieillard et sa femme qui, à la lueur d'une lampe de terre, assis près d'une petite table, faisaient un frugal souper. « Quoi! s'écrièrent-ils tous deux, avec une grande surprise, en me voyant entrer, une nonne!.... » Je leur dis alors comment, par une espèce de prodige, je venais de sortir vivante du milieu des ruines du monastère. A mon récit, une douce pitié se peignit dans leurs regards. Ils m'invitèrent à m'asseoir sur leur banc, me servirent du pain et du laitage, que je dévorai avidement.

« Quand j'eus satisfait le besoin de la faim, je les priai de m'instruire des causes de l'incendie du monastère. Ils m'apprirent aussitôt qu'une assez forte garnison, laissée par les Normands au château de Charlevanne, ayant été informée que les Francs d'Austrasie avaient égorgé, par trahison, un chef normand, avait résolu de s'en venger sur les Francs de la Neustrie par le pillage et le meurtre; que les Normands avaient commencé par dévaster ce village, appelé *Vezunum**, et n'avaient épargné que les cabanes des vignerons et des laboureurs, parce qu'ils y pouvaient trouver des approvisionnements, pour leur forteresse voisine, en vivres et en vin; mais qu'ils s'étaient répandus à l'improviste dans la plaine, avaient pillé de préférence le couvent d'Argentolaium, le plus riche de la contrée; qu'ils avaient violé, et ensuite emmené, dans leur fort, la moitié, au moins, des nonnes mes compagnes; que l'autre moitié, l'abbesse à leur tête, était parvenue à s'enfuir, et s'était sauvée chez les moines de Saint-Denis.

« Quand ils eurent fini ce triste récit, je leur dis : « Et moi, que deviendrai-je ? » Le vieillard réfléchit un moment, puis répondit : « Je ne « vois qu'un moyen de vous soustraire aux Nor- « mands : c'est d'aller, cette nuit même, rejoin- « dre vos compagnes à Saint-Denis. Mon fils, « ce grand garçon qui vous a ouvert notre por- « te, sera votre guide; et, pour peu que vous « marchiez bien, demain dans la matinée vous « pouvez être arrivée à l'abbaye de Saint-Denis, « que son prudent abbé a fortifiée de manière à

* Bezons.

« ne pas craindre les insultes des Normands. »

« Au nom de l'abbé de Saint-Denis, à l'idée que je retrouverais là l'infâme abbesse, ma plus cruelle ennemie, j'éprouvai un sentiment d'horreur, et m'écriai avec un geste d'épouvante : « Jamais, jamais, je n'irai à Saint-Denis ! Plutôt « mourir, plutôt être égorgée par les Nor- « mands ! » Et j'ajoutai que, pour me refuser à une proposition qui paraissait si raisonnable, j'avais de puissants motifs, que je ne pouvais découvrir. Ils n'insistèrent plus ; mais le vieillard se mit de nouveau à réfléchir. « Je me creuse « en vain la tête, dit-il ; je ne trouve rien de « bon, rien de praticable ; et pourtant, je vous « dis à regret, vous ne pouvez rester parmi nous, « pour peu que vous vouliez conserver votre « honneur, peut-être même la vie. Il ne se passe « point de jour que des Normands de la garni- « son du fort ne viennent nous demander des « fruits, des légumes ; ils se reposent dans notre « cabane, parcourent notre jardin et nos champs. « Il nous serait impossible de vous soustraire à « leurs regards, un jour seulement. Puisque vous « refusez de vous réfugier à Saint-Denis, il fau- « dra bien retourner dans votre ancienne de- « meure, au monastère. Là, vous serez plus « cachée que nulle part ailleurs. Quel mo- « tif pourrait attirer les Normands dans ces mon-

« ceaux de ruines, où ils ne peuvent désormais « trouver le moindre butin? Tâchez de vous y « arranger le plus commodément possible. Cha- « que nuit, et n'en doutez pas, l'un de nous, « et quelquefois tous, en famille, nous irons « vous porter des vivres pour le lendemain. « Mais vous êtes trop lasse pour vous remettre en « route à l'instant même; reposez-vous quelques « heures sur le lit de ma femme, et, dès qu'il « fera un peu jour, vous partirez pour le mo- « nastère ruiné avec mon fils. Qui sait si vous « serez forcée de vous cacher long-temps à tous « les yeux? Ou je me trompe fort, ou les Nor- « mands se préparent à une guerre contre les « Parisiens. Ils ne disent pas leur secret; mais je « ne doute point que, pour marcher sur cette « ville, ils n'attendent des renforts qui ne peu- « vent pas tarder d'arriver. Peut-être ces nou- « velles troupes sont-elles tout près de nous : « j'ai ouï conter que, tout récemment, à l'em- « bouchure de l'Oise dans la Seine, ils s'étaient « emparés d'un fort, que les Francs leur ont livré « par capitulation; qu'ils avaient là des milliers « de barques toutes prêtes à remonter la Seine. « Croyez que, lorsqu'ils se seront dirigés en « masse, comme ils font toujours, vers Paris, « on pourra voyager sans crainte dans tout ce « pays-ci. Vous leur échapperez alors sans peine;

« et moi, malgré mon âge, je m'engage à vous « conduire où vous voudrez, dans quelque cou- « vent, fût-il situé sur les rives de la Loire, à « Tours, par exemple, où il y a tant de cou- « vents, et où les Normands ne se sont point « encore présentés. »

« Je souscrivis à tout le plan du bon vieillard, tant je le trouvai raisonnable et juste. On me plaça dans le lit de sa femme, où je m'endormis profondément. Le matin, avant même que le soleil parût, on m'éveilla ; il fallut partir, et bientôt après, je me retrouvai dans le cachot de mon couvent, avec ma quenouille et mes fuseaux.

« Pendant deux mois entiers je suis restée dans cette solitude. Chaque nuit, mes fidèles villageois venaient me visiter, et m'apportaient des vivres de toute espèce : je ne manquais de rien. Ils amenaient le plus souvent avec eux des voisins à qui ils avaient raconté mes malheurs, ma résignation, et de la discrétion desquels ils étaient certains. Je leur récitais des psaumes; nous chantions ensemble des cantiques, des prières. Obligés qu'ils étaient de vivre, pour ainsi dire, au milieu de païens, et de paraître abjurer leur religion pour n'être pas persécutés par eux, il leur était doux de pouvoir au moins se livrer en secret à quelques pratiques chrétiennes : je leur servais de prêtre, faute de mieux.

«Mais combien les jours me paraissaient longs et tristes! Dans la crainte d'être aperçue, je n'osais sortir, si ce n'est, quelquefois, de très-grand matin : je parcourais alors, pendant une heure, les ruines du monastère; j'en étudiais les détours, cherchant les lieux où je pourrais me réfugier, si, par quelque funeste événement, mon asile était découvert. J'aurais pu tracer le plan de ce vaste labyrinthe de décombres. Je rentrais précipitamment dans ma tanière, dès que je supposais arrivée l'heure où les hommes reprennent leurs travaux.

«Le généreux vieillard qui m'avait si bien accueillie s'apercevait, non sans douleur, des secrets ennuis qui me dévoraient. La nuit dernière, lorsque nos chants avaient cessé, il me prit à part, et me dit : « Vous êtes trop malheureuse ; « vous ne pourriez pas vivre plus long-temps « ici. Les Normands, qui semblent toujours prêts « à déguerpir, restent toujours. Je vous conduirais bien à Paris, où vous pourriez implorer « la protection de l'évêque Gozlin et du comte « Eudes; mais je n'ose approcher de cette ville. « Si l'on y venait à découvrir que je sers les Normands, que je leur ai prêté serment de fidé- « lité, on me ferait périr comme traître à la

« patrie. Je n'aurais aucune grâce à espérer, sur-« tout de l'évêque Gozlin, le plus dur, le plus « cruel des prêtres, et qui ne pardonne point, « même aux pauvres gens qui, comme nous, « sont obligés de renoncer, en apparence, à leur « religion, pour conserver leur vie et la subsi-« stance de leurs enfants. Je me suis donc arrêté « à un projet dont l'exécution ne présente aucun « danger ni pour vous, ni pour ma femme. Le « comte Eudes a une sœur qui habite tout près « de Paris. On assure qu'elle est douce, géné-« reuse, compatissante autant que belle. Il faut, « dès demain, vous présenter devant elle : elle « vous accueillera, j'en suis sûr; peut-être, vous « placera parmi les femmes qui forment sa suite « La nuit prochaine, ma femme vous apportera « des habits de villageoise, dont il faudra vous « vêtir, afin que vous puissiez passer avec elle « sur le territoire des Normands, et même sur « celui des Parisiens, comme de simples paysan-« nes qui vont vendre leurs denrées à la ville. « Une fois parvenue au palais de la jeune Ade-« linde (c'est le nom de cette excellente créa-« ture), vous pouvez être tranquille sur votre « sort. Elle est aimée dans tout le pays, et la « voix unanime de tout un peuple n'est jamais « mensongère. »

(Adelinde, à ces mots, baissa ses grands yeux;

elle paraissait confuse. Adalbert la regardait, souriait ; un rayon de joie brillait dans ses regards.)

« Je sautai au cou du bon vieillard ; je pleurai sur lui. J'approuvai tout son plan, et l'assurai bien que j'étais prête à suivre sa digne femme partout où elle me conduirait.

« Ce matin, quand je me suis réveillée, avec quel plaisir j'ai pensé que j'allais donc enfin quitter mon effroyable séjour, qu'enfin je respirerais librement et sans crainte! Je me promettais bien, à force de soins, d'attentions, de gagner la confiance, l'amitié même de la noble protectrice qu'on voulait me donner. J'arrangeais dans ma tête tout ce que je lui dirais à notre première entrevue, pour l'intéresser en ma faveur. Les seuls biens que je possède au monde sont une monnaie d'or, sur laquelle est l'effigie de mon père Charles, et une croix aussi d'or, que je tiens de ma mère, et qui n'a jamais quitté mon sein. « Je lui présenterai, me disais-je, la médaille d'une main, en lui disant : « Accueillez l'orpheline au nom de son père, dont voilà le portrait» ; de l'autre, la croix, en ajoutant : « C'est le gage de ma fidélité. »

(En cet instant, Nitard qui écoutait ce long discours, plongé dans un ravissement qui ressemblait à l'extase, fit un mouvement, et ouvrit la bouche pour dire sans doute : « Faites vos dons à la noble Adelinde; elle est là, tout près de vous »; mais Adelinde, le regardant fixement, posa un doigt sur ses lèvres. Nitard comprit ce signe et se tut.)

« Ces doux projets et de ravissantes rêveries m'occupaient encore vers le soir, lorsque j'entendis résonner, dans les corridors, des pas vifs et légers ; et bientôt après, se précipita dans mon cachot une biche blessée par un javelot qui tenait encore à son flanc : elle tomba expirante à mes pieds. Et aussitôt, se fit entendre le chasseur qui la poursuivait ; mon sang se glaça dans mes veines, quand il descendit l'escalier qui conduisait à mon asile. Lui-même, en me voyant, fit un mouvement de surprise ; et riant ensuite aux éclats : « Ah! s'écria-t-il, ce gibier-ci vaut bien l'autre. Dites-moi, la belle, vous attendez sans doute quelque amant dans cette solitude? mais, par Odin, en viendrait-il dix, en viendrait-il vingt, ils ne vous arracheront pas de mes mains.» J'avais baissé mon voile ; il voulut me l'arracher. Ce voile que je retenais avec force se déchira de part en part dans notre lutte. «Mutine! s'écria-t-il alors, vous avez bien tort de vouloir me cacher cette aimable figure. » Et, me serrant la taille d'un bras nerveux, il approcha de mes lèvres sa bouche hideuse. Mes larmes coulaient, je me sentais défaillir : je le suppliai, en gémissant, de ne me faire aucune violence. Le bras qui me pressait fortement se relâcha un peu; je tombai à ses pieds et je baisai une de ses mains. « C'est « bien, dit-il; mais il faut me suivre : j'ai hâte « de sortir de ce vilain trou. Je vous logerai mieux « dans notre forteresse.» Je sentis que toute résistance était inutile; je promis tout ce qu'il voulut, espérant qu'une fois hors des ruines, je pourrais trouver quelque secours contre la violence. Quand il me vit si docile : « Marchez de« vant moi, me dit-il, car sans doute vous con« naissez mieux que moi les détours de ce laby« rinthe : je craindrais de n'en pas trouver de « long-temps l'issue : mais par tous les habitants « de Walalha, ne cherchez pas à vous enfuir, « vous vous en repentiriez. » Et, en même temps il tira son épée. Je sortis du cachot; il marchait à deux pas de moi. Quand nous fûmes parvenus sur les décombres extérieurs, j'aperçus votre barque qui descendait le fleuve; et me trouvant près d'un monceau de pierres, qui nous séparait d'un petit sentier que j'avais tracé moi-même autrefois dans les ruines, légère comme je suis, je sautai par-dessus; il voulut aussi franchir le tertre pour me saisir; mais une pierre roula sous ses pieds, il tomba à la renverse : je vis qu'il s'était blessé au cri qu'il jeta, et qu'il accompagna d'un affreux jurement. Je profitai de cette heureuse circonstance; j'arrivai avant lui dans la plaine, et courus vers votre barque: vous savez le reste. Il n'a pu m'atteindre, et vous m'avez sauvée. »

Quelques instants de silen cesuivirent ce long récit. Adalbert cherchait à lire dans les yeux de son amie, avant de faire aucune confidence à l'étrangère. Il y découvrit tant de bienveillance, tant d'intérêt pour elle, qu'il crut pouvoir lui parler ainsi :

« Odille, vos malheurs touchent à leur terme. Cette belle et généreuse Adelinde dont vous alliez implorer la protection, elle vous connaît, vous plaint; déjà peut-être, vous a choisie, dans le secret de son cœur, pour sa compagne chérie... N'est-il pas vrai, Adelinde? »

A ce mot, Odille se tourne vivement vers Adelinde : « Quoi! vous seriez ?.... » et elle allait se jeter à ses pieds; mais Adelinde lui prend la main, qu'elle presse contre sa poitrine :

« Ah! restez toujours près de nous, vertueuse Odille. Vous serez pour moi comme une sœur. Hélas! j'aurai peut-être plus besoin de votre appui que le mien ne vous sera utile.... Une vie nouvelle commence pour moi; Dieu seul sait si je ne suis pas destinée à de grandes infortunes!... » En même temps une larme vint mouiller ses paupières.

Odille remercia tour à tour les deux amants, leur promettant une fidélité, un zèle à toute épreuve. Le bonheur qu'elle éprouvait donnait de la vivacité à ses yeux, des couleurs à son visage, jusque là si pâle et si terne. Elle était redevenue belle. Nitard la regardait avec admiration. « Voilà, disait-il tout bas, comme était ma Pétronille! Je crois la revoir dans cette autre religieuse. »

La barque passait en ce moment tout près du hameau de Vezunum. Odille vit la maison où elle avait trouvé des êtres si purs et si bienfaisants. « Adieu! s'écria-t-elle, bons villageois, vous qui fûtes mes premiers sauveurs. Que la bonté du ciel se répande à jamais sur votre hameau. Hélas! cette nuit même, vous irez, j'en suis sûre, au monastère; vous y apporterez pour moi des vêtements simples comme vos cœurs... Quelle sera votre surprise, votre inquiétude, quand vous trouverez mon cachot vide. Vous appellerez votre Odille, elle ne pourra plus vous répondre! »

Adelinde aurait voulu qu'on abordât près du hameau, que l'on y descendît pour informer les bienfaiteurs d'Odille du sort de leur pauvre recluse; mais Adalbert représenta que le jour baissait, et qu'il importait de ne pas arriver trop tard à *Charlevanne*. A ce mot, Odille frémit de tout son corps; elle regarde avec effroi Adalbert, Adelinde, Nitard.

« Où suis-je? s'écrie-t-elle ; m'avez-vous trompée? Vous paraissez des Francs, et c'est chez les Normands que vous allez! Oh! que deviendrai-je? ma joie a été courte. »

Adalbert sourit: « Rassurez-vous, aimable, mais soupçonneuse Odille. Les Normands ne sont pas tels que les représentent vos prêtres; vous trouverez chez eux hospitalité et bonne foi. Votre vertu y sera plus en sûreté, votre pudeur aura moins à souffrir que parmi vos moines de Saint-Denis. »

Adelinde s'approcha de l'oreille d'Odille, et lui dit tout bas: « Croyez à ce qu'il vous dit, ma bien chère compagne. Adelinde voudrait-elle vous exposer à de nouveaux dangers? Ce soir, quand nous serons seules, je vous dirai tous mes secrets... En attendant, contraignez-vous, s'il vous est possible, jusqu'à ne pas montrer trop d'horreur pour les Normands. »

Tout ce que put faire Odille, ce fut de ne paraître qu'inquiète. Adalbert cherchait à la distraire. Quand, sur l'une ou l'autre des rives de la Seine, ils voyaient de loin quelque monastère, il racontait l'histoire de sa fondation, celle des miracles qu'avait opérés le saint ou la sainte qu'on y honorait. Odille était charmée de la haute instruction de ce *pieux* jeune homme, comme elle l'appelait; elle était tentée de voir en lui quelque prêtre déguisé.

La barque continuait de voguer, lorsqu'Adalbert s'écria: « Ah! je les aperçois enfin les hautes tours de Charlevanne; voyez comme le soleil les éclaire de ses derniers rayons! Voyez comme elles se dessinent sur le vert sombre des chênes qui couvrent Buchivallis * !

A l'annonce de leur prochaine arrivée à Charlevanne, les deux femmes sentirent une vive émotion, chacune par des sentiments bien différents. L'une se disait: « Comment accueilleront-ils la sœur de leur plus constant ennemi, du comte Eudes?» L'autre: « Tout ce que je puis espérer de mieux, c'est de devenir l'esclave de l'un des chefs de ces barbares. »

Adalbert, debout au milieu de la barque, encourageait Nitard à ramer plus vivement. Il admirait les environs de Charlevanne, la verdure des îles qui rompaient, en cet endroit, le cours du fleuve.

* Le *Val des trous.* — De *Buchivallis* on a fait *Bougival.*

Bientôt après, il lui ordonna d'aborder au plus prochain rivage. Ils étaient en face même du fort des Normands ; et nos quatre voyageurs descendirent à terre.

CHAPITRE VIII.

LE SACRIFICE A ODIN.

Nec cohibere parietibus deos, neque in ullam humani oris speciem assimulare, ex magnitudine cœlestium arbitrantur : lucos ac nemora consecrant, deorumque nominibus appellant secretum illud quod sola reverentia vident.

« Ils (les peuples de la Germanie) pensent que, par respect pour la majesté des dieux, on ne doit ni les enfermer entre des murs, ni les représenter sous aucune espèce de forme humaine; ils leur consacrent des bois et des forêts entières, et ils appellent du nom de leurs dieux ces profondeurs mystérieuses qu'ils ne connaissent que par le respect religieux qu'elles leur inspirent. »

TACITUS, *Germania*, cap. IX.

La forteresse de Charlevanne, ouvrage des Normands, occupait une vaste étendue de terrain sur les bords de la Seine. Un large fossé formait son enceinte, et la défendait de trois côtés; vers le nord, elle était bordée par les eaux de la rivière, au milieu de laquelle se trouvait une île oblongue et sans arbres, très-favorable à l'emplacement d'un camp.

Nos voyageurs avaient à traverser, pour arriver aux bâtiments du fort, une grande esplanade destinée à des revues de troupes. Quoique le jour fût déjà sombre, Adelinde aperçut au milieu de cette place un monument qui lui parut gigantesque et bizarre : c'était une énorme table de pierre, soutenue par trois piliers peu élevés, mais très-gros, et que la main de l'homme n'avait point façonnés. Elle suspendit un instant sa marche, pour demander quel pouvait être l'usage d'une table de cette espèce.

« C'est, répondit Adalbert, un autel des druides; les Normands l'ont trouvée en ce lieu même, et l'ont respectée : elle sert aussi d'autel à nos *drotters;* car notre religion est presque la même que celle des anciens Gaulois. C'est la religion de tes pères, Adelinde, que nous avons conservée ; et tes compatriotes nous reprochent de la pratiquer encore, parce que, deux fois, ils en ont changé ! ne devraient-ils pas nous pardonner d'être plus constants qu'eux dans notre culte ? »

Odille, à ces mots, se signa, et dit avec une espèce d'aigreur: « — Ils ont bien fait d'abandonner un culte faux et barbare, pour la seule religion véritable, celle que le Dieu de bonté est venu enseigner aux hommes.

— Un peu tard », dit Adalbert en souriant.

Adelinde soupira, et dit : « O mon Adalbert, ne me rappelle plus que tu sers un autre dieu que le mien. »

Ils se trouvèrent, peu après, devant la principale porte du bâtiment qui dominait la place d'armes. C'était un très-grand château, entouré de fossés, autour duquel s'élevaient de hautes tours. Les murs très-épais qui unissaient entre elles ces quatre tours, étaient surmontés de créneaux. A l'approche de nos voyageurs, un cor fit entendre un son très-prolongé; et soudain une foule d'hommes armés de lances parurent aux créneaux de la forteresse. Adalbert s'avança seul, et se fit reconnaître par la sentinelle placée à la porte du milieu. Aussitôt un pont-levis s'abaissa, et nos voyageurs, entrés dans le château, se trouvèrent sous un vestibule, dont la voûte était soutenue par de grosses et lourdes colonnes. On y allumait des lampes ; et des guerriers, sans armes et désœuvrés, s'y promenaient gravement. En voyant Adalbert, ils se pressèrent autour de lui, pour le féliciter de son retour, et des deux otages qu'il s'était procurés : ils voulaient parler des deux femmes qui, les yeux baissés, et tremblantes, cherchaient pourtant à dissimuler leur embarras, ou plutôt leur crainte. Ils lui apprirent aussi que des envoyés de Rollon étaient arrivés ce jour même, qu'ils étaient dans la salle voisine, et demandaient à lui parler en secret. Adalbert, forcé de s'éloigner pour quelques instants de ses deux compagnes de voyage, recommanda à Nitard de leur procurer un appartement commode, et de leur faire servir à souper. Avant de sortir, il promit bien à Adelinde de la rejoindre, dès qu'il aurait su ce que voulaient les messagers de son père.

Nitard, tout fier des fonctions qu'on lui avait confiées, dictait ses ordres à une douzaine de Neustriennes qui, prisonnières dans le fort, y étaient condamnées au service de la garnison, et ne paraissaient pas trop mécontentes de leur sort. Elles lui indiquèrent, comme l'appartement le plus commode, et où les étrangères, éloignées du bruit, pourraient plus facilement se livrer au repos, la grande chambre de la tour de l'ouest. Nitard, une torche à la main, s'empressa de les y conduire. Il leur fallut monter long-temps, par un escalier étroit et tortueux, pour arriver à une vaste salle ronde, autour de laquelle étaient distribués quelques lits et des siéges couverts de vieux coussins. Les murs étaient tapissés de boucliers, de lances et d'épées. Au milieu était une table couverte d'un tapis rouge, sur laquelle était posée une lampe. Il n'y avait que deux fenêtres, ou plutôt deux longues ouvertures, par lesquelles on découvrait d'un côté les collines environnantes, et du côté opposé la place d'armes en face du château, ainsi que la rivière et l'île sans arbres.

En entrant dans cette triste salle, Adelinde, habituée aux riches appartements du palais des Thermes, éprouva quelque saisissement; la religieuse réfléchissait sur la fatalité qui l'avait conduite dans le lieu même où voulait l'entraîner le soldat danois, aux violences duquel elle avait échappé, et elle frémissait en pensant que, peut-être, elle se trouvait sous le même toit que lui. Nitard cherchait à les rassurer par des propos qu'il croyait plaisants : il leur vantait la galanterie des Danois, leur respect pour les femmes; annonçait à la religieuse que bientôt elle oublierait, au milieu d'eux, les persécutions de son abbesse, et même les plus beaux moines de Saint-Denis; et il parvenait quelquefois à faire sourire Odille. Elle s'était déjà aperçue qu'elle intéressait beaucoup Nitard, et, toute dévote qu'elle était, les égards qu'il lui témoignait ne paraissaient pas trop lui déplaire.

Bientôt on apporta le souper, tel que Nitard l'avait ordonné. La table fut couverte de mets simples, mais appétissants; et l'empressé Nitard s'apprêtait à servir les voyageuses, lorsqu'Adalbert parut, accompagné d'un homme dont l'aspect imposait à la fois la confiance et le respect.

Cet étranger était vêtu d'une longue robe blanche, et tenait à la main une harpe.

« Belle Adelinde, dit Adalbert, il me faut encore vous quitter; les ordres de mon père sont pressants. Je ne pourrai même jouir du bonheur que je m'étais promis de m'asseoir près de vous à cette table. Mais demain, dès l'aube du jour, j'espère être ici avec mon noble père et ses compagnons d'armes. Voici le meilleur de mes amis, dit-il en montrant le personnage qui était à ses côtés; il cherchera à vous distraire pendant mon absence. C'est le scalde *Egill*, le plus célèbre des poètes de la Norwège. Il a pris soin de mon enfance, a formé mon cœur, éclairé mon esprit. Que je sais gré à mon père de l'avoir chargé de ses ordres auprès de moi!.... Mais vous pleurez, Adelinde!.... »

En effet, des larmes couvraient les joues d'Adelinde; mais elle s'efforça de paraître tranquille et lui dit : « Obéissez à votre père. » Adalbert saisit vivement une de ses mains, la pressa, y imprima un baiser, et sortit.

Nitard profita du moment de silence qui suivit le départ d'Adalbert, pour parler au scalde Egill, qu'il connaissait depuis long-temps, et qu'il vénérait comme le plus savant, le plus sage de tous ceux qui entouraient Rollon. «— Le brave chef de nos guerriers, lui dit-il, Rollon est-il toujours aussi aimé que craint de tous les autres chefs qu'il a emmenés avec lui? Et sa digne compagne Judith a-t-elle toujours sa confiance, son amour?

— Toujours, répondit Egill; l'un et l'autre sont à quelques lieues seulement de ce château; ils n'attendaient, pour y paraître, que le retour de leur jeune Adalbert; et sans doute, en ce moment, il vole à leur rencontre. Mais, d'après ce qu'on m'a dit hier, Rollon n'arrivera qu'après que toute l'armée sera réunie sous ces murs. Il en fera une revue exacte, et nous partirons aussitôt pour occuper Paris, ville dont la possession nous livrera la Neustrie entière. »

A peine Egill finissait de parler, que le son du cor annonça le départ d'Adalbert.

« Il doit prendre la route de terre, continua Egill, en regardant de ce côté; nous pourrons le voir gravir la montagne voisine. » Et il fit quelques pas pour s'avancer vers la fenêtre qui s'ouvrait vers le midi.

Adelinde l'y suivit avec empressement. Elle aperçut Adalbert au milieu de deux hommes qui portaient, ainsi que lui, des torches allumées. Ils étaient suivis d'une douzaine de guerriers armés de longues lances. Tous montèrent rapidement la colline: on voyait, de temps en temps, apparaître la lumière de leurs flambeaux au travers des arbres; quelquefois, on les perdait de vue. Quand ils furent parvenus au sommet, ceux qui portaient des flambeaux les élevèrent au-dessus de leurs têtes, de toute la longueur de leurs bras; presque aussitôt, on vit briller sur une autre montagne trois flambeaux, et quelques minutes après, sur une montagne plus éloignée et qui touchait à l'horizon, trois autres flambeaux encore.

« C'est bien, dit le scalde, les signaux sont aperçus : dans quelques heures, l'armée sera sous nos murs. »

« — Eh bien! dit Nitard, en s'adressant à Adelinde, vous aurez le temps de souper. »

Adelinde s'avança timidement vers la table, tenant Odille par la main, et plus timidement encore, invita Egill à s'asseoir auprès d'elle. Il obéit.

« — Que la noble sœur du comte Eudes, lui dit le scalde, n'éprouve plus près de moi l'embarras qu'elle témoigne. Si elle connaissait tout l'intérêt que m'inspire sa situation, elle m'accorderait sa confiance et son estime.

— L'ami de mon Adalbert, celui qui lui a inspiré les vertus qui m'ont séduite en lui, répondit Adelinde, me sera toujours cher; mais pardonnez au trouble qui m'agite en votre présence : je redoute l'opinion que vous devez prendre de moi. »

Egill la rassura ; il lui dit qu'il connaissait mieux que personne au monde le pouvoir de l'amour ; que son emploi, au milieu de ces hommes du Nord, que l'on représentait comme si barbares, n'était pas seulement de chanter la guerre et le carnage, mais de peindre aussi de doux, de tendres sentiments, les transports des amants, leurs erreurs, leurs jalousies, leurs tourments et leurs plaisirs.

Tout en conversant ainsi, ils soupaient, et la douce confiance s'établissait de plus en plus entre les trois convives. Nitard les servait, et cherchait surtout à faire oublier à Odille ses malheurs passés, en lui versant fréquemment d'un vin fumeux, riche produit des coteaux que traverse la Marne : les yeux de la dévote brillèrent d'un éclat inaccoutumé.

Adelinde elle-même, moins inquiète, écoutait avec plaisir le scalde raconter l'histoire des premières années de son amant; comment par sa franchise, son activité, surtout par son courage, Adalbert avait gagné l'entière affection du plus juste et du plus éclairé des chefs de l'armée, de Rollon.

Puis le scalde ajouta : « Après avoir, sans beaucoup de peine, cultivé son esprit, je songeai à lui donner quelques-uns des talents que les hommes de nos contrées mettent presque au rang des vertus. C'est moi qui, le premier, posai ses doigts sur le clavier de la rote, et lui montrai l'art de tirer des sons guerriers des cordes de la harpe. Bientôt il égala, surpassa même son maître. Si je lui appris à chanter, c'est à lui que je dois de pouvoir parler avec quelque facilité votre langue. Il l'avait apprise de sa mère Judith, qui, comme vous le savez peut-être, est née dans la Neustrie.

— Quoi! dit Adelinde, est-ce que vous pourriez aussi chanter dans cette langue?

— Pour vous, Adelinde, je le tenterai. Aux festins que donne mon protecteur Rollon, je fais entendre des chants guerriers; j'essaierai d'en improviser de moins sévères à la table de la belle compagne de son fils. »

Et aussitôt il prit sa harpe, et chanta :

On sait aimer dans nos sombres climats,
Comme aux pays où se lève l'aurore;
L'amour ne craint le froid ni les frimas,
Tout près du pôle on le retrouve encore.

Comme les Francs, les fiers enfants du Nord
De la beauté sont aussi les esclaves;
Mais là, pour plaire, il faut braver la mort :
Tendres aveux ne sont dus qu'à des braves.

Un de nos rois, chassant dans les forêts,
Rencontre, un jour, Thora, jeune bergère,

Qui, sous un roc, loin des yeux indiscrets,
Baignait son corps dans l'onde fraîche et claire.

Soudain le roi se sent brûler d'amour.
« Belle, dit-il, daigneras-tu me suivre?
J'ai des palais; viens briller dans ma cour :
Viens; car, sans toi, je ne saurais plus vivre. »

Thora répond : « Je reste dans mes bois;
Tu n'as jamais illustré ta couronne :
Dans les combats, dis, quels sont tes exploits?
Vienne un héros! et dès lors, je me donne. »

Le roi confus s'éloigne à ce discours;
Mais il saisit la lance meurtrière,
Combat sans cesse et triomphe toujours;
Puis il revint auprès de la bergère.

« Boucliers, dards et casques étrangers
Ornent, dit-il, le palais de mes pères :
Je les conquis au milieu des dangers;
Viens contempler ces dépouilles guerrières.

« A mes banquets, dignes de ceux d'Odin,
Viens te placer, commande en souveraine... »
Alors Thora, lui présentant la main :
« Elle est à toi; je veux bien être reine. »

« Ah! dit Adelinde, quand le chant eut cessé, j'ai cru entendre mon Adalbert. Ce sont les mêmes accents, la même expression. »

« —Ne soyez pas surprise que je sache chanter l'amour : c'est à cette passion que je dois les plus doux instants de ma vie, comme je dois au talent que vous voulez bien reconnaître en moi, d'avoir échappé au plus grand des dangers.

— Vous, Egill! oh! dites-nous comment.

— Bien volontiers.

« Harald aux beaux cheveux, qui s'est emparé de la puissance suprême en Norwège, où je suis né, avait une fille, modèle vivant de bonté et des grâces les plus touchantes. Je l'aimai. J'étais jeune encore, mais déjà je chantais; elle se plaisait à m'entendre; elle me préférait à un prince danois que son père lui destinait pour époux. Un jour que ce prince, qu'aveuglait la jalousie, me trouva près de son accordée qui, émue, attendrie par mes chants, penchait amoureusement sa tête sur ma harpe, il s'élança sur moi, un poignard à la main. J'évitai le coup qu'il voulait me porter, et le frappant à mon tour sur la tête, de la seule arme que j'avais dans les mains, du pied de ma harpe, je l'étendis mort à mes pieds. Pour ce meurtre involontaire, Harald furieux me condamna à périr au milieu des tourments. J'avais été traîné au lieu du supplice; Harald était présent. Je demandai à jouer, pour la dernière fois, de cette harpe chérie, cause de mon malheur. Dans le chant que j'improvisai, je ne demandai point la vie (dans nos contrées, c'est une honte de craindre la mort); mais je faisais mes adieux aux amis que je laissais sur la terre, à celle qui m'avait fait connaître les délices d'un amour partagé. Sans doute le tyran fut ému; pour la première fois, peut-être, quelques larmes tombèrent de ses yeux. Il me dit : « Tu vivras; Odin me punirait de ravir à la terre un poète tel que toi; mais fuis loin de ma cour... » Tous les guerriers présents applaudirent en frappant sur leurs boucliers. Dès le même jour, je quittai mon pays; je m'embarquai pour l'Écosse, où je fus accueilli avec joie par Rollon qui, lui-même, avait été banni de la Norwège. »

A peine Egill finissait ce récit, qu'une grande femme pâle, échevelée, entra gravement dans la salle du repas. Elle se posa en face d'Adelinde, tint ses grands yeux noirs et durs fixés sur elle, prit sur la table la lampe qu'elle approcha du visage d'Adelinde, en considéra attentivement tous les traits; puis, remettant la lampe à sa première place, elle jeta un coup d'œil seulement sur Odille, fit un geste de mépris en se tournant vers le scalde, et sortit avec la même gravité et sans proférer une parole.

« — Que veut cette femme? dit d'une voix tremblante Adelinde; elle m'a fait frissonner.

— C'est Thada la prophétesse, dit Egill. Elle aura voulu voir l'étrangère pour tirer quelque augure de ses traits. Avez-vous remarqué ses yeux lorsqu'elle m'a regardé? Elle me hait, parce que, plus d'une fois, je me suis moqué de ses oracles. »

Egill parlait encore, lorsqu'on entendit résonner au loin, sur la rivière, des cors qui jouaient une fanfare. Un murmure confus de voix d'hommes et de femmes se mêlait au son des cors. « Oh! dit Egill, les signaux ont été compris; l'armée arrive; vous allez la voir bientôt débarquer. »

Aussitôt Adelinde et Odille se placèrent à la fenêtre de la tour qui ouvrait sur la place d'armes; Egill, debout derrière elles, promit de leur expliquer le spectacle, nouveau pour des Neustriennes, qui bientôt s'offrirait à leurs regards. Quant à Nitard, il s'assit, à son tour, à la table qu'elles venaient de quitter, et s'empressa de dévorer les restes du souper; mais il s'était placé de manière à voir la taille et même le profil d'Odille, laquelle, il faut le dire, tournait souvent la tête de son côté, et le regardait avec bienveillance.

La lune, qui était alors dans son plein, éclairait d'une douce lumière et la grande place et le fleuve qui la bordait, et l'île, et les montagnes que couvre la vaste forêt de *Lida**. Le bruit des

* La forêt de Saint-Germain en *Laye*.

cors et les cris de l'armée se faisaient entendre de plus près; mais aucune barque ne paraissait encore sur le fleuve, dans toute l'étendue où les yeux pouvaient suivre son cours. Bientôt on put distinguer trois barques qui, forçant de rames, fendaient l'eau avec une extrême rapidité : c'étaient les barques qui formaient l'avant-garde; une multitude de longs bateaux les suivaient à quelque distance, et bientôt toute la rivière en parut couverte. Quelques centaines d'hommes et de femmes descendirent dans l'île, y allumèrent de grands feux, sur lesquels on suspendit, au moyen de longues perches placées des deux côtés des brasiers, des brebis entières, des porcs, des daims; mais la majeure partie de l'armée occupa la place d'armes, et s'y rangea dans une espèce d'ordre de bataille.

Ce qui surprit extrêmement Adelinde fut de voir, au milieu de ces guerriers tous armés, des femmes en très-grand nombre : elles se rangèrent derrière les hommes, qui semblaient leur témoigner des égards. Elles étaient vêtues d'une tunique à peu près semblable à celle des guerriers, mais blanche, plus longue et bordée d'une bande de pourpre. Cette robe laissait nus une partie de leur sein, ainsi que leurs bras dans toute leur longueur.

« On se dispose, dit Egill, à faire un sacrifice. Voyez, au milieu de la place, ce grand espace vide : ce sera là, sur cet énorme autel druidique, que nos prêtres immoleront la victime. »

Et en effet douze drotters, vêtus de longues robes rouges, s'avancèrent, tenant en main des flambeaux allumés ; l'un d'eux portait un long poignard très-aigu, et il était suivi d'un cheval dont on lia les jambes, et que l'on étendit sur la grande table de pierre brute. Le plus profond silence régnait dans l'assemblée : guerriers, femmes, enfants se tenaient debout et dans une attitude respectueuse.

« On attend sans doute les prophétesses, dit Egill. Celle qui vient de nous rendre une si étrange visite est une d'elles. Nous en avons toujours un assez grand nombre à la suite de nos armées. Elles vivent au milieu des forêts, dans des antres. Nos chefs les appellent pour les consulter, lorsqu'ils vont entreprendre quelque mémorable expédition. Il y en a, ici même, plusieurs qui, depuis plus d'une année, vivent dans les cavernes de la montagne qui domine cette forteresse. Je sais qu'on les a convoquées pour la cérémonie qui va s'exécuter. Tenez, regardez à votre gauche, les voici qui arrivent. »

Adelinde vit, en effet, s'approcher de ce côté quelques femmes vêtues de longues robes de lin très-blanches, et que serrait sous le sein une ceinture de cuir; leurs longs cheveux, non bouclés, tombaient épars sur leurs épaules : elles avaient toutes sur la tête une couronne de verveine, et dans la main une branche de chêne. A leur approche, la foule se rangea avec respect pour les laisser passer, et bientôt elles parvinrent à l'autel du sacrifice. Adelinde ne put maîtriser son effroi, quand elle reconnut dans la plus âgée, dans celle qui paraissait exercer une sorte de domination sur les autres, cette Thada qui l'avait considérée avec tant d'attention.

Dès que les prophétesses furent rangées autour de l'autel, le drotter qui portait un poignard saisit la main de Thada, et la fit monter avec lui sur la table du sacrifice; puis, s'avançant tout près du bord de la longue pierre ou autel, il parla assez long-temps au peuple avec véhémence; élevant ensuite les mains au ciel, il adressa à Odin une prière.

Adelinde regardait à chaque instant le scalde, comme pour lui demander l'explication de ce que disait le prêtre. Egill la comprit, et lui dit: « — Ce drotter a commencé par exhorter le peuple à ne jamais abandonner les rites de la religion qu'Odin nous a révélée. Il a prononcé d'horribles imprécations contre quiconque tenterait de réformer, dans ses moindres cérémonies, le culte établi par nos pères; et il a bien ses raisons pour parler ainsi : c'est notre chef, c'est Rollon contre lequel sa haine se déploie; en paroles, il est vrai, mais il espère bien qu'elles dirigeront sur lui quelque poignard homicide. Le crime de Rollon est, à ses yeux, d'avoir défendu de sacrifier des hommes à Odin selon l'antique usage. Sans cette défense, vous verriez, n'en doutez pas, un prisonnier, plusieurs de vos compatriotes, peut-être, à la place du cheval qui va être immolé.

— Oh! quelle barbarie! s'écria avec horreur Adelinde; et il me faudra vivre au milieu d'une nation dont les prêtres offrent à leurs dieux le sang des hommes!

— Vos pères, les Gaulois, sacrifiaient aussi des hommes, sensible Adelinde, et nos drotters ne sont que les successeurs de vos druides. . . Mais, croyez-en l'ami de Rollon, tant que ce sage prince vivra, le sang humain ne souillera plus les autels des dieux. Rollon veut rappeler notre culte à sa pureté, à sa simplicité première; nous adorions, dans les premiers temps, une suprême intelligence, unique source de tous les bienfaits qui découlent sans cesse sur ce globe terrestre; nous lui rendions hommage dans ses plus merveilleux ouvrages: dans le soleil qui nous ravive de ses rayons, qui mûrit les végétaux dont tous les animaux tirent leur subsistance ; dans ces astres qui ornent la voûte azurée du ciel, et semblent proclamer, pendant la nuit, sa puissance et sa bonté. On ne l'adorait point dans des temples, mais au milieu des forêts, sur le haut des montagnes, sous l'immense voûte des cieux. Les chants de la reconnaissance, c'est là tout ce qu'il demandait aux hommes; et pourquoi encore? pour les accoutumer à n'être point ingrats, ou, ce qui est la même chose, à être justes. Telles furent, dans les temps anciens et avant l'existence de votre christianisme, les vérités que le sage Odin vint apporter dans le Nord, des chaudes régions de l'Asie. On crut à ses paroles, on l'admira. Il n'était point, il ne voulait point être un dieu; mais les prêtres avaient besoin qu'on le déifiât, qu'on lui rendît un culte : ils le nommèrent d'abord le fils de l'Être Suprême. Depuis, ils lui ont donné la place de son père dans les demeures célestes; ils lui ont élevé des temples de brique et de marbre, les ont ornés de statues de bronze et d'or. Ils ont dit ensuite aux peuples qu'Odin aimait à voir couler le sang, qu'il voulait aussi de magnifiques offrandes; et ils ont demandé des victimes et de l'or. »

Odille dit : « Nos prêtres, à nous, ne veulent point de sanglants sacrifices ! » Le scalde ne répondit rien, il se contenta de sourire.

Cependant le drotter sacrificateur, ayant fini sa longue prière à Odin, releva la manche de son bras droit, et s'apprêta à plonger son poignard dans la gorge du cheval. Tandis qu'il cherche l'endroit où le coup doit porter, la prophétesse pose un genou en terre et s'incline sur la victime.

« Voyez, dit Egill, comment la cruelle Thada considère, d'un œil curieux, la victime. D'après la manière dont le sang jaillira, puis coulera de la plaie, elle pronostiquera le bon ou le mauvais succès de l'expédition sur Paris. Prêtons une oreille attentive, nous entendrons ses prétendus oracles. »

Le prêtre a frappé. Le sang jaillit avec force au visage et sur les cheveux de Thada : deux autres femmes, sous la table du sacrifice, reçoivent, dans un bassin d'argent, le sang qui coule à gros bouillons par un trou pratiqué dans l'énorme table de pierre. Thada, toujours penchée sur la victime, semble éprouver un horrible saisissement, qu'elle exprime par des gestes de terreur. L'assemblée, morne, inquiète, attend avec anxiété qu'elle rompe le silence... Elle est debout; elle va parler. Ses cheveux sanglants semblent se hérisser sur son front; ses yeux sortent de leurs orbites; on ne peut la contempler sans effroi. D'une main furieuse, elle arrache d'abord sa couronne de verveine, la déchire, en jette au loin les morceaux, puis elle profère, ou plutôt crie ces mots, qu'Egill traduisait à mesure qu'ils venaient frapper son oreille :

« Pourquoi dirais-je l'avenir à des hommes qui « méprisent mes oracles, qui m'appellent insen- « sée?... Mais Odin m'apparaît ; je le vois dans son « palais d'azur, au milieu de ses valkiries ; il me « regarde d'un œil sévère... Et toi aussi, Frigga!... « tu me menaces. Oh! calme ton courroux, je « parlerai.

« Enfants du Nord, de doux climats amol- « lissent-ils vos courages? vous épargnez les en- « nemis d'Odin..! Parce que vous avez immolé « quelques milliers de moines et de prêtres chré- « tiens, vous croyez avoir vengé les affronts qu'ils « ont faits à nos dieux. Non! non! qu'il n'en « reste pas un seul dans les pays que vous vi- « sitez. Honte éternelle et mort à quiconque « approche d'un prêtre chrétien, et ne l'égorge « pas!

« Demain, vous serez devant une cité célèbre ; « ne croyez pas y entrer, tant que vous accueil- « lerez l'étranger sous vos tentes, tant que des « filles chrétiennes s'asseyeront à vos tables, boi- « ront avec vous l'hydromel, et trouveront un « abri au milieu de vous, dans les murs de vos « forteresses. »

« — Oh Dieu ! s'écria Adelinde, nous sommes perdues, ma compagne et moi, si vos compatriotes écoutent les vœux de la prophétesse.

— Vous n'avez rien à craindre, reprit Egill : chez nous, l'hospitalité a des lois qui sont plus anciennes, plus respectées que la religion elle-même, qui n'ont jamais été enfreintes par aucun homme du Nord. Étrangères, vous êtes venues chercher un refuge au milieu de nous ; vous y serez plus en sûreté, vous, belle Adelinde, que dans vos palais ; vous, Odille, que dans le couvent le mieux fortifié. Pour tous nos guerriers, de quelque pays qu'ils soient, vous êtes des objets sacrés ; ne craignez pas le moindre outrage. Tous nos autres chefs envieront à Rollon la gloire de vous avoir le premier accueillies. Telles sont nos mœurs : cruels, impitoyables dans les combats, surtout envers les ministres de votre culte, mes compatriotes les reçoivent avec bonté au milieu d'eux, lorsqu'ils se présentent sans armes, et demandent un refuge. Laissez nos drotters vociférer des imprécations contre le sage Rollon, qui a défendu de sacrifier des hommes ; il saura plus tard les punir. Déjà ils ont perdu, en grande partie, leur pernicieuse influence sur la multitude. Soyez encore moins effrayées des menaces de ces femmes insensées et furieuses, qui appellent la mort sur la tête des étrangers devenus nos hôtes; jamais notre nation ne renoncera à celle de toutes les vertus qui lui est la plus chère, l'hospitalité.»

Pendant qu'Egill, par ses discours, cherchait à rassurer les deux fugitives, Thada continuait ses imprécations contre les chrétiens, et avec tant de véhémence que ses traits en étaient horriblement altérés: une écume épaisse couvrait ses lèvres, il n'en sortait que des sons inarticulés; on ne voyait plus en elle rien d'une femme: c'était un tigre en fureur qui rugissait. A la fin, elle chancela, puis tomba évanouie dans les bras du drotter, qui cria, à haute voix, que la cérémonie était terminée. Aussitôt les torches furent éteintes; la lune seule éclaira l'assemblée. Les drotters et les prophétesses se dispersèrent, allèrent se cacher de nouveau dans leurs sombres retraites.

La multitude alors se répandit confusément sur la place d'armes, se divisa ensuite en divers groupes, qui tous s'asseyaient en cercle sur la terre. Bientôt, ceux qui étaient restés dans l'île traversèrent la rivière, apportant les viandes qu'ils avaient fait rôtir. Ils en distribuèrent d'énormes quartiers à chaque groupe, qui se les partageait aussitôt, sans bruit, sans murmures. Hommes, femmes, enfants, étaient entremêlés; tous mangeaient avec appétit, mais sans avidité. Des serviteurs (c'étaient sans doute des prisonniers) circulaient parmi ces groupes, portant dans leurs bras de lourdes cruches. Ils versaient la bière fumante dans une vaste corne que leur présentait le principal personnage de chaque groupe : celui-ci, après avoir bu, faisait passer la corne à son voisin, le voisin à un autre, et ainsi de suite dans tout le cercle. On distribua ensuite de l'hydromel; cette boisson pétillante inspira la gaieté dans tous les groupes. On y but d'abord au dieu suprême Odin, et à Frigga, sa bien-aimée; ensuite, à Rollon, le plus courageux des chefs; aux autres guerriers qui s'étaient le plus distingués dans le dernier combat à la prise du château sur l'Oise; et enfin, aux femmes. Adelinde, que ce spectacle ravissait, fut bien plus vivement attendrie, quand elle vit un des principaux guerriers du groupe le plus voisin de la tour, lever très-haut sa corne pleine d'hydromel, et qu'elle l'entendit s'écrier en neustrien : « Aux étrangères que le fils de Rollon vient d'amener parmi nous : qu'elles y vivent paisibles et heureuses ! » Des acclamations de joie suivirent le souhait.

« Vous avais-je trompée? dit Egill en s'approchant de l'oreille d'Adelinde; ils ne vous ont encore vues ni l'une ni l'autre, et déjà ils vous respectent et vous aiment. »

Un cor annonça à la multitude que l'heure du repos était venue. Les uns, et les femmes surtout, passèrent dans l'île, où l'on avait élevé de grandes tentes pour les mettre à l'abri pendant le reste de la nuit; d'autres regagnèrent leurs barques; la plupart se couchèrent dans la place même, sur la terre, et se contentèrent de s'envelopper dans de grands manteaux de laine. Bientôt le plus grand calme succéda, dans tous ces lieux, à l'agitation et au bruit.

« Il est temps de vous reposer vous-mêmes, dit Egill aux étrangères. Je vous quitte; mais dormez avec sécurité. Demain, Rollon et son digne fils seront dans ce château; la sage Judith vous prendra dès lors sous sa garde; mieux que moi, elle vous expliquera nos mœurs, nos coutumes. Mais croyez que, toujours, le scalde Egill vous sera dévoué. Vous allez être témoins d'une mémorable expédition, vous verrez bien des combats, peut-être bien des scènes de carnage et de dévastation; mais je veillerais sur vous, s'il en était besoin; j'éloignerais de vous les dangers. » Adelinde allait lui témoigner vivement sa reconnaissance; mais il la salua, et sortit.

Nitard s'apprêta lui-même à les quitter; mais auparavant, il voulut, à sa manière, rassurer Odille, et lui dit: « Personne, je le jure, n'entrera dans votre appartement qu'en passant sur mon corps; car, dès que vous aurez fermé votre porte, je vais me coucher, en dehors, sur le seuil. »

Quand les deux femmes furent seules, elles s'embrassèrent, comme si elles s'étaient connues de longue date. Odille, saisissant les mains d'Adelinde, les pressa contre son sein. « — Si vous voulez m'accepter, disait-elle, pour votre humble servante, jamais vous n'en aurez eu de plus zélée.

— Soyez plutôt pour moi une amie, une sœur, répondit Adelinde. »

Puis elles se jetèrent, vêtues comme elles étaient, et l'une près de l'autre, sur un des lits de repos qui entouraient la salle; et bientôt un profond sommeil vint les dédommager des fatigues et des inquiétudes de la journée.

CHAPITRE IX.

ROLLON.

. . . . Non ego te meis
Chartis inornatum silebo;
Totve tuos patiar labores
Impune, Rollo, *capere lividas*
Obliviones: est animus tibi,
Rerumque prudens, et secundis
Temporibus dubiisque rectus.

Horat., Od., lib. IV, od. IX.

« Ne crains point, ô Rollon, que ton nom soit oublié dans mes écrits, ni que je garde le silence sur tes glorieux travaux. Je dirai ton courage, comme aussi ta prudence dans les affaires de la vie, ta fermeté dans la mauvaise et la bonne fortune. »

L'aurore parut. Une douce lumière éclairait la vaste chambre où reposaient nos deux fugitives. On frappa doucement à la porte, et elles s'éveillèrent. La voix de Nitard se fit entendre : il leur annonçait que deux messagères de la noble Judith demandaient à entrer. Adelinde et Odille se lèvent aussitôt, ouvrent, et deux esclaves neustriennes leur présentent une corbeille remplie de robes de diverses étoffes, de ceintures et de bracelets. « — Notre puissante maîtresse, dirent-elles, qui est arrivée, cette nuit même, à Charlevanne, vous invite l'une et l'autre à changer vos vêtements contre ceux qu'elle vous envoie. En voici un, d'une forme très-simple et de couleur blanche, qu'elle a destiné pour celle de vous deux qui est religieuse, dans la crainte qu'elle ne répugne à prendre le costume des femmes qui vivent dans le monde.

— L'aimable prévoyance ! dit Odille, et que je l'en remercie! »

Toutes les deux quittent avec joie leurs habits de voyage, et, avec l'aide des deux esclaves chargées de leur prodiguer tous leurs soins, elles sont bientôt vêtues de robes nouvelles. Adelinde sentait quelque satisfaction, en pensant que ses attraits naturels seraient encore plus remarqués sous une riche parure. La pâle Odille, couverte de sa longue robe blanche, ressemblait à ces ombres légères qui errent, dit-on, pendant la nuit, au milieu des tombeaux. Elle n'avait point voulu quitter sa croix d'or qui, suspendue par un ruban noir à son cou, se balançait sur son sein d'ivoire. C'était son seul ornement.

Leur toilette était à peine terminée, que Nitard leur annonça l'arrivée d'Adalbert. Il parut, le jeune amant, vêtu en guerrier scandinave :

un casque brillant couvrait sa tête ; un sabre magnifique pendait à son côté. Adelinde, en le revoyant, sentit un frémissement de joie qu'elle ne put dissimuler.

« — O la plus belle des femmes ! dit-il en la prenant par la main, et vous, intéressante Odille, daignez m'accompagner. Mon père vous attend toutes les deux : il voudrait vous voir, vous entretenir avant de faire la revue de son armée.

— Oui, Adalbert, je le sens, il faut vous suivre, dit Adelinde ; mais, je l'avoue, je tremble comme le criminel qui va paraître devant son juge. »

Cependant, elle marchait après lui, donnant le bras à Odille. Ils traversèrent ainsi la cour intérieure de la forteresse, et ensuite de longues galeries qui servaient de dépôts d'armes, et enfin arrivèrent à une salle où Rollon se promenait avec Judith.

Rollon avait à peine quarante ans. Il était d'une très-haute stature ; et, dans ses traits, on remarquait beaucoup de noblesse, de majesté. Sur son habillement tout guerrier, il n'y avait point d'or, ni d'ornements ; un manteau de peau de tigre couvrait ses épaules. Judith paraissait aussi âgée, pour le moins, que son époux ; mais elle était encore très-belle. Sa taille élevée, ses traits parfaitement réguliers et un peu sévères, inspiraient, au premier abord, le respect ; mais on ne tardait pas à découvrir, dans ses regards, de la bonté, de la bienveillance. Sa parure était noble et riche : le voile blanc qui enveloppait sa tête, et retombait ensuite, des deux côtés, jusque sur son sein, était retenu sur son front par une chaîne d'or, dont les anneaux entrelacés formaient une espèce de couronne. Sa tunique tombait en longs plis jusque sur ses pieds ; ses beaux bras nus étaient ornés de bracelets d'or en forme de serpents; ils avaient appartenu à l'une des épouses d'un roi vaincu par Rollon.

Dès que Rollon aperçut les deux étrangères, il fit quelques pas à leur rencontre, et parut surpris de la beauté d'Adelinde.

« Tu ne m'avais point trompé, mon Adalbert, s'écria-t-il : elle est digne de toi ; elle mériterait un trône. Et vous, fille de Charles-le-Chauve, ajouta-t-il en se tournant vers Odille, soyez aussi la bienvenue. Ces *barbares du Nord*, comme vous les appelez, sauront vous respecter, non parce que vous êtes du sang royal, mais parce que vous êtes femme et malheureuse.»

Pendant que Rollon parlait, Judith fixait sur les étrangères des yeux curieux, mais pleins d'intérêt. En voyant leur trouble, elle sourit, ce qui lui arrivait rarement. Adelinde, après avoir remercié Rollon de sa bienveillance, demanda timidement à Judith la permission de lui baiser la main, ce qui parut la toucher. « Ce n'est pas ainsi, lui dit-elle, qu'une fille témoigne son amour à sa mère. » Et en même temps elle la serre dans ses bras, et lui imprime doucement ses lèvres sur le front.

Cette scène attendrissante fut interrompue par l'arrivée de quelques guerriers, qui venaient avertir que toute l'armée était réunie sur la grande place.

« Allons, mon fils, dit Rollon, je veux te montrer à nos soldats, comme mon appui, mon lieutenant, un second moi-même. » Puis, se tournant vers les femmes : « Venez aussi ; vous nous servirez de cortége. Dans nos plus graves cérémonies, les femmes ont toujours leurs places marquées. » Et il pendit à son cou un grand cor d'ivoire, et marcha avec Adalbert à ses côtés. Les trois femmes les suivaient à quelque distance, escortées par des guerriers.

La grande place était couverte de troupes de diverses nations, qui portaient des armes de différentes formes et des costumes variés. Il y avait (et c'était le plus grand nombre) des Danois et des Norwégiens, des Saxons, des Écossais, des Bretons de l'Armorique, et même aussi des Neustriens. Chaque nation formait une bande ou cohorte, ayant un chef à sa tête : les femmes de tous ces guerriers se tenaient debout derrière les cohortes.

Sur les dégrés d'une estrade élevée près de la principale porte de la forteresse étaient assis douze scaldes, tenant leurs harpes à la main. Le plus grand silence régnait dans cette immense multitude.

Rollon et son cortége paraissent sur l'estrade, et, à leur aspect, des acclamations de joie s'élèvent de toutes parts dans la place d'armes ainsi que sur les barques qui couvraient la rivière, et semblaient réunir l'île, dans toute son étendue, aux rochers de *Bucchivallis* et à la forêt de *Lida*. Rollon s'avance sur le bord de l'estrade, et, embouchant son cor d'ivoire, que ses troupes appelaient le *tonnerre*, il en tire un son dont retentissent long-temps les collines d'alentour. A ce signal, tous les chefs des cohortes s'empressent d'accourir et de se ranger devant lui. Alors, d'une voix forte, il leur parle ainsi :

« Braves et dignes chefs, mes compagnons, vous qui, de votre propre volonté, m'avez conféré l'autorité pendant la guerre, apprenez quels sont mes projets et vos devoirs. Un souverain, bien peu fait pour commander à des peuples, et qui cependant réunit sous son sceptre la Germanie et ces deux parties de la France connues sous les noms d'Austrasie et de

Neustrie, l'empereur Charles enfin, que ses propres sujets surnomment *le Gros*, pour exprimer l'obésité de son esprit plus que celle de son corps, vient de rompre, par une infâme perfidie, tous nos traités de paix. Écoutez : notre compatriote, le brave Godfrid, possédait le duché de Frise, en vertu d'un traité de paix conclu avec Charles-le-Gros qui, pour garantie de ses engagements, lui avait donné sa propre sœur en mariage. Mais peut-on compter sur la foi et les promesses des Francs, de ces hommes qui se disent plus civilisés que nous, et qui n'ont ni loyauté, ni vertus? Charles envoie à Godfrid un saint évêque qui l'invite à se rendre dans son palais pour conférer sur une affaire importante. Godfrid, accompagné d'une foule de ses fidèles amis, vient, sans défiance, trouver le lâche empereur. A peine il a touché le seuil du palais qu'il est assassiné ; tous ses amis sont égorgés comme lui. »

A ces mots, un mouvement d'indignation, d'horreur, saisit tous les chefs : « Vengeance! prompte vengeance! » s'écrièrent-ils à la fois.

« Je comptais sur cette réponse, reprit Rollon. Voici donc ce que j'ai résolu. Pour arriver plus promptement en Austrasie, vous remonterez la Seine dans vos barques, tant que ses eaux pourront les porter; vous prendrez terre ensuite, et vous ne tarderez pas à rencontrer et à exterminer les troupes de Charles, toutes composées de serfs conduits malgré eux au combat par des comtes et des ducs qu'ils détestent. Vous irez aussitôt après délivrer nos compatriotes les Normands qui, à la nouvelle de l'assassinat de leur chef, se sont réfugiés dans les murs de Louvain. Dans cette course rapide, une seule ville voudra, peut-être, vous résister : c'est Paris. Mon fils, qui vient de la visiter, m'apprend que le comte Eudes et l'évêque Goslin ont fait élever des tours et réparer les murs; mais, vous avez déjà pris tant de fois cette bicoque, je connais tellement la lâcheté de tous ces artisans, soumis à des moines, qui l'habitent, que je ne prévois pas là un obstacle qui puisse long-temps vous arrêter. Songez qu'il nous faut cette ville: elle sera notre dépôt d'armes, le centre de nos opérations.

« Oh! mes braves, vous allez vaincre, et, à mon grand regret, je ne pourrai partager vos périls et vos exploits. Je me vois forcé de vous quitter pour quelques mois. Nos autres frères d'armes qui, comme nous, se réfugièrent dans les Hébrides quand nous abandonnâmes notre patrie, qu'un tyran tient sous son joug, se sont ennuyés de vivre dans ces îles froides et stériles; ils ont voulu descendre dans la grande île voisine, la Bretagne, mais ils ont fait de vains efforts pour s'y établir. Battus par un général du roi des Anglo-Saxons, ils courent les plus grands dangers, et réclament mes conseils et mon bras. Je pars pour aller les rejoindre; et croyez-en un chef qui n'a jamais rien promis en vain, le sol de toute l'Angleterre sera, dans peu, une conquête des Normands. Si pourtant le sort, plus puissant que les dieux mêmes, me repoussait de cette île, où commande un roi brave et sensé, j'amènerais nos guerriers dans la France, dont une partie nous appartient déjà, et dont bientôt l'autre moitié se soumettrait à nos armes. Il est temps de chasser pour toujours des Gaules ces Francs dégénérés; leurs pères, lorsqu'ils soumirent ce beau pays, n'y avaient pas plus de droits que nous. La terre doit être au plus fort.

« Pendant mon absence, vous aurez à ma place un autre moi-même : c'est Adalbert que vous voyez près de moi. Vous connaissez son courage; vous savez que, dans Adalbert, la prudence a devancé l'âge; et pourtant, je ne veux point que des guerriers tels que vous, qui ont vu plus de combats que mon fils ne compte d'années, soient tenus d'obéir à un jeune homme qu'ils peuvent croire sans expérience. Tout ce qu'il entreprendra, tout ce qu'il ordonnera devra être approuvé par l'un de vous. J'ai fait choix de ce guerrier, qui sera le conseil d'Adalbert; mais il faut que ce choix soit agréé de vous. Sigefroi, approchez; montez près de moi. »

Sigefroi, s'étant détaché de ses frères d'armes, parut sur l'estrade.

« Dites, maintenant acceptez-vous pour chefs Adalbert et Sigefroi? »

Tous les chefs aussitôt choquèrent, en témoignage de leur assentiment, leurs armes les unes contre les autres. Tous crièrent aussi à la fois: « Nous approuvons qu'ils soient nos chefs. »

« Eh bien! dit Rollon, que chacun fasse défiler sa cohorte devant ces nouveaux chefs, et qu'il monte, aussitôt après, avec elle, dans les bateaux qui couvrent le fleuve: tout est prêt pour le départ........ Et vous, ajouta-t-il en se tournant vers les scaldes, chantez l'hymne des combats. »

Egill, se levant alors, donna le signal aux autres scaldes, qui prirent leurs harpes, et qui, pendant tout le temps que les troupes des diverses nations défilèrent devant l'estrade, ne cessèrent de faire retentir l'air de leurs accents belliqueux.

Lorsque Rollon vit s'avancer la cohorte formée des Neustriens, qui avaient préféré de servir dans les rangs des hommes du Nord, à la honte d'être chargés de chaînes et exposés, comme prisonniers, aux plus humiliants outrages, d'une main il imposa silence aux scaldes, et ordonna à la cohorte de s'arrêter; puis il parla ainsi :

« Neustriens, vous marchez contre vos compatriotes; il y en a, peut-être, parmi vous qui regrettent d'avoir abjuré leur patrie ? Les Normands ne veulent avoir dans leurs rangs que des guerriers de bonne volonté. Que tous ceux d'entre vous que la seule crainte de l'esclavage a associés à notre fortune quittent leurs lances et leurs boucliers, qu'ils sortent de nos rangs; ils n'entendront pas même un reproche. »

Aucun ne s'éloigna ; tous gardèrent leurs armes.

« Sans doute, leur dit-il, je devrais croire à présent à votre fidélité ; mais nos lois exigent une autre garantie, elles veulent que les guerriers se lient par des serments : vous allez jurer, par votre dieu et par le nôtre, d'obéir en tout aux chefs de l'armée, de ne jamais reculer devant les ennemis, de quelque nation qu'ils soient, quelque nom qu'ils portent. Que l'on place ici, devant ces guerriers, et la lance d'Odin et la croix que les chrétiens révèrent. »

Des prêtres scandinaves s'empressèrent d'aller prendre dans le fort et de placer avec respect, au milieu de l'estrade, la lance, symbole de leur dieu, encore dégouttante du sang du cheval qui avait été immolé la veille. Ils chargèrent des prisonniers neustriens d'apporter et de tenir, à quelque distance de la lance d'Odin, une énorme croix sur laquelle on voyait cloué le dieu des chrétiens. Elle avait été enlevée par les Normands dans le dernier monastère qu'ils avaient pillé près de l'embouchure de l'Oise, et ils l'avaient gardée parce qu'elle était d'argent, et que le corps du Christ paraissait être d'or. A l'aspect de ce signe de notre salut, les drotters et les scaldes ne pouvaient s'empêcher de témoigner leur mépris et leur haine par des ris insultants. Rollon les regarda d'un œil menaçant : ils redevinrent sérieux et calmes, mais tournèrent la tête pour ne pas voir la croix.

Tous les Neustriens jurèrent fidélité à Rollon et aux deux autres chefs, en touchant d'abord la lance d'Odin, et ensuite le crucifix, et regagnèrent les bateaux qui leur étaient destinés. Les scaldes finirent leurs chants.

Adalbert et Sigefroi descendirent ensuite de l'estrade pour suivre l'armée ; mais Adalbert, avant de partir, jeta d'expressifs regards sur Adelinde, qui lui répondit par un soupir. Rollon sourit, et dit tout bas à Adelinde : « Pourquoi soupirer ? vous serez bien près de lui. Regardez ; elle s'approche, la barque qui doit vous conduire avec Judith sous les murs de Paris. » Et en effet on voyait voguer, tout près du rivage, une grande barque plus ornée que les autres, et dont une moitié était couverte d'un drap couleur de pourpre, relevé en forme de tente.

« Il est temps, dit Rollon aux trois femmes, de vous rendre au lieu de l'embarquement. Déjà les drotters et les scaldes occupent les barques qui doivent précéder la vôtre. »

Et il prit le bras de la grave Judith, qui, habituée aux absences de son époux, ne paraissait que faiblement émue de l'idée de s'en séparer. Ils descendirent ensuite de l'estrade, traversèrent la place d'armes, et atteignirent bientôt la rive. Le premier objet qui frappa leurs yeux fut Nitard qui, debout dans la barque, à la porte de la tente, semblait les attendre avec impatience. Il n'avait rien oublié de ce qui pouvait être nécessaire dans le voyage : des coussins pour les femmes, des vins, des mets et même des fleurs.

« Très-bien! dit Rollon, en aidant les femmes à entrer dans la barque. Nitard est un excellent pourvoyeur; et, pour peu que vous éprouviez de l'ennui dans la route, il pourra aussi vous régaler de quelque histoire : il en sait tant ! »

Les adieux de Rollon à Judith furent touchants, quoique graves : « Chère Judith, lui dit-il, je t'ai confiée aux soins de ton fils : c'est ne point te quitter. Encore quelques travaux, quelques combats, et j'espère que je pourrai enfin venir couler de paisibles jours près de toi, dans ton pays, dont mes armes m'auront assuré la possession. »

Judith lui répondit : « Je me suis donnée à Rollon ; c'est le seul maître que je reconnaisse au monde. J'aurais desiré de le suivre dans ses nouvelles expéditions ; mais il en ordonne autrement : j'obéirai. »

Elle était triste ; mais elle ne pleurait pas.

En ce moment, on vit de loin Adalbert qui, posté sur un banc élevé dans sa barque, près d'un pavillon qui la faisait distinguer de toutes les autres, regardait de tous côtés pour s'assurer que l'embarquement était terminé. Quand il vit qu'il ne restait plus sur la place d'armes que son père Rollon, et le petit nombre de guerriers qui devaient l'accompagner en Angleterre, il donna le signal du départ, en sonnant fortement du cor que Rollon lui-même lui avait remis, en lui confiant le commandement de l'armée. Les mille grandes barques et les bateaux qui couvraient la Seine se murent à la fois. C'était un spectacle singulier de voir tant de rames s'agiter en cadence ! Les eaux étaient couvertes d'écume ; et comme les guerriers avaient attaché leurs boucliers sur les deux bords des bâtimens qui les portaient, on croyait voir autant d'énormes poissons dont les larges écailles se montraient au-dessus des flots blanchissants.

La barque de Judith et de ses deux compagnes n'était suivie que par les longs bateaux qui portaient l'arrière-garde, et où étaient entassés des prisonniers que l'on forçait de ramer en les accablant de coups.

Adelinde et Odille se retrouvèrent bientôt au milieu des pays qu'elles avaient traversés la veille. Quand la barque vogua dans les parages de l'île où Adalbert et Adelinde avaient fait un repas si gai, où ils s'étaient juré un amour éternel, Nitard se lève avec enthousiasme, et, regardant la pointe de l'île, il s'écrie : « *Salut au cap des Fiançailles !* »

Il fallut expliquer à Judith la cause de cette singulière exclamation. Pendant tout le récit que faisait Nitard, d'une manière qu'il croyait touchante, et qui n'était que burlesque, Adelinde, rouge jusqu'aux yeux, se cachait le visage dans ses deux mains. Quand il en fut au serment qu'avait fait Adelinde à la Vierge Marie, de n'avoir jamais d'autre époux qu'Adalbert, l'irréligieuse Judith se permit de se moquer d'un pareil serment.

« — Croyez-vous, dit-elle à Adelinde, que votre Vierge vous punirait si, infidèle à mon fils, vous en trouviez un autre plus digne de vous ?

— Pour moi, je n'en doute point, s'écria Nitard; la Vierge est très-jalouse des droits que nous lui donnons sur nous; et, tôt ou tard, elle sait bien les revendiquer. C'est ce que je prouverais bien par un exemple, si vous vouliez m'écouter.

— Pourquoi non? dit Judith; nous n'avons rien de mieux à faire. Parle; je n'oublie pas que Rollon t'a institué notre conteur en titre.»

Nitard, tout fier de l'emploi qu'on lui reconnaissait, prit un escabeau, sur lequel il s'assit en face de Judith et de ses deux compagnes; et, après avoir toussé deux fois, il commença ainsi:

CHAPITRE X.

LE FIANCÉ DE LA VIERGE *.

Qui custodit os suum, custodit animam suam : qui autem inconsideratus est ad loquendum, sentiet mala.

Proverb., ch. XIII, verset 3.

« Qui sait retenir sa langue, se garantit des plus grands dangers : quiconque parle inconsidérément s'expose à bien des maux. »

« Le roi Salomon a dit : « Celui dont la langue est insensée, sera puni. »

« Il fut aussi bien cruellement puni, pour ses paroles irréfléchies, le jeune Arthur, dont je vais vous raconter l'histoire.

« C'était le fils d'un riche marchand de Rouen, ville très-voisine du hameau où je suis né. Ses parents, beaucoup trop indulgents pour lui, le laissaient jouer, s'amuser tout le jour avec d'autres étourdis de son espèce. A peine se montrait-il à l'église, même les saints jours du Seigneur;

* Voyez la note XXIII.

et souvent, il se moquait des serviteurs de Dieu, surtout des religieuses. Cependant (voyez comme l'homme est bizarre!) il avait quelque dévotion pour la divine Mère de Notre Sauveur, et ne s'était jamais couché sans dire un *Ave;* ce qui lui fut d'un grand avantage, comme vous le verrez par la suite de l'histoire.

« Un jour qu'il sortait de bien dîner avec ses compagnons de débauche, et qu'il avait un peu trop bu de ce bon jus de pommes, que l'on sait si bien exprimer dans notre heureux pays, il prétendit qu'il ne craindrait pas à la lutte un seul de tous ceux qui se trouvaient là présents; qu'il les renverserait tous l'un après l'autre. Piqués de ces propos, tous veulent combattre avec lui. Aussitôt il met bas ses habits, pour être plus leste, et pour qu'on pût moins facilement le saisir; et comme il avait au doigt du milieu un anneau que lui avait donné une femme qu'il aimait, il craignit de le perdre ou de le briser dans le combat, et l'ôta de son doigt. Il ne savait où le déposer, quand il aperçut à la porte d'une église, tout près de là, une vieille statue de pierre, qui avançait un bras, comme pour bénir les passants; il ne trouva rien de mieux à faire que de mettre son anneau à un des doigts de la main que la statue tenait à demi ouverte; et s'apercevant, aux deux grosses élévations qui surmontaient la poitrine de la statue, que c'était l'image d'une femme : « Bonne dame, dit-il pour faire rire ses camarades, je vous épouse; recevez l'anneau conjugal. »

« Cette image n'était rien moins que celle de la Mère de Dieu : notre jeune fou ne se doutait pas de l'union qu'il venait de contracter.

« La lutte commença; et, comme il l'avait promis, il coucha par terre tous ses camarades, quoiqu'ils fussent bien plus robustes que lui; mais c'est que sa divine fiancée lui prêtait des forces surnaturelles.

« Les vaincus, tout émerveillés de sa vigueur et de son adresse, le proclament le premier lutteur de la Neustrie, et décident qu'ils le porteront en triomphe sur leurs épaules jusque dans sa maison. C'est ce qu'ils firent. Au milieu de tant d'honneurs, le jeune homme ne songea plus à son anneau. S'il se rappela, quelques jours après, qu'il l'avait mis au doigt d'une statue, il ne se donna pas la peine d'aller le reprendre, bien persuadé qu'il ne l'y retrouverait plus, qu'il était devenu la proie de quelque passant.

« Dix mois après cette petite aventure, ses parents, dans l'espoir que le mariage le corrigerait de ses perverses habitudes, lui choisirent une épouse dans une famille honnête; ils la lui proposèrent; et lui, la trouvant fraîche et très-jolie, l'accepta avec joie.

« Le mariage fut célébré avec une pompe extraordinaire ; et le soir les deux époux furent placés dans le lit nuptial, suivant l'usage, par leurs parents, qui ne les quittèrent qu'après leur avoir donné leur bénédiction.

« A peine la porte de leur chambre est fermée, que le jeune Arthur veut témoigner son ardeur à son amie en la serrant dans ses bras. Mais, ô surprise ! ô terreur ! il sent une froide statue qui se glisse dans les draps entre sa compagne et lui. Il jette un cri de terreur : la jeune épouse lui demande ce qui cause son effroi (la statue n'était point visible pour elle); il ne répond que par des mots entrecoupés, auxquels elle ne comprend rien. Il voudrait du moins lui prendre la main, la serrer en passant son bras par-dessus la statue qui les sépare ; mais la statue, levant aussi un bras, s'oppose même à cette simple caresse : et c'est alors que le jeune homme reconnaît à la main qui se lève ainsi devant lui, l'anneau qu'autrefois il avait mis à l'un des doigts d'une image de pierre. Il voulut l'en arracher : efforts inutiles ! la statue fermait la main dès qu'il approchait la sienne ; et s'il ne l'eût promptement retirée, il aurait eu les doigts pris.

« Arthur épouvanté saute en bas de son lit, et prosterné humblement sur le plancher, il supplie la statue de s'éloigner, de le laisser approcher du moins d'une épouse qu'il adorait.

« — D'une épouse! répondit la statue ; tu n'en as point d'autre que moi. Infidèle! ingrat! tu veux répudier la compagne céleste que tu as choisie, pour te livrer à une créature humaine! Tu préfères l'ortie à la rose, le fiel au doux miel de l'abeille. Non! nulle autre que moi ne te possédera, tant que je porterai au doigt cet anneau; et qui pourrait l'en arracher!... »

« Arthur vit bien que toute prière, ainsi que ses efforts, seraient inutiles; il se décida à se recoucher près de la statue, et bientôt s'endormit.

« La jeune épouse qui n'avait point vu la statue, ni rien entendu de ses discours, mais qui s'était aperçu du trouble qui agitait son mari; qui l'avait vu sortir vivement du lit; qui avait saisi quelques mots de la fervente prière qu'il avait adressée à la Vierge, s'était imaginé que le pauvre Arthur avait un accès de folie, et regrettait que ses parents l'eussent unie à un tel insensé. Quand elle le vit endormi à une assez grande distance d'elle, son premier mouvement fut de tâcher de l'éveiller, en se retournant brusquement, et en le choquant du pied ou de la main; mais la pudeur la retint : elle se contenta de pleurer tout bas: car malgré sa candeur, son innocence, elle savait pourtant qu'on ne se mariait pas, que l'on ne se mettait pas deux dans un même lit, pour dormir tranquillement, chacun de son côté et si loin l'un de l'autre. Quand elle eût bien déploré son sort, le sommeil la prit à son tour....

« Le jour vint. Arthur se réveilla le premier. En ouvrant les yeux, il vit qu'un soleil pur et brillant éclairait la chambre : tout lui parut gai, riant autour de lui ; et dès-lors, il s'imagina qu'un rêve cruel l'avait tourmenté une partie de la nuit. Sa compagne reposait étendue près de lui, un bras passé sur sa tête ; son beau sein, entièrement découvert, se soulevait doucement à chaque respiration. Il contemple un instant, avec ivresse, toutes les beautés que lui découvre involontairement la femme innocente et pure qui dort à ses côtés. Il veut la réveiller par le plus doux des baisers ; mais, à peine s'est-il tourné vers elle, qu'un froid de glace court dans tous ses membres ; sa tête s'appesantit, il sent qu'il va s'assoupir malgré lui. Pour éviter le sommeil, il s'éloigne un peu, se retourne ; et aussitôt il retrouve sa vigueur et ses premiers désirs.... »

(Pendant la dernière partie de ce récit, Adelinde tenait les yeux baissés ; une vive rougeur couvrait ses joues. Odille avait abaissé son voile sur son visage. Un sourire dédaigneux semblait errer sur les lèvres de Judith qui, regardant fixement le conteur, semblait lui dire : « L'imbécile! il croit à cela. Voilà pourtant les belles histoires dont on m'amusait quand j'étais chrétienne! »

Mais Judith avait remarqué que leur barque n'avançait plus depuis quelques instants; elle se lève, en faisant signe à Nitard de suspendre la suite de son histoire, et, s'avançant à la porte de la tente, elle demande aux rameurs pourquoi ils restent immobiles, appuyés sur leurs rames. On lui répond qu'un signal a transmis l'ordre à toute la flotte de s'arrêter; que le commandant a sans doute ordonné quelque petite expédition guerrière sur l'une ou l'autre des deux rives de la Seine. Et en effet, Judith entendit à sa gauche de grands cris qui partaient des collines les plus voisines du fleuve.

La flotte était alors presque en face de l'enceinte fortifiée qui entourait l'abbaye de Saint-Denis. Judith vit une foule de soldats qui, dispersés sur les coteaux, les gravissaient avec rapidité. Elle appelle alors ses deux autres compagnes pour les faire jouir de ce spectacle. A peine elles étaient hors de la tente, qu'elles voient des soldats qui, tenant dans leurs bras nerveux des religieuses demi mortes de frayeur, les portaient vers les bateaux normands; des moines que l'on entraînait de même, en les forçant de marcher à force de coups.

En ce moment une nacelle, qui ne contenait qu'un soldat et deux rameurs, se détacha de la grande flotte, et descendit avec rapidité le fleuve. Lorsqu'elle fut près de la barque des voyageuses, le soldat annonça qu'il était expédié par Adalbert pour les prévenir qu'ayant appris par des espions que des moines de Saint-Denis et des religieuses du couvent détruit d'Argentoialum étaient allés en pélerinage à une fontaine miraculeuse dans la forêt de la *Cava* *, le chef avait aussitôt entrepris de les troubler un peu dans leurs dévotes pratiques; qu'il avait détaché, vers le lieu du rassemblement, quelques soldats qui, les ayant surpris au milieu de leurs *oremus*, en avaient enlevé à peu près une vingtaine. « Regardez, ajouta l'envoyé; regardez le bateau qui les transporte au grand dépôt des prisonniers; il va passer tout près de votre barque. »

L'attention des voyageuses redoubla; le bateau approchait. On voyait au milieu les moines et les religieuses qui s'étaient laissé prendre, attachés, par couples, les uns aux autres, les mains liées derrière le dos. Leurs gardiens, tenant des sabres nus, étaient postés sur les deux

* L'espace que couvrait la forêt, ou plutôt le bois de la *Cava*, est aujourd'hui compris dans l'enceinte de la ville de Saint-Denis.

Voyez Histoire du diocèse de Paris, t. III, p. 245.

bords. Quand le bateau passa près de la barque, Odille s'écria : « Dieu! voilà notre abbesse. » Et elle releva son voile pour que l'abbesse pût aussi la reconnaître, et la voir heureuse et libre au milieu des vainqueurs. C'était cruellement se venger : elle ne put se défendre de ce plaisir, que l'on dit si délicieux; mais, dès le soir même, elle en demanda pardon au doux Jésus, comme d'un grand péché, et elle s'imposa une pénitence.

L'abbé de Saint-Denis était aussi là, lié par un bras à l'abbesse, avec laquelle il avait été trouvé sous les saules qui entouraient la sainte fontaine de la Cava. Odille ne l'avait point d'abord reconnu, car un guerrier, qui s'était emparé de sa brillante mitre d'abbé, l'avait coiffé d'un sale bonnet brun. L'abbesse, en voyant sa rivale, jeta sur elle un regard de fureur, ce qui fit rire Odille aux éclats; l'abbé, au contraire, baissait la tête pour qu'on ne pût jouir de son humiliation. Mais Adelinde, qui l'avait vu autrefois à la cour de son frère Eudes, le reconnut par le soin même qu'il prenait de se cacher; et, touchée de compassion, elle dit aux gardiens :

« — Traitez, je vous prie, avec quelque douceur ce prisonnier en bonnet brun; c'est un des plus proches parents de l'évêque Gozlin.

— Non, non, s'écria Judith à ce mot; puisqu'il porte le nom de Gozlin, gardes, soyez pour lui plus durs, plus inexorables que pour les autres. » Puis, se tournant vers Adelinde : « Pardon, ma chère fille, si je m'oppose à vos bienveillantes intentions; mais ma haine pour Gozlin et pour sa famille est sans bornes; je ne serai satisfaite que lorsque cet indigne nom n'existera plus chez les humains. Un jour, peut-être, vous connaîtrez la cause trop légitime de tant de fureur. »

Adelinde frémit en la regardant : ses yeux étincelaient. Mais Judith reprit bientôt son calme accoutumé; et toutes trois rentrèrent sous leur tente.

La petite expédition était terminée; la flotte continua sa route. Nitard, assis de nouveau sur son escabeau, cherchait à deviner dans les yeux des trois femmes s'il leur serait agréable d'écouter la fin de son histoire. Judith s'aperçut de son incertitude, et dit en souriant :

« Nitard brûle de conter; écoutons la fin de sa morale histoire; mais qu'en se livrant à de certains détails, il se rappelle qu'il est ici de chastes oreilles; qu'il n'oblige plus Odille à baisser son voile. »

Nitard s'inclina avec respect, pour témoigner son obéissance, et recommença à parler ainsi :)

« Nous avons laissé le jeune Arthur dans une

grande perplexité : voulait-il embrasser sa bien-aimée, il tombait dans le plus cruel assoupissement; lui tournait-il le dos, il retrouvait aussitôt sa vigueur, son hilarité accoutumée.

« Les parents, les amis des deux époux s'étaient tous réunis dans la maison d'Arthur pour célébrer le lendemain des noces; le marié et sa belle compagne durent paraître devant l'assemblée, qui trouva très-étrange leur air triste et confus. Il fallut tout avouer; il fallut dire qu'une invisible rivale était venue s'interposer dans le lit des deux époux ; qu'ils étaient l'un et l'autre tels qu'on les avait quittés la veille. D'après ce récit, tous furent convaincus que le diable seul pouvait jouer de pareils tours; et l'on s'empressa de députer quelques parents vers l'évêque, pour qu'il voulût bien exorciser celui des deux mariés que le diable tourmentait si ridiculement.

« L'évêque s'empressa de venir : les deux époux se couchèrent en sa présence dans le même lit, et aussitôt Arthur s'écria qu'il voyait la statue, et que de la main droite elle le poussait hors du lit. L'évêque passe alors son étole, prend un aspersoir, et jette force eau bénite sur le lit; il récite ensuite à haute voix les prières propres à chasser les démons les plus opiniâtres. Il prie, il se fatigue en vain : Arthur ne cesse de crier qu'il sent toujours la statue près de lui, qu'elle le pince, qu'elle l'égratigne.

« Mais voici bien un autre prodige! Le saint prélat entend la statue qui lui parle, et il l'entend seul; car il ne parvenait aux oreilles des assistants que les plaintes, les gémissements d'Arthur.

« Prélat, lui disait la voix, épargne tes prières et ton eau bénite. Ce n'est point ici une œuvre du démon. Celui qui promet d'épouser une femme doit lui garder sa foi. Or, vois cet anneau qu'Arthur a mis, de son plein gré, à mon doigt, comme gage de son constant amour. Est-ce à la mère de Dieu de céder, à une simple mortelle, son fiancé, son ami? »

« L'évêque, épouvanté, s'enfuit à ces paroles. Il répéta à la famille d'Arthur le discours que venait de lui adresser la bienheureuse Marie, et il ajouta :

« Je ne vois plus qu'un essai à faire pour calmer la Mère de Notre Sauveur : elle aime qu'on l'honore par des vœux et des sacrifices, qu'on lui rende un culte solennel. Arthur est riche; qu'il bâtisse une chapelle, qu'il y place une image de sa divine fiancée : peut-être consentira-t-elle alors à rompre l'engagement qu'il a contracté avec elle. »

« La famille d'Arthur suivit un conseil si salutaire. Sur une des collines voisines de la ville de Rouen, elle bâtit à la Vierge une chapelle qui existe encore. Arthur y fit placer une belle statue toute d'argent. Tous les jours il allait s'agenouiller devant cette statue, et il y disait trois *Ave Maria*. Un matin qu'il avait prié avec plus de ferveur encore qu'à l'ordinaire, il s'aperçut, en levant les yeux vers la statue, qu'elle lui tendait la main ; il approche, et ne peut plus douter qu'elle lui présente son anneau qu'il voit à l'un de ses doigts. Il le prend sans que la statue fasse la moindre résistance, et il s'empresse d'aller le mettre au doigt de son épouse qui, à son exemple, était très-dévote à la Sainte Vierge. Depuis ce temps, l'image ne vint plus s'opposer aux plaisirs des deux époux; et Arthur a vu chaque année, jusque dans sa vieillesse, sa famille s'accroître d'un nouvel enfant. »

Lorsque Nitard eut fini, Judith haussa les épaules, et dit : « Voilà bien ce que j'attendais! vos prêtres ont su faire tourner à leur profit les visions d'un jeune fou. Pour une chapelle et une statue d'argent, ils ont guéri son esprit des chimères qui l'obsédaient. Lorsque j'étais chrétienne, j'aurais admiré le conte de Nitard; aujourd'hui, je suis révoltée de ce qu'il y ait des peuples assez stupides pour croire à de telles fables, et des prêtres assez audacieux pour les donner comme authentiques. Cette scandaleuse histoire que Nitard vient de vous répéter, mes chères amies, je la sais depuis long-temps; elle a été mise en vers par un dévot chapelain, et je l'ai plus d'une fois entendu, dans ma jeunesse, chanter par des ménestrels, sous le portique d'une église dédiée à Notre-Dame.»

Elle allait continuer ses déclamations contre nos prêtres et contre des miracles dont pourtant la vérité est si incontestable; mais les rameurs l'avertirent qu'une nacelle venait de se détacher du rivage, et qu'un homme, qui se tenait debout au milieu, criait qu'il avait quelque chose d'important à communiquer aux personnes de la barque. Nitard met aussitôt la tête hors de la tente, et dans l'homme qui, debout sur la nacelle, s'efforçait de les atteindre, il reconnaît le pêcheur du Gros-Caillou. Il en avertit Judith, qui donne ordre aux rameurs de sortir de la ligne pour aller à la rencontre de la nacelle.

Bientôt le pêcheur monte dans la barque, et dès qu'il est entré sous la tente :

«—Te voilà donc, mon brave Marc-Loup? lui dit Judith; quelle nouvelle viens-tu nous apporter?

— Digne épouse de mon bienfaiteur Rollon, un messager de votre fils Adalbert est venu, de grand matin, me trouver dans ma chaumière, et m'a ordonné, de sa part, de chercher, dans les environs de Paris, quelque lieu où vous puissiez être, ainsi que vos deux compagnes de voyage, loin du bruit des armes, si l'on était obligé de faire le siége de Paris. J'ai aussitôt pensé que nulle part ailleurs vous ne seriez mieux que sur le *Mont-Valérien.* Je connaissais parfaitement les ermites qui y vivent, puisque c'est moi qui leur vends, chaque matin, du poisson. J'ai couru vers eux, et leur ai dit : « Les Normands appro-« chent ; dans quelques heures ils seront ici ; « fuyez au loin, si vous ne voulez tous être égor-« gés. Vous savez qu'ils n'épargnent pas les hom-« mes qui portent votre robe. » Ils m'ont cru sur parole : tous ont promptement abandonné leurs cellules, excepté un vieillard infirme, qui habite une maisonnette isolée ; mais je suis maître de tout le reste de l'ermitage. Venez vous y établir, si vous m'en croyez. Vous y serez plus commodément que sous des tentes, au milieu du camp. Qui sait, d'ailleurs, si le siége de Paris ne sera pas d'assez longue durée ? Les Parisiens, je le sais d'un centenier de la ville, sont décidés cette fois à se défendre jusqu'à la dernière extrémité. Venez, venez à l'ermitage.

— Je reconnais bien ta fidélité et ton zèle,

mon cher Marc-Loup, lui répondit Judith. Nous te suivrons partout où tu nous conduiras.»

Marc-Loup donne aussitôt ordre aux rameurs d'aborder au pied du Mont-Valérien.

Quand Judith et ses compagnes furent descendues sur le rivage, Marc-Loup leur dit : «Il faut vous armer de patience, car nous avons bien des détours à parcourir avant d'arriver au sommet du mont où est l'ermitage.» Judith prit alors le bras d'Adelinde; Nitard proposa le sien à Odille, qui le prit en rougissant, et tous suivirent le pêcheur Marc-Loup qui ouvrait la marche.

Judith, tant que dura le voyage, entretint Adelinde des vertus, du courage de Rollon, de son projet bien arrêté de venir se fixer dans la partie de la Neustrie qui avoisine la mer, d'y vivre dans la paix auprès d'elle et de son fils. Nitard racontait à Odille, qui l'écoutait avec intérêt, comment la douce Geneviève, patronne de Paris, avait long-temps habité le village de Nanterre, tout voisin de ce mont; comme elle y faisait paître ses troupeaux; comment elle parvint à empêcher que le fier Attila n'entrât, avec ses Huns, dans la cité des Parisiens; comment cette sainte se rendait, la nuit, avec de jeunes compagnes, à Saint-Denis, pour y prier sur le tombeau du saint, etc., etc.

Ce ne fut pas sans quelque fatigue que notre petite troupe de voyageurs parvint à l'ermitage. Les cellules des ermites fugitifs se touchaient presque toutes. On n'y voyait pour tous meubles, dans chacune, qu'un lit, une table, deux chaises, un crucifix d'ivoire et un bénitier d'une terre grossière, cloués sur les murailles; mais tout y était d'une extrême propreté. Judith eut, pour elle seule, deux cellules; ses compagnes en occupèrent deux autres à chaque côté de la sienne. Il y en avait une très-vaste que l'on réserva pour lieu de réunion.

La nuit était venue; la lune se montrait à l'horizon. Judith, avant de se livrer au repos, voulut jeter les yeux sur les campagnes qui entouraient le Mont-Valérien. Elle vit à l'horizon se dessiner sur le ciel les tours et les hauts clochers de ce Paris où elle avait passé les jours de son adolescence; et elle ne put retenir un soupir. Sous ses pieds, elle avait la Seine, qui tantôt semblait s'enfuir à sa droite, tantôt reparaissait plus loin en un long canal argenté. Elle vit entrer dans ce canal les premières barques des Normands, et bientôt elles se montrèrent en si grand nombre que le fleuve disparut à ses yeux. Ses idées devinrent tristes en songeant au lendemain; elle alla se jeter sur son lit, agitée par mille sentiments divers.

CHAPITRE XI.

L'ERMITE ASSASSIN.

Luxuriosa res vinum et tumultuosa ebrietas. Quicumque his delectabitur, non erit sapiens.

Proverb. XX, 1.

« Le vin produit tous les déréglements ; et l'ivresse, des rixes sanglantes : c'est sagesse de s'en abstenir. »

L'ENLÈVEMENT de quelques moines et nonnes, dans les environs de Saint-Denis, avait jeté l'alarme dans toute la contrée. De village en village, le bruit se répandit bientôt que les Normands remontaient de nouveau la Seine, et qu'il fallait s'attendre à d'affreux ravages. Dès le soir de ce même jour, la nouvelle en parvint à Paris, et les habitants s'assemblèrent tumultueusement dans les rues, sur les places. L'évêque Gozlin, l'abbé Ebles, vinrent trouver le comte Eudes dans le palais, ou plutôt, dans la forteresse qu'il occupait à la pointe occidentale de l'île, et ils arrêtèrent entre eux un plan de défense. L'abbé Ebles alla le communiquer aux habitants ; et par des discours véhéments, il excita leur courage.

Il leur représentait combien il serait honteux d'abandonner leur ville, comme ils l'avaient fait dans les trois dernières invasions des barbares, à l'incendie et au pillage. Il leur montrait les murailles relevées et en bon état, les deux ponts rétablis et défendus par deux fortes tours qui, pour être achevées, ne demandaient plus que des travaux de peu de jours. Partout l'ardeur était extrême; tous allèrent préparer leurs armes, et se promirent bien, dès que le jour paraîtrait, de se placer au poste le plus périlleux.

A peine le crépuscule du matin permettait-il de distinguer les objets, qu'on vit sur toutes les hauteurs voisines des troupes de prêtres et de moines qui se pressaient de descendre vers la ville. Ils portaient, sur leurs épaules, des châsses, des reliquaires de toute forme, de toute grandeur, et chantaient, d'une voix lamentable, des litanies, dans lesquelles on répétait souvent ces mots: *A furore Normanorum libera nos, Domine!* Que de précieuses reliques furent apportées, ce jour-là, de tous les environs et déposées dans la principale église de Paris! A peine elle pouvait toutes les contenir. On y voyait le corps de sainte Geneviève, et celui de saint Germain; et le chef de saint Denis, et une de ses côtes; et les os de saint Hilaire, et ceux de saint Hippolyte, présent inestimable que le pape Paul III avait fait, en

713, à l'abbé Fulrad; et un bras de saint Romain, et une dent de saint Cucufat, martyr d'Espagne; et les cheveux de saint Innocent, et une partie notable du corps de saint *Vitus* *, si célèbre par la multitude de ses miracles, et à qui on a élevé une chapelle dans le village de *Fossæ;* enfin, les dernières vertèbres de sainte Osmane, vierge anglaise, et la ceinture de sainte Rosalie, que les religieuses d'Argenteuil avaient sauvée de l'incendie de leur couvent. Mais il serait trop long d'énumérer ici tous les trésors sacrés qui furent, en ce temps, déposés dans la pieuse cité de Paris. Les serviteurs de Dieu, au premier bruit de l'approche des barbares, avaient tous songé, avec raison, à mettre d'abord à l'abri ces restes de grands personnages que le chef de la chrétienté a reconnus pour habitants du ciel. Je dis avec raison, puisqu'il est bien certain que les saints font des miracles, de préférence dans les lieux où se trouvent leurs reliques; que c'est donc dans ces lieux qu'il faut les honorer. Aussi, plus une église possède de reliques, et plus elle reçoit d'offrandes des fidèles; plus elle devient puissante et riche.

Bientôt un spectacle non moins triste vint frapper les yeux des Parisiens. Ils virent au loin, sur toutes les routes autour de Paris, s'élever

* Ce saint était honoré non-seulement dans le village de *Fosses* près de Luzarches, mais à *Mont-Meillan*, où on lui avait aussi bâti une église.

d'épais nuages de poussière; et peu après, ils distinguèrent des troupeaux de porcs, de bœufs, de moutons, que chassaient devant eux de pauvres cultivateurs que la terreur avait obligés de quitter leurs chaumières, et qui venaient, à la suite des prêtres[1], se réfugier dans Paris. Derrière ces pauvres gens, marchaient, à pas précipités, leurs femmes tenant des enfants par la main ou dans leurs bras. Ces populations diverses, qui accouraient de vingt cantons voisins, se pressèrent bientôt à l'entrée des ponts : c'était à qui les franchirait des premiers. Les planches des ponts gémissaient sous le poids de tant d'hommes et d'animaux, et l'on craignit souvent qu'elles ne se rompissent ; mais il était impossible d'empêcher tous ces malheureux d'entrer à la fois dans une ville qu'ils regardaient tous comme un lieu de sûreté pour eux et leurs richesses.

L'évêque Gozlin tâcha d'établir quelque ordre au milieu de cette confusion. Il plaça les troupeaux et leurs pasteurs dans les petites îles qui sont un peu au-dessus de Paris. Le comte Eudes et l'abbé Ebles firent dresser, sur toutes les places de la cité, des tentes pour les hommes en état de porter les armes ; ils visitèrent ensuite les magasins de vivres, et acquirent la certitude qu'ils suffiraient pour nourrir, pendant six mois au moins, cette grande multitude.

Ils distribuèrent ensuite, tant sur les tours nouvellement construites à la tête des deux ponts, que sur les murs qui entouraient la ville, des ouvriers chargés de faire toutes les réparations ou améliorations nécessaires à la défense.

La flotte des Normands n'avait point encore paru; mais, vers le midi, les gardes qui étaient sur le grand pont et sur la nouvelle tour construite pour sa défense, crièrent que, dans le lointain, ils apercevaient sur la rivière des voiles en grand nombre; et, en effet, on ne tarda pas à voir, tout au bout de ce long canal que forme la Seine en quittant Paris, deux barques qui portaient à la proue de longues bannières rouges; elles étaient suivies d'une multitude d'autres barques et de longs bateaux qui s'avancèrent dans le canal avec rapidité, et en couvrirent bientôt la plus grande partie. Lorsque la tête de la flotte fut arrivée à la hauteur de l'enceinte au milieu de laquelle s'élève, sur la rive droite de la rivière, l'église de Saint-Germain-le-Rond, elle s'arrêta : une barque se détacha seule du reste de la flotte, et s'avança jusque près du grand pont. Là, elle avertit qu'elle portait deux parlementaires, qui demandaient un entretien du comte Eudes.

Tandis que l'on va consulter le comte, et

que la barque attend une réponse, retournons au Mont-Valérien, où nous avons laissé trois intéressantes voyageuses.

Elles s'étaient établies, comme nous l'avons vu, dans les cellules des bons ermites qui étaient en fuite. Elles passèrent la nuit sur les couchettes très-simples, un peu dures, mais très-propres de ces saints personnages. Judith, s'étant levée dès l'aube du jour, alla trouver Nitard, qui s'était approprié une des cellules les plus commodes à la porte de l'ermitage, et le pria de l'accompagner, tandis que les deux autres femmes dormaient encore, dans une petite excursion qu'elle voulait faire sur la colline. C'était son usage de prendre toujours une idée exacte, de se faire, pour ainsi dire, un plan des lieux où elle s'arrêtait, même pour peu de jours.

Nitard la suivit avec empressement; et ils visitèrent ensemble les jardins, les bois, les vignobles qui couvraient la colline. Nulle part ils ne trouvèrent d'habitants : tous avaient déserté; mais, vers le milieu de la colline, et cinq à six cents pas au-dessus d'un moulin construit sur un petit canal qui tirait ses eaux de la Seine, ils aperçurent une maisonnette, ou plutôt une cabane, qu'entourait un petit jardin où croissaient les légumes les plus communs, des laitues, des choux, des pois. Au milieu du jardin, un vieillard s'occupait à sarcler des laitues : une longue barbe blanche tombait sur sa poitrine, une corde grossière serrait sur ses reins une vieille tunique brune; il avait la tête et les pieds nus. Judith s'avança vers lui la première ; il s'écria, à son aspect : « Une femme ! » et il couvrit sa tête et une partie de son visage d'un large capuchon. Puis, il ajouta : « Ce n'était pas des femmes que j'attendais ici, mais les Normands, qui, je l'espère, termineront ma trop longue vie. »

Nitard prit alors la parole : « — Nous n'en voulons point à vos jours, vieillard ; regardez sans effroi une femme qui ne se plaît qu'à protéger les faibles, à consoler les malheureux.

— Vous cherchez à me rassurer, dit le vieillard avec un souris amer ; épargnez-vous tant de soin : mes frères ont quitté leurs cellules, les lâches! mais ils ne sentaient pas, comme moi, l'ennui de la vie.

— Vous m'étonnez, dit Judith ; ce ne sont point les hommes purs, innocents, qui peuvent désirer la mort : les criminels seuls...

— Aussi suis-je criminel ! cria l'ermite d'une voix sombre. Vous parlez au plus coupable des hommes. Fuyez, si vous craignez l'aspect d'un meurtrier. »

Judith et Nitard restèrent un instant muets de surprise.

« — Mais, peut-être, dit Nitard, ne devriez-vous pas faire un tel aveu ?...

— Pourquoi non ! et qu'ai-je à craindre ? Quel est, dans tous les environs, l'homme, l'enfant, qui ne sait pas l'histoire de l'ermite assassin ? Les mères la racontent à leurs enfants ; les ménestrels la chantent aux villageois dans les hameaux... »

Il en fallait moins pour exciter vivement la curiosité de Nitard. C'était une belle occasion pour lui de meubler sa mémoire, déjà si riche, d'une histoire de plus. Judith elle-même n'était pas sans quelque désir de connaître mieux cet homme singulier.

« — Vous qui craignez si peu que l'on vous connaisse, dit Judith, répugneriez-vous à raconter à des étrangers l'histoire de votre vie ? Nous ne pouvons l'apprendre de la bouche des habitants, puisqu'ils ont tous abandonné le pays.

— Je me ferai connaître, reprit l'ermite, d'autant plus volontiers que ce sera peut-être pour vous un motif d'exciter vos compatriotes à me délivrer d'une vie que je ne garde que par obéissance au serment solennel que j'ai prononcé de ne jamais répandre moi-même mon sang. Entrez dans ma cabane, car le soleil, qui commence à devenir ardent, pourrait vous incommoder. C'est là que je parlerai. »

Ils le suivirent dans sa cabane: une natte grossière en couvrait le sol; sur les murs étaient appendus, d'un côté, une longue robe d'ermite, un large capuchon; et de l'autre, des fouets, des verges, des disciplines et d'autres instruments de pénitence. Du milieu d'une poutre du toit pendait par une corde une vieille cognée couverte de rouille. Il n'y avait point de lit, point de table ni de chaises. Tous les trois furent donc obligés de s'asseoir sur la natte, et le vieil ermite parla ainsi.

HISTOIRE DE L'ERMITE ASSASSIN *.

« Je suis né d'un simple artisan, dans la vaste enceinte de l'abbaye de Saint-Germain-des-Prés. Dès ma plus tendre enfance, mes parents me donnèrent aux moines de l'abbaye, qui m'apprirent à lire, à écrire, à chanter, et même un peu de latin; voilà pourquoi je crois m'exprimer, en langue vulgaire, un peu mieux que la plupart de mes confrères les ermites. Je servis les moines avec zèle pendant une vingtaine d'années: c'était moi qui balayais l'église, qui ôtais la poussière des statues des saints, et entretenais les lampes d'huile. Je servais aussi les prêtres à la messe; et, dans les fêtes solennelles, je

* Voyez la note XXIV.

chantais, avec d'autres jeunes garçons, les *répons*, les *amen;* aussi m'avaient-ils permis de porter leur habit.

« Gozlin, aujourd'hui évêque de Paris, a d'abord été abbé de Saint-Germain. C'était alors un des plus beaux hommes de la Neustrie. Grand, bien fait, d'une figure expressive et riante, il n'avait qu'à se montrer pour plaire, pour séduire. Il me prit sous sa protection spéciale, ou plutôt il me trouva propre à le seconder dans ses intrigues d'amour. Il avait beaucoup de maîtresses, surtout dans les monastères de femmes qui entourent Paris : c'était moi qu'il chargeait toujours de ses messages près de ses nombreuses amies. Je vous dirais bien, et avec détail, quelle était alors la conduite peu exemplaire de notre abbé; mais ce n'est pas sa confession, c'est la mienne que je dois faire ici. D'ailleurs, ce temps de ma vie est celui où j'ai le moins de reproches à me faire. Je commettais des fautes, non des forfaits. Ici, va commencer la série des événements qui m'ont rendu vraiment criminel. »

(Quand l'ermite parla de Gozlin, une certaine émotion se peignit sur les traits ordinairement si calmes de Judith; elle fut tentée de lui demander quelques détails de plus sur la conduite peu édifiante de ce grand personnage; mais, en présence de Nitard, elle craignit de montrer quelque intérêt pour un tel homme, et sa physionomie reprit sa froideur ordinaire, et ne la quitta pas même lorsque l'ermite raconta ce qui suit.)

« Un jour, l'abbé Gozlin m'appela dans sa chambre ; et, après en avoir fermé la porte, il me dit de me préparer à un assez long voyage : il fallait aller porter des reliques assez précieuses, dont l'abbaye consentait à se dépouiller en faveur d'un couvent nouvellement élevé dans le voisinage de *Huneflotum* *. Ce n'était là qu'un prétexte.

« A présent, me dit l'abbé, je vais te charger « d'une mission qui m'intéresse bien plus. Il y a, « non loin du nouveau couvent, un vieux château « qui n'est habité que par une femme et un en- « fant de quatre ans au plus. Tu te présenteras « à elle, déguisé en pélerin, et lui remettras « de ma part, avec une lettre que voici, cette « bourse qui contient cinquante marcs d'or. Sans « doute, après avoir lu ma lettre, elle te remet- « tra son enfant et tu l'amèneras à Paris, où je « te ferai connaître mes volontés dès que je se- « rai instruit de ton retour. »

« Et il ajouta, en me serrant fortement la main : « Si tu mets cet enfant dans mes bras, je « te donnerai pour récompense autant d'or que

* Honfleur.

« tu en emportes avec toi. Compte sur ma pa-
« role. »

« Je partis la joie dans l'âme et me voyant déjà possesseur d'une somme considérable qui me ferait passer le reste de mes jours dans l'aisance et les plaisirs. Après quelques jours de marche, j'arrivai au couvent de nouvelle fabrique, et j'y fus bien reçu, car je lui apportais des reliques, c'est-à-dire une source de richesse, de prospérité; mais je ne restai pas long-temps chez ces moines, j'étais trop pressé de me rendre au château que Gozlin m'avait indiqué.

« Un matin, je partis de Huneflotum vêtu en pélerin, comme on me l'avait prescrit, et je ne tardai pas à apercevoir de loin une tour du vieux château. Mais quelle fut ma surprise quand je fus près de cette tour ! une moitié tout entière en était détruite, et l'autre moitié semblait prête à tomber. Le reste du château ne présentait aux yeux qu'un vaste amas de décombres. Il n'était pas présumable qu'aucune créature humaine habitât dans ces tristes lieux ; et pourtant j'en fis plusieurs fois le tour, je m'enfonçai dans ces ruines ; je les explorai avec soin ; j'appelai, je criai ; pas une voix ne me répondit. La nuit venait; le ciel était sombre, orageux : il me fallut songer à chercher un asile.

« Un jeune laboureur vint à passer dans le

désert, conduisant après lui une vache qu'il ramenait du pâturage. Je l'abordai et lui demandai l'hospitalité. Mon habit de pélerin m'attira la réponse la plus gracieuse ; il m'assura que sa *Marcolfe* (c'était sa femme) se croirait très-honorée d'avoir pour hôte un saint homme comme je paraissais l'être. Je le suivis. Nous trouvâmes Marcolfe préparant le repas du soir, qui consistait en une soupe de carottes et en fromage. Elle me reçut avec une sorte de respect ; on me fit asseoir à la place du maître, et l'on sut trouver pour moi une vieille bouteille de vin qui, depuis plusieurs années, était enterrée dans le sable.

« Pendant le souper, je ne manquai point de demander pourquoi le vieux château voisin était complètement démoli, et m'informai de ce qu'étaient devenus ses habitants. J'appris que les Normands étaient descendus, il y avait six mois environ, sur la côte; que tout le monde avait fui; qu'ils avaient dévasté tous les environs, démoli le château à l'aide d'une effroyable machine de guerre; qu'on avait entendu de loin ses bastions et ses tours s'écrouler avec un horrible fracas; et enfin, que le bruit courait dans tout le pays que la dame solitaire et son fils n'avaient point eu le temps d'en sortir, et étaient restés ensevelis sous les décombres. A ce récit, mon cœur se serra, non de pitié, mais de l'extrême regret que j'éprouvais de ne pouvoir remplir les ordres de mon abbé.

« Mes bons et hospitaliers paysans me forcèrent de prendre leur place dans l'espèce de niche qui leur servait de lit ; et eux allèrent, avec un jeune enfant, seul fruit de l'union qu'ils avaient contractée cinq ans auparavant, se coucher dans l'étable près de leur vache.

« A quelles tristes réflexions je me livrai toute la nuit! je ne dormis point. Je voyais toutes mes espérances de bonheur détruites pour toujours. Il me faudrait rendre la bourse qui m'avait été confiée, et je n'avais droit à aucune récompense. Je pleurais, je gémissais; j'entrais quelquefois dans des accès de rage contre le sort.

« Le lendemain, en voyant mon visage pâle, abattu, mes hôtes reculèrent d'effroi. C'était un dimanche; ils étaient un peu plus parés que la veille, et ils me dirent que leur intention était d'aller en pélerinage à cinq lieues de leur cabane, pour implorer, en faveur de leur enfant souvent malade, la Notre-Dame du Grand-Hêtre, qui, depuis que l'on avait trouvé sa statue dans le tronc de ce vieil arbre, ne cessait d'opérer des miracles. Je leur témoignai le désir de reprendre ma route : ils s'y opposèrent formellement, me représentèrent que je paraissais si faible que je ne pourrais faire cent pas. A force d'instances, ils me firent consentir à rester encore un jour dans leur cabane ; et, pour que je ne m'ennuyasse pas trop, me dirent-ils, en attendant qu'ils revinssent du pélerinage, ils voulurent laisser avec moi leur jeune *Marcoul* qui, à les en croire, était un fort aimable enfant, quoiqu'il ne parlât point encore.

« A peine ils étaient partis, que je jetai sur l'enfant un regard farouche, en me rappelant que j'étais venu en chercher un autre dans ce pays ; et une effroyable idée passa dans mon esprit. « Gozlin veut un enfant, me dis-je ; en voici « un de l'âge à peu près de celui qu'il me de- « mande : pourquoi ne le lui porterais-je pas ? » Puis je capitulais avec ma conscience, qui me reprochait le délit que je projetais. « Ce jeune « Marcoul, quel peut être son sort dans le rang « où il est né ? il vivra dans l'abjection, dans la « misère ; tandis que notre abbé, si je le lui « donne, l'élévera avec soin, avec tendresse, lui « donnera des maîtres, en fera un homme d'é- « glise. »

« Il faut vous dire que, bien que l'abbé Gozlin ne m'eût point avoué qu'il fût le père de l'enfant qu'il m'envoyait chercher, de cet enfant qu'il voulait avoir près de lui, je n'en doutais nullement. J'hésitais pourtant à ravir à mes hôtes le jeune fruit de leurs amours, lorsque, en me frappant la poitrine pour me punir de l'idée qui m'oppressait, je fis résonner l'or de la bourse que je tenais cachée dans mon sein. Le son de cet or me rappela que non-seulement je pouvais en devenir possesseur, mais y joindre encore tout celui qui m'était promis pour récompense. N'écoutant plus alors ni la voix de la raison, ni le cri de ma conscience, je saisis d'un bras vigoureux le pauvre petit Marcoul, et, m'élançant hors de la cabane, je m'enfuis dans la forêt voisine. L'enfant pleurait, je l'apaisais par mes caresses. Je marchai long-temps par des sentiers qui m'étaient inconnus; et j'étais excédé de fatigue, lorsque je rencontrai un hameau de cinq à six maisons, où je trouvai un asile. J'y satisfis ma faim et celle du jeune Marcoul, qui n'avait cessé de crier *du pain* (c'était le seul mot qu'il sût prononcer). On consentit à me vendre un cheval; et dès lors ma fuite devint facile et plus prompte. Un guide me conduisit sur la route ordinaire. Je ne m'arrêtai nulle part cette première nuit; le lendemain, ne craignant plus d'être atteint par les parents du petit Marcoul, je m'arrêtais dans les villages, dans les villes que je trouvais sur la route. Partout je disais qu'ayant trouvé cet enfant abandonné dans un bois, je le transportais dans quelque couvent des environs de Paris, pour que l'on en prît soin. On admirait mon humanité, on me bénissait, on me faisait des présents pour le pauvre orphelin.

« A mon arrivée à Paris, je descendis dans une maison que l'abbé Gozlin m'avait indiquée ; il vint aussitôt m'y trouver. Il caressa beaucoup l'enfant que je lui présentais ; des larmes roulaient dans ses yeux. D'après ses ordres, je repris mon habit de moine, et me rendis à mon poste accoutumé dans l'abbaye. Le lendemain, il me remit la bourse qu'il m'avait promise, et y joignit le présent d'un bénitier en argent orné de perles.

« Je me trouvai tout à coup dans l'opulence ; mais je ne savais que faire de tant d'or, et je m'aperçus bientôt que la richesse ne fait pas le bonheur. J'avais des remords ; et les plaisirs que je me procurais avec quelques femmes complaisantes, mais avides, n'étaient pas sans amertume. Mes fonctions dans l'abbaye commençaient aussi à me paraître viles et fatigantes ; je ne m'en acquittais qu'avec dégoût, et je songeai à quitter la vie monastique.

« Cependant l'orage se formait sur ma tête, et ne tarda pas à éclater. La pauvre Marcolfe, désespérée de la perte de son tendre rejeton, s'était mise à ma poursuite. Dans tous les lieux où j'avais passé, on lui avait donné des renseignements très-exacts sur ma taille, ma figure, sur l'enfant qui m'accompagnait; mais, parvenue à Paris, elle avait perdu ma trace. Personne n'avait pu lui rien apprendre du pélerin qu'elle cherchait; la pauvre mère était désespérée. Une femme, qui avait en grande vénération le bienheureux saint Germain, lui avait persuadé qu'elle retrouverait son fils, pour peu qu'elle voulût faire une offrande sur le tombeau du saint évêque. Marcolfe se rendit donc, un matin, à notre église; et, après avoir déposé sur le tombeau miraculeux un petit enfant de cire, elle invoqua avec ferveur le saint patron pour qu'il lui rendît son bien-aimé Marcoul. A peine elle avait fait sa prière, qu'elle crut reconnaître les traits du ravisseur de son fils dans le moine qui parait le maître-autel d'une nappe blanche et de chandeliers dorés. Elle s'étonne, regarde avec plus d'attention, et finit par n'avoir plus le moindre doute. Aussitôt elle court au parloir, et demande l'abbé. Il rentrait en ce moment, voit une villageoise qui déclamait avec une espèce de fureur contre les hommes d'église qui enlevaient aux pauvres gens les seuls trésors qu'ils possédaient au monde, leurs enfants. Gozlin s'arrête, écoute cette femme, et, dès les premiers mots, devine qu'il a été cruellement abusé. Il l'invite à monter dans sa chambre, et en même temps me fait appeler près de lui.

« Lorsque, en entrant, je vis Marcolfe debout près de son fauteuil, je restai immobile et comme frappé de la foudre.

« — Vous le voyez, dit-il, les crimes ne restent pas long-temps cachés. Ne cherchez point d'excuse ; votre conduite est impardonnable.

— Je le sais, lui dis-je en me précipitant à ses pieds; mais je veux du moins rejeter loin de moi la cause et le fruit de mon crime. » Et en même temps je tire de mon sein les deux bourses qui ne me quittaient jamais (elles étaient encore presque pleines); je les jetai sur sa table. « Reprenez, ajoutai-je, cet or qui ne fait point d'heureux, je le reconnais trop tard, puisqu'il n'apaise point les remords. »

« Gozlin, avec un calme qui m'étonna (il dissimulait sans doute), se tourna vers Marcolfe, et lui dit : « Femme, cet homme vous a fait bien du mal; il veut le réparer. » Et lui mettant une des bourses dans la main : « Voici ce qu'il vous donne. Retournez dans votre maison : avant qu'une heure soit écoulée, votre fils sera dans vos bras. » Ensuite il la congédia.

« Quand nous fûmes seuls : « — Je ne vous ferai aucun reproche, me dit-il; mais vous sentez que vous ne pouvez plus rester dans ce couvent. Que comptez-vous faire ?

— Passer ma vie dans la solitude, répondis-je; y pleurer mon péché.

— Si tel est véritablement votre projet, je puis encore vous être utile. Notre abbaye possède une grande portion de tout le territoire du Mont-Valérien; je vous y ferai bâtir un ermitage, et vous donnerai un arpent de terre à cultiver; et, si j'ai la preuve que votre repentir est sincère, peut-être qu'un jour vous rentrerez parmi nous. »

« Tant d'indulgence me toucha; je répandis des larmes. Je sanglotais en le remerciant, en baisant ses mains avec respect.

« — Ah! me dit-il, vous avez pu du moins réparer le mal que vous aviez fait! Mais moi!... je me repens en vain; je veux en vain effacer les traces de mes fautes... » Et d'une main il se couvrait les yeux, et il paraissait accablé de chagrin et de regrets.

« Quelques jours après cette scène, on m'informa que mon ermitage était prêt; et je vins m'établir ici, dans cette même cellule où vous me voyez encore.

« Peut-être vous croyez qu'ici finit mon histoire; hélas! vous n'en savez que la moindre partie. Si vous consentez à entendre le reste, vous frémirez.

« — N'importe, dit Nitard; continuez. Je lis dans les yeux de ma bonne maîtresse, qu'elle prend intérêt à vos récits. » L'ermite reprit ainsi :

« Ma vie solitaire sur ce mont, les macérations continuelles auxquelles je m'étais condamné, tout inspira pour moi aux habitants de cette contrée la plus grande vénération. De toutes parts on venait visiter le *saint ermite ;* des familles entières imploraient mes prières et ma bénédiction. Un jour, entre autres, le meunier du moulin que vous voyez au bas de la colline, vint me trouver avec sa jeune femme, en me suppliant de visiter leur petit ménage, et de bénir leur lit conjugal, pour qu'ils pussent avoir un héritier de leur moulin : c'est là seulement ce qui manquait à leur bonheur. Je promis de leur rendre ce léger service ; et, en effet, je me rendis chez eux une fois, puis une autre; et puis je ne manquai guère de descendre tous les jours au moulin. Pourquoi ne l'avouerais-je pas? les traits vifs et animés de la jeune meunière (elle n'avait pas vingt-deux ans) avaient fait quelque impression sur moi : j'aimais surtout son esprit naïf, gai, original; mais, je l'atteste, je ne formais alors aucun projet dont j'eusse à rougir. Et pourtant, je me reprochais intérieurement mon tendre attachement pour cette famille, je me reprochais de passer ainsi, tous les jours, tant d'heures auprès des deux époux.

« Il m'arriva alors d'être tourmenté, pendant assez long-temps, par une vision qui porta le trouble dans mon âme. A peine étais-je endormi que, devant mes yeux, se présentait une figure effroyable, qui tantôt ressemblait à un tigre, tantôt à une sirène. Ce fantôme prenait mille formes différentes ; et toutes les nuits, pendant plus d'un mois, il m'apparut dans mon sommeil. Je m'avisai enfin de lui demander pourquoi il venait ainsi m'effrayer de sa présence, chaque fois que je fermais l'œil au jour.

« Tu n'as qu'un moyen, me répondit-il, de « te délivrer de mes persécutions : je suis l'esprit « immonde ; long-temps tu m'as appartenu; tu « m'as échappé, et je te pardonne; mais je veux « qu'au moins une fois encore tu cèdes à mon « pouvoir sur tous les hommes. Choisis entre ces « trois péchés : l'ivrognerie, la luxure, l'homi- « cide ; il faut que tu te rendes coupable de l'un « des trois. Permis à toi de t'en repentir après « l'avoir commis. Si tu ne te décides prompte- « ment, tu me verras chaque nuit à tes côtés; tu « n'auras avec moi ni paix ni trève. »

« Je frémis à ce discours, et je demandai trois jours pour faire un choix. Le fantôme y consentit, et, jusqu'à l'époque fixée, je ne le vis plus. Mais la troisième nuit il reparut dans son costume de souverain de l'enfer, un sceptre rouge à la main, une couronne de feu sur la tête. Il me demanda, d'une voix terrible, quel était le péché que je m'engageais à commettre. Je répondis en tremblant que je consentais à m'enivrer une fois.

« — Il suffit, me dit-il, en riant du rire amer « des démons, tu ne me reverras plus. » Et il disparut.

« A compter de cette nuit, je ne fus plus troublé dans mon sommeil. Le jour, je pensais bien quelquefois à l'engagement que j'avais pris avec le démon ; mais ce qui me rassurait, c'est que le péché de mon choix me paraissait un de ceux pour lesquels on peut le plus facilement obtenir grâce ; et d'ailleurs, je me proposais bien d'éviter, tant que je pourrais, de m'en rendre coupable. De ce moment, je me condamnai à ne boire que de l'eau ; et bientôt je ne songeai plus ni à la vision, ni à mon engagement avec l'esprit malin.

« La fête des meuniers arriva, et mon ami le meunier vint à l'ermitage pour me prier de venir chômer, en dînant avec lui et sa *Claudine*, la fête du saint qui préside aux moulins. J'acceptai ; car, comme je vous l'ai dit, je me plaisais dans la compagnie de ces deux braves époux. Notre repas fut gai ; mais, suivant mon usage, je ne bus point de vin.

« Le soir, lorsque je me disposais à partir, un orage épouvantable survint ; le ciel paraissait tout en feu et versait des torrents de pluie. Le meunier et surtout la meunière me retinrent malgré moi. Que faire pour passer le temps? on se mit à boire, à chanter, à conter. Claudine n'avait jamais été plus vive, plus originale, plus attrayante. J'oubliai mon vœu de sobriété; l'enchanteresse porta elle-même à ma bouche un verre de vin, que je bus pour lui obéir. J'en bus un autre à sa santé, à ses plaisirs ; puis un troisième; et ensuite je ne comptai plus.

« Cependant, l'orage s'était dissipé ; à une chaleur étouffante succédait la plus douce fraîcheur; la lune brillait d'un vif éclat, en parcourant un ciel de l'azur le plus foncé. Je me levai pour partir; mais je sentis ma tête tourner et mes jambes chanceler.

« Ah ! dit mon hôte le meunier, cher ami, ne tentez pas de remonter seul là haut ; nous pourrions bien vous retrouver demain couché dans quelque ravine. » Et il riait aux éclats. « Je voudrais bien, ajouta-t-il, vous servir de conducteur et d'appui ; mais, par saint Denis, je ne suis pas plus solide que vous sur mes jambes; et puis, je vois double... Eh ! j'y pense, Claudine n'a guère fait que rire et chanter pendant que nous choquions nos verres; elle a encore, ou à peu près, toute sa raison. Elle sera votre guide. Allons, Claudine, remplace-moi près de lui, et ne le quitte qu'à la porte de sa cellule. Je t'attendrai en finissant cette bouteille, la seule où nous ayons laissé quelque chose.»

«Claudine ne demandait pas mieux; elle s'élance lestement vers moi, me saisit le bras et m'entraîne hors du moulin. Lorsque nous fûmes éloignés de trois cents pas environ, et près de cette pierre blanchâtre qui s'élève de deux pieds seulement au-dessus du sol de la colline, ma conductrice s'écrie qu'elle est lasse, qu'elle a besoin de repos, et elle me force à m'asseoir avec elle sur la pierre. A peine elle y est qu'elle me dit qu'il lui est impossible de résister au sommeil qui l'accable : et en effet, ses yeux se ferment. Je sens tout son corps s'appuyer sur le mien, et sa tête tomber sur ma poitrine... Le vin m'avait déjà ôté la moitié de ma raison, l'amour me fit perdre le reste. Je n'ai pas besoin de vous dire que j'osai tout ce qu'un homme peut oser, et que Claudine dormit toujours..., ou feignit de dormir.

« Cependant le meunier, s'ennuyant de boire tout seul, voulut prendre l'air. Il sortit de son moulin, puis songea à sa femme; et, trouvant qu'elle tardait bien à revenir, il jeta les yeux sur le chemin. Que devint-il, quand il aperçut sur la pierre blanche?... Quel spectacle pour un époux! La jalousie, la rage qui le saisit dissipa en partie son ivresse : il prend d'une main tremblante sa cognée, et monte à grands pas vers la pierre. Il était à quelques pieds de nous, lorsque je l'aperçus; j'eus le temps d'éviter le coup qu'il allait me porter par derrière. Sa cognée frappa la pierre, et, sans la laisser échapper, il tomba rudement la face contre terre. Furieux à mon tour, je lui arrache sans peine son arme de la main; il veut se relever pour me saisir, mais j'assène sur sa tête un coup si violent, qu'il tombe palpitant aux pieds de Claudine que rien ne réveillait. Je vis son sang jaillir à gros bouillons, et, saisi d'horreur, je m'enfuis, ou plutôt je remonte, en chancelant à chaque pas, jusqu'à ma cellule. Là, je tombe sur mon lit, et je m'endors du sommeil stupide de l'ivresse jusqu'au matin. A mon réveil, toutes les scènes de la veille se retracent dans ma mémoire; je crois avoir fait un rêve pénible; mais une cognée sanglante vient frapper ma vue : elle était là, tout près de moi, sur mon lit. Ce muet témoin m'accuse, je ne puis douter de mon crime. Je me lève, la mort dans l'âme; je me frappe la poitrine, je m'arrache les cheveux, je parcours comme un furieux mon enclos : à mes gémissements je joignais des blasphèmes contre le sort, contre la Providence, contre Dieu même.

« Un affaiblissement général succéda, comme il arrive toujours, à ces impétueux mouvements de l'âme, et je réfléchis, avec quelque calme, sur l'horreur de ma position. Je sentis que je ne pouvais plus habiter le pays où je m'étais souillé d'un si grand crime. Mais où me transporter? Je me rappelai alors ce que l'on m'avait appris dans mon enfance, que l'*apostole** de Rome avait seul le privilége d'absoudre les grands coupables; et je résolus d'aller me jeter à ses pieds, et de lui faire une confession générale. Je prends aussitôt un bâton, et je pars sans rien emporter de mon ermitage que la cognée sanglante, que je pendis par une corde à mon cou.

« Ce long voyage de Paris à Rome, je le fis les pieds nus, ne vivant que du pain grossier que l'on me donnait, par pitié, dans les villages, ne buvant que de l'eau des ruisseaux, ne couchant que sur la pierre dure, ou sur la terre humide des cavernes. C'est en traversant les villes que j'avais le plus à souffrir : en voyant la cognée que j'avais fait vœu de porter toujours suspen-

* Le pape.

due à mon cou, les enfants me prenaient pour un fou, m'accablaient d'injures et de huées, me lançaient des pierres. Je supportais tout avec résignation.

« Arrivé à Rome, je m'établis sur les marches de l'église de Saint-Pierre, sans vouloir entrer dans l'église, quelques instances que l'on me fît. Je répondais toujours que j'étais indigne de mettre le pied dans un lieu saint. On me voyait prier, le long des jours, avec tant de ferveur, que les Romains ne parlaient plus qu'avec un véritable enthousiasme du *pénitent français*.

« Jean VIII occupait alors le siége pontifical; et quoique ses démêlés continuels avec le patriarche *Photius* ne lui laissassent que peu de moments à donner aux affaires particulières, il désira de voir le *futur saint*, comme il m'appelait. On me conduisit dans son palais. Dès que je vis paraître le pontife, je me précipitai à ses pieds, que je baisai humblement. Il voulut me relever; mais je m'obstinai à lui parler toujours la face contre terre. Là, en présence de tous les assistants, je fis le récit de ma vie criminelle, et demandai au Saint-Père de m'infliger des pénitences.

« — Je ne saurais, me dit-il, vous en ordonner de plus sévères que celles que vous-même vous vous êtes imposées. Vos crimes vous avaient été annoncés par l'esprit immonde: un jour, le Dieu clément vous révélera aussi qu'il vous a pardonné. Jusque-là, continuez de vous repentir. Retournez dans l'ermitage que vous avez quitté, afin que ceux qui connaissent le crime, voient aussi la pénitence. Mais, avant de rentrer dans la vie solitaire, voyez votre évêque, et suivez les ordres qu'il vous donnera. »

« Le jour même de ma conférence avec Jean VIII, je partis de Rome, comme il me l'avait prescrit, et je repris la route de France. Pendant tout le voyage, je m'imposai les plus dures privations, des souffrances auxquelles il vous paraîtrait incroyable que j'aie pu résister. Aussi, j'arrivai à Paris si faible, si exténué de jeûnes et de fatigues, qu'il fallut que les gardes des portes de la ville me portassent dans leurs bras jusqu'au palais de l'évêque, que j'avais demandé à voir. Gozlin venait d'être promu à ce siége. En me voyant, il recula d'effroi, et ce ne fut pas sans peine qu'il me reconnut. Je lui rendis, dans toute leur exactitude, les paroles du souverain Pontife.

« Eh bien ! dit-il, il faut reprendre possession de l'ermitage; il est encore tel que vous l'avez laissé. Personne n'a voulu l'habiter après vous; on le regarde comme un lieu souillé. Vous attendrez là que la révélation qui vous est promise, vous délivre de vos remords. »

« Puis, voyant que ma robe était en lambeaux, touché de compassion, il se fit apporter une robe neuve et un capuchon d'ermite, qu'il me donna. Je les acceptai, mais je me promis bien de ne jamais changer de robe tant que je ne serais point sûr d'avoir obtenu de Dieu mon pardon. Aussi, les voyez-vous pendus à ce mur, ces vêtements, tels que je les ai reçus de Gozlin. J'ai voulu encore m'entourer de tout ce qui peut me rappeler mon crime : la voilà cette funeste cognée, que j'ai teinte du sang d'un ami ! Jetez les yeux hors de ma cellule, vous verrez le fatal moulin où je perdis la raison ; et, plus haut, la pierre où je commis un premier crime, et peu après, un crime plus grand encore. »

L'ermite garda un moment le silence ; puis, levant brusquement la tête, qu'il avait tenue baissée pendant tout son récit :

« Eh bien ! dit-il, vous me maudissez, sans doute, dans votre âme ; vous frémissez de vous trouver près d'un homme qui a commis vol et rapt, adultère et homicide. Que tardez-vous d'appeler sur ma tête la fureur vengeresse de vos Normands ? »

Nitard, en effet, baissait les yeux, voulait parler, et sa bouche ne prononçait que d'inintelligibles sons. Mais Judith se leva; et regardant fixement l'ermite, elle lui dit :

« Il est des hommes condamnés, par une inexplicable fatalité, au crime. Pauvre ermite! vous ne m'inspirez que de la pitié. Les Normands respecteront votre asile, je vous en donne ma parole. Vivez, s'il se peut, paisible; et, si vous m'en croyez, vous ne vous livrerez plus à de cruelles macérations. Tâchez de vous rendre utile à vos semblables, de les secourir dans leurs besoins, dans leurs travaux; et ce pardon que vous attendez depuis si long-temps, Dieu vous le révélera, en vous accordant cette paix de l'âme que procure toujours l'accomplissement de ses devoirs. Pour moi, loin de sentir aucune répugnance à m'approcher de vous, je vous promets de venir souvent vous voir, vous consoler. Il est d'ailleurs, dans votre récit, certains faits sur lesquels je désire obtenir de vous des explications; mais nous parlerons de cela un autre jour, et sans témoins. »

L'ermite s'inclina sans répondre. Judith, suivie de Nitard, reprit la route de sa demeure. En passant près d'un tertre assez élevé, elle aperçut, vers le sommet, Adelinde et Odille qui, tournées vers Paris, semblaient considérer avec attention ce qui se passait sur la rivière. Elle alla les rejoindre, et apprit d'elles que, dès la pointe du jour, le pêcheur du Gros-Caillou était parti pour Paris, en promettant de revenir leur apprendre des nouvelles de la flotte, de sa réception par les Parisiens; qu'elles ne le voyaient point reparaître, ce qui les jetait dans la plus vive inquiétude.

« Eh quoi! dit Judith en souriant, craindriez-vous que tout ce vil peuple de serfs et d'artisans, soumis à des grands qu'il déteste, et à des prêtres qui, par leurs superstitions, lui ôtent toute énergie, tout courage, s'avise jamais d'opposer une véritable résistance à des braves tels que les nôtres. Si l'on ne nous apporte aucune nouvelle, c'est que rien encore n'est décidé. On parlemente, sans doute, pour la reddition de Paris. Voyez-vous ces barques isolées qui, tantôt se rendent vers les ponts de la ville, puis en reviennent? elles portent, sans doute, les parlementaires. Pourvu que mon fils ne se laisse pas séduire par les paroles emmiellées de ce traître Gozlin; qu'il pèse bien chaque phrase, chaque mot du traité, ou plutôt de la capitulation que l'évêque de Paris ne manquera point de lui proposer! Je l'ai prévenu, d'avance, de l'adresse de ce prêtre hypocrite, qui, dans tout ce qu'il dit ou écrit, n'est jamais franc ni sincère. »

Lasses d'attendre en vain des nouvelles de l'armée, toutes trois se retirèrent dans leurs cellules. Mais Nitard avait averti Odille qu'il avait des choses fort intéressantes à lui raconter; et la bonne Odille consentit à le recevoir, le soir, dans sa cellule. Elle eut la prudence, il est vrai, d'en tenir la porte ouverte.

Là, Nitard lui conta longuement tout ce qu'il savait de l'ermite, voleur, ravisseur, ivrogne, adultère et meurtrier. Il embellit tellement son récit par des détails de pure invention, que l'ermite lui-même aurait eu peine à reconnaître son histoire. Il n'en produisit pas moins une forte impression sur l'âme sensible d'Odille qui, avant de se mettre au lit, pria avec ardeur le Sauveur du monde pour qu'il voulût bien faire connaître au pauvre ermite, par une révélation, que son pardon lui était accordé, que ses continuelles macérations devaient prendre fin.

CHAPITRE XII.

LA SORCIÈRE DE MONTMARTRE.

Attendite a falsis prophetis qui veniunt ad vos in vestimentis ovium; intrinsecus sunt lupi rapaces.

MATHÆI Evang. VII, 15.

« Gardez-vous des faux prophètes : ils viennent près de vous avec la candeur des brebis ; et ce sont des loups ravissants. »

S. MATHIEU. Évangile.

ADELINDE avait remarqué, en se promenant avec Odille dans les environs de l'ermitage, qu'en se plaçant sous un berceau de chèvre-feuille, planté autrefois par les ermites, et où finissaient ordinairement leurs promenades journalières, on pouvait découvrir, presque dans toute sa longueur, le chemin de terre qui conduisait de Paris à l'ermitage du Mont-Valérien. C'est là qu'elle se promit bien de venir attendre son Adalbert, toutes les fois qu'il quitterait l'armée pour revenir embrasser sa mère.

Aussi, le soleil paraissait à peine qu'Adelinde s'achemina vers le berceau de chèvre-feuille.

C'était pour elle une véritable jouissance de respirer, en marchant, l'air frais du matin; d'écouter les oiseaux qui, cachés dans les buissons voisins, semblaient lui prédire, dans leur harmonieux langage, un jour de joie et de bonheur.

De longs festons de chèvre-feuille qui tombaient du haut du berceau se balançaient, au plus léger zéphyr, sur l'ouverture qui servait d'entrée à ce lieu de délices. Adelinde les écarta doucement de la main, et déjà avait passé la tête dans l'intérieur du berceau, quand elle aperçut Judith assise sur un banc de gazon. Elle resta embarrassée.

« Pourquoi vous troubler, timide Adelinde? lui dit avec bonté Judith; comme moi vous venez ici, n'est-il pas vrai, pour jouir plus tôt de la présence, des embrassements d'un homme qui nous est bien cher à toutes deux. Eh bien! attendons-le l'une près de l'autre. »

Et elle la fit asseoir à ses côtés; puis elle ajouta :

« Vous me rappelez, Adelinde, un temps de ma vie où je goûtai quelques instants de bonheur qui furent suivis de longs tourments. Mais votre amour est pur, il est juste; il serait approuvé de Dieu et des hommes. Il sera bientôt récompensé; une union légitime comblera tous vos vœux. Quant à moi, hélas! une passion que les hommes taxent de criminelle, m'entraîna, bien jeune encore ; et la Providence ne tarda point à m'en punir... » Elle se tut.

« — Ma mère, dit timidement Adelinde; ma mère, car vous m'avez permis de vous appeler ainsi, auriez-vous assez de confiance en votre fille d'adoption pour lui raconter les événements qui vous ont laissé de si douloureux souvenirs?

— Chère enfant, le temps n'est point encore venu où je pourrai, sans te faire rougir, épancher mon âme dans la tienne. Tout ce que je puis t'avouer, c'est qu'à l'âge même où je te vois, j'aimai et crus être aimée... ; que je fus lâchement trahie, délaissée; que j'allais périr de désespoir, lorsque le plus heureux hasard me fit tomber au pouvoir du généreux Rollon. Il crut voir, dans son esclave, les vertus qu'il chérissait le plus, la fermeté de l'âme, la franchise, l'amour de la justice; il m'éleva jusqu'à lui, ou plutôt il crut s'honorer en m'associant à sa destinée. Depuis lors, j'ai vécu puissante, respectée; mon glorieux époux ne projette aucune entreprise sans me consulter; j'ai adouci son caractère autrefois inflexible et presque sauvage. J'en ai fait un homme, un sage, plus digne de gouverner les peuples que tous ceux qui, aujourd'hui, occupent des trônes en Europe. Je jouis de mon ouvrage. Mais pourras-tu comprendre, douce

Adelinde, toi dont l'âme pure et timide n'a jamais éprouvé la funeste passion de la haine, pourras-tu comprendre à quels transports fougueux nous livre le désir de la vengeance? J'avais à punir une injure... et j'ai armé le bras de Rollon contre ma propre patrie. . Il voulait conquérir les contrées qu'arrose la Loire; c'est sur les rives de la Seine que je l'ai excité à porter le ravage et la mort. J'abhorrais le comte Eudes, ton frère, et tous ceux qui, avec lui, gouvernent la Neustrie : je voulais leur perte, leur ruine entière. Hélas! et depuis hier seulement, je commence à me repentir de mes fureurs! je crains d'avoir été injuste.... Oh! si au plaisir que j'ai tant de fois ressenti d'assouvir la soif d'une vengeance qui me semblait si légitime, succédait un jour le remords!... Adelinde, que je serais malheureuse!»

Elle baissa la tête ; Adelinde vit qu'elle était prête à verser des larmes, et s'empressa de la distraire.

« Ma mère, lui dit-elle, éloignons de tristes pensées. Regardez là-bas, sur la route : n'apercevez-vous pas, au milieu d'un nuage de poussière, un groupe de cavaliers qui s'avancent au grand galop vers la colline? »

Judith reprit sa sérénité accoutumée, et, jetant les yeux au loin, elle s'écria : « C'est Adalbert qui vient vers nous; je n'en saurais douter. Que j'attends avec impatience les nouvelles qu'il apporte! »

Cependant les cavaliers étaient parvenus au pied de la colline; et déjà l'on pouvait distinguer leurs casques qui étincelaient sous les rayons du soleil. Il leur fallut peu de temps pour gravir jusque près du berceau de chèvre-feuille. Adalbert s'y précipita, et pressa bientôt dans ses bras Judith et la tendre Adelinde qui, presque suffoquée par la joie, ne laissait échapper que des mots entrecoupés. Avec Adaldert était venu le scalde Egill ; quelques autres guerriers norwégiens formaient leur escorte et restèrent à la porte du berceau.

Quand les deux amants se furent bien témoigné le plaisir qu'ils sentaient à se revoir, Judith, qui ne perdait jamais de vue les affaires sérieuses, demanda à son fils si l'armée était entrée dans Paris.

«Non, ma mère, répondit le jeune chef; il paraît que l'évêque Gozlin excite les Parisiens à se défendre. Egill va vous rendre compte de tout ce qui s'est passé depuis que vous avez cessé de suivre l'armée. »

Alors Egill prit la parole : « Lorsque notre flotte, dit-il, se fut approchée des murs de Paris, nos chefs résolurent, dans un conseil, d'envoyer un parlementaire au comte Eudes pour le sommer de nous livrer la ville. Adalbert voulait être chargé de cette mission; mais Sigefroi s'y opposa, objectant qu'il pourrait être reconnu par quelque habitant, puisque naguère il avait traversé Paris en habit de pélerin. Sigefroi se chargea donc lui-même de l'entrevue avec les gouverneurs de la ville, et il m'emmena avec lui, car il savait que je parlais avec plus de facilité que lui la langue des Francs.

« A peine la barque qui nous portait vers la tour du grand pont, touchait le rivage, que nous fûmes entourés d'une foule d'hommes armés. J'annonçai que nous venions vers le comte Eudes avec des paroles de paix; aussitôt la foule s'ouvrit. Mais pour arriver au fort qu'habite le comte, il nous fallut marcher entre deux haies d'hommes armés de lances qui tâchaient de cacher à nos yeux les murs de la ville, l'état des fortifications.

« Le comte Eudes nous reçut dans une vaste salle du fort. Il était assis sur une espèce d'estrade; à sa droite, on voyait l'évêque Gozlin revêtu de ses habits pontificaux; et à sa gauche, l'abbé Ebles, dont j'admirai la belle figure et l'air martial. Plus bas, s'était placé Robert, le dernier des enfants de Robert-le-Fort, qui entre à peine dans son adolescence, et qui ressemble si parfaitement à la belle Adelinde que je l'ai aussitôt reconnu pour son plus jeune frère. Des gardes entouraient la salle ; le plus profond silence régnait dans l'assemblée.

« Sigefroi me fit signe de parler : « Comte Eu-« des, lui dis-je, il ne tient qu'à vous d'épargner « aux Parisiens de grands et longs malheurs. Li-« vrez-nous cette cité que vous ne sauriez défen-« dre ; et nous jurons que vous, qu'aucun habi-« tant n'aura rien à souffrir, ni dans ses biens ni « dans sa personne. Notre intention n'est pas de « séjourner long-temps dans vos murs ; nous n'y « laisserons qu'une simple garnison, et nous irons « plus loin, peut-être jusque sur les bords du « Rhin, chercher et combattre des rois perfides, « qui ont violé leurs serments. »

« Le comte Eudes paraissait ébranlé par ce discours ; il nous regardait avec une espèce de bienveillance. Mais, avant de nous répondre, il voulut sans doute consulter l'évêque Gozlin : il se pencha donc vers lui et lui parla bas quelques instants. Je crus lire dans les yeux de l'évêque qu'il rejetait avec indignation la proposition que lui faisait le comte Eudes ; je ne fus donc nullement surpris de voir le prélat se lever brusquement et de l'entendre nous parler ainsi :

« Cette cité nous a été confiée par l'illustre « Charles, empereur des Francs. En la livrant aux « hommes du Nord, nous leur faciliterions des

« conquêtes dans son empire. Toi qui parais être « un brave, un chef de guerriers, ajouta-t-il en « s'adressant à Sigefroi, si la défense de ces murs « avait été commise à ta foi, accepterais-tu les « conditions que tu viens nous offrir?

« — Non, par toutes les puissances du Wal- « halla, s'est écrié Sigefroi; non, je ne les accep- « terais pas, dussé-je être certain de périr; dût « mon corps servir de pâture aux chiens et aux « corbeaux *. »

« — Mais, vénérable pontife, dis-je alors avec « douceur, considérez les maux auxquels vous « exposez vos compatriotes. Vous les livrez à « toutes les horreurs qui résultent d'un siége; « le sang humain ruissellera dans les plaines; la « faim, les maladies désoleront votre misérable « cité.....

« — C'est assez, m'a-t-il dit en m'interrom- « pant; prêtre d'un autre dieu, réserve tes re- « montrances pour tes Normands, et retourne « faire dans ton camp tes sacrifices impies. Tant « qu'il y aura dans cette cité un mur debout et « un homme vivant, aucun Normand ne la souil- « lera de sa présence. Nous avons, comme vous, « des lances, des arcs pour combattre, et, de « plus que vous, des saints pour nous défendre. »

* Voyez la note XXV.

« Il est aussitôt descendu de l'estrade avec fureur, et la conférence a été rompue. »

« —Je reconnais bien là, s'écria Judith, le dur, l'obstiné Gozlin. Toujours cruel, toujours faux ; car il ne croit pas plus que moi à la puissance de ses saints !

— Vous le voyez, dit Adalbert, il ne faut plus compter sur la paix. Qui peut prédire combien durera le siége que nous allons entreprendre ? Mon regret est de voir que les deux êtres au monde qui me sont le plus chers, éprouveront de longs ennuis en attendant la fin de l'expédition. Mais Egill, du moins, qui consent à rester auprès de vous, ô ma mère bien-aimée ! vous distraira par ses récits et par ses chants ; et moi, dès que mes devoirs me laisseront disposer de quelques instants, je volerai vers vous, vers Adelinde..... »

Il allait continuer ; mais un spectacle assez bizarre attira son attention. Nitard et Odille s'avançaient gravement par l'avenue du berceau, tenant, chacun par une main, une grande femme pâle, maigre, vêtue d'une longue robe noire, sur laquelle étaient brodés, en laine rouge, de fantasques figures et des caractères d'écriture inconnus. Les cheveux de son front, relevés jusque sur le sommet de sa tête, y étaient retenus par un large cercle de cuivre. Adelinde frémit à l'aspect de cette espèce de furie.

Quand Nitard fut près du berceau : « Honneur et respect, s'écria-t-il, à la plus savante, à la première des devineresses ! Elle nous a déjà dit tout ce qui nous est arrivé, tout ce qui nous arrivera à la belle Odille et à moi. Elle nous a annoncé que.... » Il s'arrêta en voyant qu'Odille rougissait, et le regardait d'un œil sévère.

« —Tais-toi, Nitard, dit Adalbert, et laisse cette femme répondre aux questions que je dois lui faire. Femme, qui que vous soyez, par quel motif êtes-vous venue sur ce mont ? N'êtes-vous point envoyée par nos ennemis pour observer ?....

— Jeune guerrier, vos ennemis ne m'inspirent aucun intérêt. Je n'ai point de patrie ; je ne vis plus parmi les hommes. » Et, en répondant ainsi, elle s'efforçait de prendre un ton grave et solennel. Mais, si Adalbert l'eût bien observée, il aurait remarqué dans ses yeux je ne sais quoi d'hypocrite, de faux et de cruel.

« Si je parais ici, ajouta-t-elle d'un air plus humble, c'est en Française soumise, en prisonnière des Normands, car je me remets volontairement entre leurs mains. Je l'avouerai pourtant, je venais demander une grâce. Ayant appris que la famille de Rollon habitait l'ermitage du Mont-Valérien, j'espérais obtenir de sa noble épouse la faveur de conserver l'antre où j'ai choisi ma demeure sur le mont de Mars, tout voisin de Paris. Soit que les Normands s'emparent, sans combattre, de la ville; soit qu'il leur faille l'assiéger, ma demeure sera toujours près d'eux. Je ne puis y rester que s'ils me le permettent. Ah! s'ils m'y laissaient vivre tranquille, je ne les trahirais point : ils n'auront rien à craindre de moi ; je pourrais au contraire les servir.....

—Eh! que faites-vous dans votre antre, comme vous l'appelez, seule, sans appui?

— Je n'y suis pas seule; ma fille, jeune et belle, y vit avec moi : elle m'aide à composer les breuvages dont je me sers pour connaître l'avenir. Le ciel m'a fait le don de prophétie. Les Parisiens de toutes les classes, de tous les rangs, venaient chaque jour me consulter avant que les Normands vinssent les enfermer dans leurs murs, et recevaient, en me récompensant avec générosité, mes avis sur toutes leurs entreprises. Un père de famille était-il malade, je voyais accourir ses enfants pour me demander quelle serait l'issue de la maladie. C'était moi qui décidais des mariages projetés, qui les empêchais ou les faisais conclure. Je ne puis dire quelle était aussi la foule de jeunes gens, de jeunes filles qui venaient me confier leurs amours, et recevaient de moi d'heureuses ou de funestes prédictions. A Paris, je ne suis connue que sous le nom de *la grande sorcière de Montmartre.* »

Judith leva les épaules de pitié, et murmura ces mots : « Voilà comme, sans cesse, on trompe les hommes ! dans les villes, les prêtres ! hors des murs, des sorcières !.... »

Adalbert riait, et dit à la sorcière : « — Par Odin, je désire, puisque vous lisez dans l'avenir, que vous me prédisiez, ainsi qu'à cette belle personne qui est là près de moi, quel est le sort qui nous attend ?

— Oh ! s'écria Nitard, vous pouvez ajouter foi à tout ce qu'elle vous dira. Elle a déjà lu dans mon âme, comme dans un livre, et j'espère qu'elle ne s'est pas plus trompée sur les sentiments de...... » Un regard d'Odille, plus sévère encore que le premier, coupa de nouveau la parole à Nitard.

La sorcière répondant au fils de Judith : « — Rien ne me serait plus facile, dit-elle, que de vous annoncer à tous deux, même dans les plus minutieux détails, tous les événements futurs de votre vie, si j'avais ici ma ceinture magique, ou l'anneau de Merlin, que j'acquis autrefois d'un Irlandais qui l'avait trouvé sur ces fameux rochers transportés par le grand enchanteur près de Salisbury; mais je puis du moins, sur la seule inspection de l'intérieur de vos mains, deviner quels sont vos caractères, vos goûts, et vous dire si vous serez heureux ou malheureux.

— Allons, dit Adalbert à Adelinde, ouvrons-lui nos mains. »

La sorcière, avant de prendre celle d'Adelinde, observa attentivement tous les traits de son visage, et surtout ses yeux ; puis, explorant les lignes formées dans l'intérieur de sa main, elle prononça gravement : « Timidité, douceur et « franchise; un seul amant dans toute la vie ; de « grandes traverses, des dangers, puis un doux « repos, à la campagne, au milieu d'enfants nom- « breux, qui seront l'orgueil de leur mère. »

Elle dit, après avoir examiné les lignes de la main d'Adalbert : « Courage, fermeté d'âme, « passions fougueuses. Dans l'avenir, vous ver- « rez de bien près et plus d'une fois la mort. « Toujours des femmes vous sauveront. Combien « sont-elles ? Comptons : une, deux, trois... »

A ces mots, Adelinde pâlit. « Quoi ! s'écria-t-elle, plus d'une femme ?...

—Rassure-toi, Adelinde, la sorcière peut bien se tromper : elle n'a pas là son anneau de Merlin. »

S'adressant ensuite à la sorcière : « Vous êtes vraiment une femme admirable, dit-il, et votre art est merveilleux. Je consens volontiers que vous restiez, puisque vous le désirez, au milieu de nos Normands; vous les amuserez par vos oracles. Je crains seulement que vous ne trouviez dans nos prophétesses danoises de dangereuses rivales. Elles vous persécuteront : comment vous pardonneraient-elles de leur enlever des dupes? N'importe, vivez en paix dans votre souterrain. Mais je ne suis pas le seul chef de l'armée : il faut encore que vous ayez l'assentiment de Sigefroi qui, je l'espère, donnera les ordres nécessaires pour que l'on respecte la retraite que vous avez choisie. Allez, rendez-vous aussitôt vers ce brave chef. »

La sorcière lui baisa les mains pour lui témoigner sa reconnaissance, et reprit la route du mont de Mars. Nitard ne la vit pas partir sans regret, car il avait encore quelque chose d'important à lui demander au sujet d'Odille.

Tous se préparaient à retourner à l'ermitage, lorsque l'on vit arriver en toute hâte un courrier expédié par Sigefroi au jeune Adalbert. Sigefroi l'invitait à revenir au plus vite à l'armée, parce qu'il avait conçu un projet qu'il voulait exécuter dès le lendemain, et qu'il y avait des mesures à prendre.

Adalbert hésita un moment avant d'obéir; il regardait Adelinde, qu'il voyait pâle, tremblante. Mais Judith lui dit avec une voix plus sévère que de coutume : « Adalbert, pouvez-vous balancer un instant? Partez. Rendez-vous digne de la confiance de Rollon. »

Le jeune guerrier ne répliqua point. Il baisa les mains d'Adelinde, monta à cheval, et, prompt comme l'éclair, il disparut bientôt à tous les yeux. Ses guerriers avaient peine à le suivre. Egill seul était resté.

Le milieu du jour approchait. Adelinde, Odille, Judith, qui s'appuyait sur le bras du scalde Egill, et Nitard, qui ne cessait de pousser de gros soupirs, regagnèrent tristement l'ermitage.

CHAPITRE XIII.

L'ASSAUT.

Nempe ruunt omnes ratibus turri properantes,
Quam feriunt fundis acriter, complentque sagittis.
Urbs resonat, cives trepidant, pontesque vacillant;
Concurrunt omnes, turrique juvamen adaugent.

ABBONIS, *monachi S. Germani a pratis*, de Lutetia Parisiorum a Normanis obsessa. Lib. I, v. 63 — 67.

« Tous s'élancent hors de leurs navires, et se dirigent en grande hâte vers la tour. Ils l'attaquent, l'ébranlent jusque dans ses fondements, et lancent contre ses défenseurs une grêle de traits. La ville retentit de cris, les citoyens accourent en tumulte, les ponts chancellent sous leurs pas; il n'est personne qui ne s'empresse d'aller défendre la tour. »

Poëme du moine ABBON, sur le siége de Paris.

SIGEFROI, dès qu'il vit Adalbert, le remercia de l'empressement qu'il avait mis à se rendre auprès de lui, et lui confia qu'il avait résolu de combattre dès le lendemain. « Il ne faut pas, lui dit-il, laisser le temps aux Parisiens de se reconnaître, de préparer de nouveaux moyens de défense; attaquons-les dans ce premier moment de la terreur que nous leur avons inspirée. Ils nous croient plus nombreux, plus formidables que nous ne sommes en effet; profitons de leur erreur. »

Adalbert approuva fort cette résolution. Il fut convenu que, cette nuit même, ils traceraient ensemble, lorsque l'armée reposerait, le plan de l'assaut qu'on livrerait le lendemain à la ville.

A l'heure fixée, Adalbert se rendit à la barque de Sigefroi, et ils arrêtèrent toutes les dispositions nécessaires pour la bataille du lendemain. Adalbert, à la tête d'un assez grand nombre de bateaux, devait attaquer, du côté méridional de la rivière, le petit pont et la tour qui le défendait. Pendant ce temps, Sigefroi devait débarquer des troupes sur la rive opposée, près de Saint-Germain-le-Rond, et s'approcherait par terre de la grosse tour du grand pont, dont il tâcherait de se rendre maître. L'attaque du petit pont confiée à Adalbert n'était donc pas sérieuse; le but des généraux était seulement d'occuper les Parisiens sur plusieurs points à la fois, de les empêcher de porter toutes leurs forces vers la tour du grand pont, dont on tenait surtout à s'emparer.

Les deux généraux en étaient là de leur délibération, lorsqu'ils entendirent gratter doucement à la porte du cabin où ils s'étaient renfermés. A certain mot prononcé du dehors, Sigefroi dit : « C'est Marc-Loup ; voyons ce qu'il vient nous apprendre. » Et il ouvrit.

Le pêcheur les instruisit en détail de la disposition des esprits dans la ville. Il y était allé vendre, comme à l'ordinaire, son poisson, et avait trouvé les habitants moins inquiets qu'il ne pensait. « Ce qui leur donne du courage, dit-il, c'est le spectacle de cette multitude de reliques de saints qu'on a réunies de toutes parts dans leur cité ; ils ne peuvent croire que tant de bienheureux laisseront ravir, disperser, brûler leurs dépouilles mortelles par des mécréants, des idolâtres tels que les Normands ; et ils s'attendent à voir apparaître dans leurs rangs ou dans les nuages, saint Martin, saint Germain, ou même saint Denis qui, dans le moment du combat, lanceront contre les ennemis une grêle de traits. Gozlin leur en a donné l'assurance ; et pour que tous ces saints sachent bien ce qu'ils ont à faire et quels sont les murs qu'on les charge de défendre, il a ordonné, pour demain à la pointe du jour, une procession générale des reliques autour des murailles de la cité. Toutes les troupes, tous les habitants y suivront le clergé, en chantant les hymnes qu'il a fait composer par le moine Abbon pour la cérémonie. »

« — C'est bien, dit Sigefroi, Gozlin nous sert merveilleusement en croyant nous nuire. Il faut profiter de la nuit pour faire approcher de la ville quelques rangs de barques. Nous défendrons aux soldats de faire aucun mouvement hostile, tant qu'ils verront défiler la procession ; il faudra même qu'ils paraissent édifiés, touchés de la haute piété des Parisiens, qui croiront que nos bras sont retenus par une main invisible; que leurs saints opèrent déjà un miracle. Mais, pendant ce temps, les troupes destinées à l'assaut de la grosse tour descendront sur le rivage du nord, tandis que les bateaux qui doivent attaquer le petit pont, se réuniront dans le bras méridional de la rivière. »

A l'instant même, des ordres furent donnés, et deux cents barques s'approchèrent sans bruit de la ville, et se placèrent en cercle autour de la pointe occidentale. La nuit était si sombre que les Parisiens ne s'aperçurent point de ce mouvement.

Dès que les premiers rayons de l'aurore éclairèrent la ville, toutes les cloches des églises et des monastères annoncèrent la cérémonie qui devait s'exécuter. Les guerriers qui avaient veillé sur les murailles furent un peu surpris de voir les bateaux des Normands si près de l'île; mais, voyant que les guerriers qui en couvraient les bords ne faisaient aucune démonstration hostile, ils jugèrent que la curiosité seule les avait attirés, et ne songèrent pas même à donner l'alarme aux habitants, lesquels, d'ailleurs, avaient trop de confiance dans les reliques qu'ils allaient promener autour des murs, pour craindre qu'on pût les attaquer, avec quelque succès, pendant l'auguste cérémonie.

La procession sortit de la cathédrale ; et bientôt, on vit la foule des enfants et des femmes qui la précédaient défiler silencieusement par une des portes de la ville. Ils avaient la tête et les pieds nus, leurs cheveux épars sur leurs épaules, les mains jointes sur la poitrine. De temps en temps ils s'écriaient : *Sancte Germane!* et puis ils sanglotaient. Venaient ensuite plusieurs centaines de moines et de religieuses, dont la tête était enveloppée dans de larges capuchons ; dont les reins étaient comprimés par de grossières cordes de chanvre. Deux longues files de prêtres vêtus de surplis d'une éclatante blancheur précédaient les châsses de saint Germain, de saint Médard, de sainte Geneviève, et le buste colossal d'or dans lequel était renfermé le chef de saint Denis. De jeunes clercs placés autour de ces reliques ne cessaient de faire brûler de l'encens dans de vastes encensoirs d'argent. Tous chantaient des litanies, et le peuple répondait avec l'accent du désespoir : *Miserere nobis!*

Quand la longue procession fut arrivée à la pointe occidentale de l'île de la cité, en présence des Normands, elle fut accueillie par des huées unanimes qui s'élevèrent de tous les bateaux de ces païens. En vain Sigefroi leur avait donné l'ordre d'observer le plus respectueux silence, il ne fut point obéi. Les uns imitaient grotesquement le chant nasillard des prêtres; d'autres tenaient les propos les plus insultants aux saintes vierges du Seigneur, y joignaient des attitudes burlesques, des gestes indécents. Mais ce fut bien autre chose, quand ils aperçurent les brillantes châsses des saints, que les femmes de la ville avaient ornées de leurs plus riches atours: « Bon! s'écriaient-ils, tout cela nous appartiendra bientôt. Vous verrez comme nous fêtons vos saints. Mais vous ne les avez point encore assez parés; allons! faites le sacrifice de tout ce que vous avez d'or et d'argent pour rendre leurs reliques plus précieuses.... »

Un des porteurs de la châsse de sainte Geneviève, qui se nommait *Grosbert**, ne put tenir à tant de sarcasmes, et à beaucoup d'autres que je supprime pour ne pas scandaliser mes pieux lecteurs. Emporté par la colère, il ramassa dans le chemin un énorme caillou, et le lança de toute la force de son bras contre un Normand qui ve-

* Voyez la note XXVI.

nait de proférer un énorme blasphème contre la sainte patronne de Paris. La pierre vint frapper le Normand dans la poitrine, puis tomba à ses pieds. Celui-ci furieux la reprend, et la jette d'un bras plus nerveux encore à la tête de Grosbert, qui put d'abord l'éviter; elle alla frapper le mur de la forteresse, rejaillit sur lui et lui creva l'œil droit. Il tomba étourdi par le coup: mais sainte Geneviève ne permit pas que le porteur de son corps expirât; il en fut quitte pour la perte d'un œil.

Cependant cet acte de violence jeta une grande confusion dans la pieuse cérémonie. Le bruit se répandit, dans les longues files de dévots, que les Normands attaquaient la ville. Aussitôt les femmes s'enfuient, les prêtres mettent le genou en terre, et, levant les mains vers le ciel, lui adressent des prières qui ressemblent à des gémissements. La plupart de ceux qui portaient les reliques, saisis de terreur, abandonnent leur poste, et cherchent leur salut dans la ville. On voit rouler pêle-mêle sur la grève des croix, des statues de saints, des vases sacrés de toute espèce. Les archers qui étaient sur les murs de la ville croient que le combat est engagé, et lancent une grêle de traits sur les bateaux des Normands, qui ne perdent pas de temps pour s'éloigner et se mettre hors de la portée des arcs.

Sigefroi juge que le moment est venu de faire agir les troupes qui étaient secrètement débarquées pendant la procession. Il sonne deux fois du cor, et trois mille guerriers armés d'arcs et de frondes s'avancent en courant vers la tour du grand pont. De son côté Adalbert, à la tête de cent bateaux qui portaient chacun vingt hommes, entre dans le bras méridional de la Seine, et range sa flottille devant le petit pont et la tour qui le termine. L'évêque Gozlin et l'abbé Ebles voient d'un coup d'œil combien le danger est imminent; ils se hâtent de couvrir d'une cuirasse leurs habits pontificaux; l'un prend une lance, l'autre une hache. Gozlin se charge de la défense de la grosse tour; Ebles de celle du petit pont. Leur présence inspire du courage aux guerriers qui occupaient ces deux postes importants : tous se promettent bien de repousser les assaillants.

Le combat commence; les Normands font voler sur la tour une grêle de flèches et de pierres. Quelques guerriers sont atteints; un brave, tout près de l'évêque Gozlin, reçoit dans la poitrine une flèche qui s'y enfonce profondément. Il a le courage de la tirer de sa blessure : le sang jaillit jusqu'aux yeux de l'évêque; et presqu'au même instant, tombe mort le guerrier malheureux. Ce spectacle, loin d'effrayer l'intrépide Gozlin, l'excite à la vengeance. Il prend un grand arc qu'il bande fortement, ramasse la flèche, encore fumante de sang, qu'a laissé échapper le guerrier mort à ses pieds, et la renvoie avec vigueur aux Normands qui l'avaient lancée. La flèche, dirigée sans doute par quelque saint protecteur de Paris, va frapper dans la gorge un des principaux chefs de l'armée de Sigefroi, et sur l'intrépidité duquel il fondait tout le succès du combat. Au moment où il reçut le coup mortel, il était debout sur une barque, tout près du rivage, indiquant du geste aux soldats les parties les plus faibles de la tour, celles qu'il fallait d'abord attaquer. Sigefroi le voit tomber, et il lui échappe un cri de rage : « Vengeons, vengeons le brave qui vient de succomber ! dit-il à ceux qui l'entourent. » Il saisit une hache pesante; et, suivi de trois cents hommes, il s'avance vers la tour, dans l'intention de l'escalader. Mais à peine a-t-il fait quelques pas, qu'il peut juger de l'impossibilité d'une pareille entreprise. Toutes les énormes pierres qui en forment les premières assises, sont si bien jointes entre elles, qu'elles ne semblent composer qu'un seul bloc : aucune main, même armée d'ongles de fer, ne pourrait s'y accrocher. Il est vrai qu'au-dessus de ces premières assises de pierres est un étage entier fabriqué en bois, et qui n'est point encore terminé. Là sont les défenseurs de la tour; mais il n'est aucun moyen de parvenir jusqu'à eux : Sigefroi s'en aperçoit, et ne voulant point sacrifier inutilement ses braves, il leur ordonne de rejoindre le gros de l'armée; et lui-même, il les suit, non sans regret. Faute de pouvoir escalader la tour, il fallut se résoudre à continuer le combat avec les arcs et les frondes.

Sur l'autre bras de la rivière, le combat était assez vif, mais moins meurtrier; car Adalbert, qui y commandait, ne devait, comme on l'a vu, qu'inquiéter les Parisiens, que les contraindre à diviser leurs forces. C'était le comte Eudes qui, accompagné de l'abbé Ebles, commandait les habitants chargés de la défense du petit pont. Adalbert reconnut le comte au brillant panache qui couvrait son casque, à l'or qui éclatait sur ses habits et son armure. Les Normands, qui convoitaient cette riche proie, dirigeaient presque toujours sur lui leurs javelots; Adalbert s'en aperçut, et leur ordonna de tirer de préférence sur l'abbé qui était près du comte. Il eût été inconsolable, si le frère de sa bien-aimée eût succombé par la main de ses soldats.

On combattit long-temps encore des deux côtés de la cité de Paris, mais, de part et d'autre, sans aucun résultat important. Sur la rive septentrionale, il y eut un assez grand nombre de tués, tant de Parisiens que de Normands. L'évêque Gozlin courut de grands dangers, car il ne craignait point de se montrer, tantôt sur le grand pont, tantôt aux créneaux de la tour, pour soutenir le courage des Parisiens, qui, peu habitués à la guerre, cherchaient toujours à s'enfuir, à se mettre à l'abri derrière leurs murailles. Un javelot, vers la fin du combat, vint le frapper à la joue droite, mais ne lui enleva qu'un peu de chair. La cicatrice que lui laissa cette légère blessure, n'ôta presque rien à la beauté, à la noblesse de sa figure. Pour l'abbé Ebles, bien plus beau encore que l'évêque Gozlin, il sortit sain et sauf du combat, quoiqu'il eût servi de but, pendant quelques heures, à tous les traits des Normands. Ce fut un véritable miracle que les Parisiens ne manquèrent pas d'attribuer à saint Germain. Comment, en effet, ce grand saint n'aurait-il pas couvert de son égide le digne chef de la plus belle des abbayes élevées en son honneur!

La nuit étant venue, il fallut bien interrompre des deux parts une vaine lutte. Les Normands se retirèrent sur leurs barques, pour prendre quelques moments de repos; mais les Parisiens ne dormirent point. Avertis, par l'attaque de la veille, de l'importance de leur grosse tour pour la défense de la ville, ils ne songèrent qu'à la rendre imprenable. Plusieurs poutres de l'étage en bois avaient été ébranlées par le choc des pierres; ils les consolidèrent par de larges liens de fer. Comme ils ne s'étaient que trop aperçus qu'elle n'était point assez élevée, puisque les pierres lancées par les Normands retombaient sur la plate-forme qui servait de toit, et écrasaient les archers qui occupaient ce poste, ils résolurent de l'élever d'un étage. Tous les habitants mirent la main à l'œuvre : les uns apportaient les bois, les autres les clous et tous les ferrements nécessaires à cette grande opération. L'ardeur au travail fut telle, que la nuit suffit pour donner un étage de plus à la tour *.

Sigefroi, dès que l'aurore parut, fit appeler Adalbert pour délibérer avec lui sur les nouvelles mesures à prendre pour réduire la ville. L'un et l'autre descendirent sur le rivage, montèrent à cheval, et voulurent d'abord voir en quel état se trouvait la tour après l'escarmouche de la veille. Leur surprise fut grande, lorsqu'ils virent qu'on l'avait exhaussée pendant la nuit. Sigefroi avait d'abord l'intention de recommencer le combat; mais, voyant que les Parisiens, loin d'être las et découragés, se proposaient de se défen-

* Voyez la note XXVII.

dre plus vigoureusement encore, de combattre à outrance,

« Nous n'emporterons cette cité, dit-il à Adalbert, que par un siége en forme; malheureusement, nous n'avons point de machines de guerre : que de temps il nous faudra pour en fabriquer!... Allons, il faut s'y résoudre. Si Paris n'est pas à nous, comment avancer plus loin?... Rétrograder, serait pis encore; quelle honte pour les Normands! Nous cesserions dès lors d'être la terreur du pays. Décidons-nous à camper près de cette ville; occupons les deux rives de la rivière. Adalbert, vous commanderez d'un côté, moi de l'autre; mais, lorsqu'il s'agira d'une expédition, nous nous concerterons ensemble.»

Adalbert ne fut nullement fâché de cette détermination, qui devait prolonger son séjour en des lieux qu'il chérissait, puisqu'il y avait vu pour la première fois celle qui remplissait toute son âme. Il espérait bien que, n'étant éloigné du mont qu'elle habitait que de quatre à cinq milles au plus, il pourrait aller passer près d'elle tous les moments de loisir que lui laisseraient les soins et les devoirs imposés par son titre de chef de l'armée. Ce fut donc avec plaisir que, de concert avec Sigefroi, il choisit, sur les rives opposées de la Seine, les lieux les plus propres à l'emplacement des deux camps.

Les deux chefs revinrent ensuite à leurs bateaux. Une grande partie de leurs Normands, surtout les femmes, étaient descendus sur la rive méridionale pour donner la sépulture aux guerriers qui avaient péri dans le dernier combat. Les morts avaient été soigneusement recueillis, suivant l'usage de cette nation, au moment même où l'on se battait avec le plus de fureur; car c'est un principe de politique et de prudence, chez les Normands, de cacher à leurs ennemis les pertes qu'ils peuvent éprouver. Tous ces corps, au nombre de plus de deux cents, avaient été placés en cercle les uns à côté des autres, dans une plaine qui avait servi autrefois à la sépulture des soldats romains, lorsque César vint faire le siége de Paris. On y voyait encore des tombeaux en pierre, couverts d'inscriptions latines.

Les Normands réunis autour des corps de leurs camarades ne versaient point de larmes; au contraire, ils mettaient, dans les mains des morts, ou tout près d'eux, les armes qui leur avaient appartenu : leurs lances, leurs arcs, leurs longs glaives. Les femmes ne s'arrachaient point les cheveux; elles venaient silencieusement prendre la main froide des fils, des époux qu'elles avaient perdus, passaient à leur doigt l'anneau qu'elles avaient reçu d'eux, ornaient leurs cous de colliers d'or, et leur donnaient un dernier baiser. Pendant ces pieuses cérémonies, les scaldes chantaient; ils disaient, dans leurs hymnes, qu'ils voyaient les walkiries s'avancer vers les ombres des héros morts, des coupes d'or à la main; qu'elles les invitaient à venir dans le walhalla s'asseoir au banquet des dieux; que, là, ils trouveraient d'autres héros avec lesquels ils pourraient encore lutter de force et d'adresse.

Quand les chants eurent cessé, tous les assistants s'empressèrent de couvrir les corps de pierres et de sable; et bientôt s'éleva dans la plaine ce monticule de forme conique, que l'on voit de loin, et qui porte aujourd'hui le nom de *la Tombelle* *.

Les Parisiens aussi enterrèrent leurs morts, mais avec des cérémonies bien plus tristes. On dépava les églises, on y creusa des fosses pour les corps : les prêtres récitaient, d'une voix lugubre, de tristes prières, et jetaient ensuite de l'eau bénite dans les fosses. Les femmes poussaient des cris perçants qui arrivaient jusqu'aux bateaux des ennemis; et ceux-ci riaient de ce bruyant désespoir. Les cloches de toute la ville mêlaient leurs tintements funèbres aux accents de la douleur générale. Adalbert se disait en lui-même : « Nous vaincrons ces gens-là, ils tien-

* Voyez la note XXVIII.

nent trop à la vie ; ils la regardent comme un bien. Les nôtres, au contraire, ne craignent point de mourir pour aller plus tôt jouir des plaisirs du walhalla. »

Quand les Normands eurent fini d'enterrer leurs morts, Sigefroi, d'accord avec Adalbert, leur ordonna de former deux camps : l'un sur la rive méridionale, autour de l'abbaye de Saint-Germain-des-Prés ; l'autre sur la rive septentrionale, autour de l'église de Saint-Germain-le-Rond. Tous aussitôt s'empressèrent de tirer des bateaux les tentes qui y étaient déposées. Ceux qui étaient destinés à occuper le camp du midi dressèrent leurs tentes dans les jardins de l'abbaye ; et comme il y avait, autour de ces jardins, d'assez larges canaux où coulaient des eaux qui provenaient de la rivière même de la Seine, il ne fut point nécessaire de creuser de fossés pour défendre le camp. Il fut décidé que l'église et la tour carrée de l'abbaye serviraient d'arsenal ; et l'on y amoncela toutes les armes que contenaient les bateaux. Le vaste édifice où logeaient les moines fut distribué entre les scaldes et les chefs qui étaient sous le commandement suprême de Sigefroi. Ils s'établirent dans les cellules des moines ; Sigefroi eut pour sa part l'appartement de l'abbé. Le réfectoire conserva sa destination : ce fut la salle des banquets.

L'établissement du camp du nord, de l'autre côté de la Seine, ne fut pas si facile. Autour de l'espace occupé par les nombreuses tentes des guerriers, il fallut creuser des fossés, élever des talus. Adalbert traça lui-même le plan de ces retranchements et fortifications. Il assigna l'église ronde qui s'élevait au milieu du camp pour servir d'asile aux bœufs, vaches, moutons, etc., nécessaires à la nourriture de l'armée; et il y fit placer les animaux que l'on avait déjà dans les bateaux, en attendant que des excursions dans les terres des environs en procurassent un plus grand nombre.

Il était occupé de ces travaux, lorsqu'il vit arriver de loin, monté sur un âne, un personnage qui ne paraissait rien moins que belliqueux, quoiqu'il fût vêtu en Normand, et qu'il fît brandir, autour de sa tête, une longue lance qu'il tenait à la main : c'était Nitard. Il venait, de la part de Judith et d'Adelinde, s'informer des motifs qui pouvaient retenir si long-temps, loin d'elles, leur jeune héros. Elles étaient dans une grande perplexité, car elles ne savaient rien de ce qui s'était passé sous les murs de Paris, ni rien des nouveaux projets des chefs de l'armée.

Adalbert voyait avec un extrême plaisir un homme qui, si récemment, avait quitté celle qu'il adorait, sur qui elle avait attaché ses beaux yeux ; et il lui semblait que quelque émanation de cette divine personne s'était conservée dans les habits de son envoyé. Aussi le serra-t-il dans ses bras avec tant de force, d'ardeur, que Nitard en était à la fois et surpris et confus. Et ensuite, Adalbert lui expliqua avec complaisance les motifs que l'on avait eus pour former deux camps près de Paris, et lui fit parcourir tous les quartiers de celui qu'il venait de tracer. Nitard n'exprima qu'un regret, c'est qu'on eût tranformé en une grande étable un lieu où le maître suprême de la terre et des cieux s'était plu si longtemps à descendre à la voix des prêtres.

« Oh! répondait Adalbert, quand nous n'y serons plus, tes prêtres sauront bien purifier de nouveau leur temple ; il ne leur en coûtera qu'un peu d'eau bénite, quelques ornements et force anathèmes contre nous autres païens. »

Le jour baissait, et Nitard se préparait à remonter sur son âne pour aller rendre compte de son message et répéter à ses nobles maîtresses toutes les expressions de tendresse et d'amour qu'Adalbert le chargeait de leur rendre ; il devait aussi leur témoigner les regrets qu'éprouvait le jeune amant de ne pouvoir quitter, de quelques jours, un camp où il fallait établir l'ordre et la police.

Mais, en cet instant même, ils crurent voir

sortir de la forêt voisine de *Mont-Savey* * un homme qui s'avançait avec quelque précaution dans la plaine. La curiosité retint Nitard. Bientôt cet homme fut assez près d'eux pour qu'aux premiers rayons de la lune, qui paraissait sur l'horizon, ils pussent reconnaître le pêcheur Marc-Loup.

Il cherchait Adalbert et venait lui donner des nouvelles de la situation des Parisiens et de leurs projets. Il lui apprit d'abord qu'il avait changé de domicile; sa cabane n'était plus au Gros-Caillou. Les Parisiens, en voyant qu'on le laissait tranquille dans des lieux occupés par des Normands, auraient pu le soupçonner d'être d'intelligence avec eux : il avait donc cru devoir transporter son habitation au-dessus de Paris, sur le rivage que borde la forêt de *Vilcenna***, et non loin du lieu où la Marne se joint à la Seine. C'était de là qu'il était allé, ce matin même, dans sa barque, vendre son poisson à Paris. Il avait vu le comte Eudes et l'évêque Gozlin qui, malgré sa blessure, parcourait les rues et les places de la ville, faire de vains efforts pour exciter les Parisiens à troubler les Normands dans leurs travaux pour l'établisse-

* Belleville. — Voyez la note XXIX.

** Vincennes. — Voyez la note XXX.

ment de leurs deux camps. Trop de Parisiens avaient péri dans l'assaut de la tour; la consternation était dans la ville. Les habitants ne pouvaient se décider à attaquer l'ennemi; ils ne voulaient tout au plus que se défendre en cas d'attaque.

Adalbert reçut avec intérêt ces renseignements, et se promit bien d'en profiter. Puis, il songea aux moyens de s'établir près de son camp. Tout occupé du soin de placer convenablement ses guerriers, leurs femmes, leurs enfants, il s'était oublié lui-même. Il n'existait, dans l'enceinte autour de l'église de *Saint-Germain-le-Rond**, aucun édifice dont il pût s'emparer. Ce Saint-Germain-le-Rond n'était point, comme le Saint-Germain de la rive opposée, un vaste monastère : ce n'était qu'un baptistère où les prêtres de Paris venaient plonger dans les eaux saintes, les païens qu'ils convertissaient à la foi chrétienne.

Adalbert, se rappelant alors que le pêcheur devait bien connaître tout le pays, lui demanda s'il serait possible de trouver, dans les environs, quelque maison où il pût aller se loger, et d'où il pût facilement surveiller le camp. Le pêcheur, après avoir réfléchi quelque temps, se souvint

* Voyez la note XXXI.

qu'il devait y avoir, tout près de là, sous un groupe d'arbres qu'il montra de la main, un vieux château abandonné qu'avait fait bâtir, il y avait plusieurs siècles, un riche Breton dont on racontait d'étranges aventures. Il proposa au jeune Adalbert de venir visiter ce château. Adalbert, ayant pris une escorte de cinq à six Normands armés de lances et de haches, suivit le pêcheur.

Nitard et son âne fermaient la marche.

CHAPITRE XIV.

LE LOUVRE.

Villa usibus capax, non sumptuosa tutela : cujus in prima parte atrium frugi, nec tamen sordidum... Varia hinc atque inde facies. Nam modo occurrentibus sylvis via coarctatur, modo latissimis pratis diffunditur et patescit.

C. Plinii secundi Epist., l. II, ep. 17.

« C'est une *villa* assez commode, d'un médiocre entretien. L'*atrium* (l'entrée) en est modeste, mais propre... Les vues en sont variées : d'un côté des bois couvrent la route qui y conduit, de l'autre se déploient de vastes prairies. »

A quatre cents pas au plus de l'enceinte du camp du nord, on trouvait un bois de chênes antiques, au milieu duquel s'élevait un vieux bâtiment fortifié aux quatre coins par des tourelles. Les pierres de tout l'édifice étaient noircies par le temps ; des lierres, au feuillage sombre, couvraient le sommet des tourelles, et retombaient en longs festons jusque sur leurs étroites fenêtres. Entouré de tous côtés par un fossé assez large, où croissaient de sveltes roseaux dans une eau verte et croupissante, le château n'avait qu'une porte à laquelle on parvenait par un vieux pont en bois, couvert d'une longue mousse brunâtre ; aucun pied d'homme n'y paraissait empreint.

Marc-Loup franchit, en deux pas, ce vieux pont qui gémit sous son poids. La main armée d'un gros caillou, il frappe à coups redoublés à la massive porte du château. Les grenouilles du fossé, que le bruit réveille, sont les seuls êtres vivants qui lui répondent par de longs coassements.

Adalbert, alors, ordonne aux hommes de son escorte d'aller briser, avec des haches, la serrure de la porte ; et, en même temps, il fait allumer plusieurs torches. Bientôt la porte semble céder sous les coups des vigoureux Normands. Un d'eux, se servant du bois de sa lance, comme d'un levier, l'exhausse un peu ; en retombant sur ses gonds, elle s'ouvre rapidement, comme si une force invisible l'eût attirée de l'intérieur.

Adalbert et sa suite se précipitent aussitôt dans le château, et se trouvent dans un vestibule soutenu par des colonnes de marbre rouge. Les murs étaient ornés de sculptures qui représentaient des fables de l'ancienne mythologie ; aucune poussière ne les couvrait : là, tout était propre, même le pavé, composé de petits cubes de marbre de diverses couleurs unis entre eux avec art et symétrie. On eût dit que cette habitation, dont les dehors présentaient un aspect si sévère et qui paraissait presque en ruines, n'avait jamais été abandonnée; qu'elle était encore la propriété de l'un de ces voluptueux Romains qui furent, autrefois, les maîtres de Lutèce, et qui y avaient apporté leurs arts et leurs goûts.

Du vestibule, Adalbert et tous ceux qui l'accompagnaient montèrent, par un escalier de marbre blanc, dans les appartements supérieurs. La première pièce dans laquelle ils entrèrent, était une longue galerie sur les murs de laquelle étaient peints la plupart des événements que le poète Homère a racontés dans son Odyssée. L'un des bouts de la galerie était presque entièrement occupé par une haute et large cheminée, dans le foyer de laquelle on voyait amoncelés des tronçons de chênes : on eût dit qu'on avait préparé le feu pour des hôtes que l'on attendait. Comme cette galerie était froide et humide, un des compagnons d'Adalbert approcha sa torche d'une botte de foin que recouvrait le bois du foyer. Le bois fut bientôt embrasé, et une lumière rougeâtre éclaira la galerie dans toute sa longueur.

Marc-Loup prenant une torche, saisit Nitard

par le bras et l'invita à venir avec lui faire la visite du château. Nitard, pour paraître intrépide, ne refusa pas, et suivit son guide, bien qu'il eût préféré de rester avec les autres. Pendant ce temps, Adalbert s'amusa à expliquer, l'un après l'autre, les sujets des tableaux qui couvraient les murs; et les guerriers, l'écoutant avec attention, admiraient le vaste savoir de leur jeune chef. Tous arrivèrent ainsi, pas à pas, jusqu'à l'autre extrémité de la galerie. Là, ils s'aperçurent que cette longue salle était terminée par un large rideau d'étoffe noire. Adalbert le tira avec force, et l'on vit l'effigie d'une jeune femme vêtue en guerrier : elle avait une cuirasse, des brassards de fer; une lance était près d'elle; son casque entr'ouvert laissait voir une figure d'une blancheur extrême; quelques boucles de cheveux qui ressemblaient à de l'or s'échappaient des deux côtés sur le devant de sa cuirasse. La tête était en cire, les yeux en émail; on eût cru que cette tête avait encore de la vie, qu'elle allait parler. C'était évidemment le portrait de quelque héroïne. Mais comment, pourquoi se trouvait-il là?

Les guerriers s'épuisaient en conjectures, lorsque, tout à coup, on vit accourir Nitard, pâle, tremblant, criant au secours. On s'empresse autour de lui, on lui demande la cause de sa frayeur; on tâche de le rassurer. Quand il put parler, il s'exprima ainsi :

« Nous avions déjà parcouru, Marc-Loup et moi, plusieurs appartements très-élégamment meublés, et nous étions surpris de l'extrême propreté qui régnait partout. Nous avions même désigné la chambre qui nous paraissait la plus convenable pour le logement de notre digne chef, et nous nous apprêtions à venir rendre compte de nos recherches, lorsque, au détour d'un corridor, j'ai cru entendre quelque bruit sur les degrés d'un escalier dérobé qui conduisait sans doute dans les greniers du château. Marc-Loup qui, comme moi, avait entendu le bruit, s'est arrêté et s'est aussitôt élancé, la torche à la main, vers l'escalier. Je n'ai pas jugé prudent de le suivre, et je suis resté seul dans l'obscurité la plus profonde. J'ai attendu quelque temps que Marc-Loup revînt vers moi; mais jugez de ce que je suis devenu, lorsque mon oreille a été frappée d'un bruit affreux de meubles qui semblaient rouler sur le plafond même du corridor; des cris, d'affreux jurements retentissaient dans les voûtes : on eût dit qu'au-dessus de ma tête deux armées s'étaient rencontrées, se battaient. J'ai pris la fuite sans savoir où j'allais, et, après mille détours dans le plus noir des labyrinthes, j'ai enfin trouvé la galerie où vous êtes. Jugez à présent si nous avons sujet de craindre. »

Les guerriers sourirent de la poltronnerie de Nitard; mais par prudence, et pour être sur la défensive, chacun tira le poignard qu'il avait dans son sein.

Bientôt ils entendirent la voix de Marc-Loup qui criait de loin : « Je le tiens! je le tiens! voici le maître du château. » Et on le vit paraître, tenant toujours d'une main sa torche, et de l'autre traînant après lui un vieillard vêtu, à la manière des Francs, d'un sayon d'une étoffe grossière. Le malheureux vieillard avait reçu quelques légères blessures dont le sang coulait et tombait par gouttes sur sa barbe d'un blanc d'albâtre.

« Je ne m'attendais pas, dit Marc-Loup en le présentant à Adalbert, à faire ce soir un prisonnier. Fils de Rollon, décidez de son sort. »

Le vieillard se jeta aux pieds d'Adalbert, et lui dit : « —Vous ne voyez point en moi un ennemi; accordez-moi la vie. Je suis le seul habitant de ce château; vous n'avez à redouter ni surprise ni trahison.

— S'il en est ainsi, répondit Adalbert, ne crains rien pour tes jours; je te prends sous ma protection. » Et il releva le vieillard, et essuya lui-même le sang qui couvrait son visage. Puis il lui dit : « — Apprends-nous comment il se fait que tu sois seul dans cette demeure?

— Il y a deux ans, répondit le vieillard, que vos compatriotes détruisirent de fond en comble un château que je possédais sur les bords de l'Oise, coupèrent mes blés et mes vignes; seul de toute ma famille, je réussis à m'échapper. Dans ma fuite, je parvins jusque dans les environs de Paris. Je cherchais un asile où je pusse finir, dans la paix la plus profonde, le peu de jours que me réserve le ciel, lorsque j'appris que ce château était depuis long-temps abandonné; que personne n'osait même s'arrêter près de ses murs; qu'il s'y était commis un grand crime.... Peu timide, et surtout ne donnant nulle confiance aux récits d'apparitions nocturnes de morts, fables que le vulgaire chérit, et que l'on débitait en parlant de ce vieil édifice, j'en pris possession. Je m'en établis le concierge; et vous avez pu juger, en y entrant, que j'y ai tout laissé comme je l'avais trouvé; je me suis borné à y entretenir la propreté : c'est à cela seul que j'emploie toutes mes journées. Je ne sors qu'une fois, chaque mois, pour aller à la ville acheter quelques chétives provisions pour ma subsistance. Mais j'appris, il y a quelques jours, par les cris et le bruit qui, de la ville, parvenaient à mon oreille, que les Normands étaient arrivés devant Paris. Je me renfermai, avec plus de soin encore qu'à l'ordinaire, dans ma retraite, où vous avez bien su me découvrir.

— Oui! dit Adalbert; et ton château est désormais le mien; mais tu n'y perdras rien : je te laisse tes fonctions de concierge. Maintenant tu pourras sans doute me dire, en concierge érudit, quelle fut cette femme dont j'ai vu la statue là-bas, sous ce rideau noir.

— Sans doute, répondit le vieillard. Mais son histoire, qui est en même temps celle de la fondation du château, est un peu longue, et je craindrais...

— Contez, contez toujours, dit Nitard, dont la curiosité ordinaire était vivement excitée par tout ce qu'avait déjà dit le vieillard; la nuit est longue, et mon maître compte la passer ici tout entière. »

Adalbert sourit : « Eh bien! asseyons-nous autour de ce large foyer, puisque Nitard est si avide de connaître l'origine de ce château. D'ailleurs, il ne serait peut-être pas prudent à nous de nous livrer si tôt au sommeil. »

Tous prirent des siéges, et se rangèrent en demi-cercle autour du feu de la large cheminée. Le vieillard, placé au milieu, allait commencer à parler, quand Marc-Loup, prenant une grosse gourde qui pendait toujours sur l'un de ses flancs, la présenta au vieillard, en lui disant: « Bois, car je t'ai fait grand'peur et un peu de mal; tu dois avoir besoin de te ranimer. » Le vieillard but quelques gorgées de vin; et la gourde passa ensuite de main en main à tous les auditeurs, qui crurent devoir aussi se restaurer, bien qu'aucun d'eux n'eût éprouvé ni crainte, ni danger.

Le vieillard parla en ces termes :

HISTOIRE DE WINDAL ET PAPPULA *.

« Mes dignes et généreux hôtes, je vais vous raconter tout ce que j'appris de la bouche même des Parisiens, quelque temps avant que je prisse la résolution de venir me cacher dans ce vieux château.

« Celui qui l'a fait bâtir, il y a plus d'un siècle, s'appelait *Windal*. Il avait vu le jour sur les bords de la Tamise. Mais, toujours malade et triste dans son île nébuleuse, il vint, très-jeune encore, respirer l'air pur de nos contrées, et fixa son séjour dans les environs de cette Lutèce qu'aujourd'hui nous nommons plus communément Paris. Le petit bois de chênes qui nous entoure n'est plus qu'un reste de la vaste et ma-

* Voyez la note XXXII.

jestueuse forêt qui couvrait alors la rive droite, depuis le grand pont de la cité jusqu'à plus de trois milles en descendant le fleuve, et s'étendait dans sa largeur jusqu'aux deux tiers au moins du Mont-de-Mars.

« Windal, passionné pour la chasse, passait les jours entiers dans cette forêt. Il y avait fait bâtir une chaumière, qui lui servait de retraite dans les temps orageux, et où il faisait nourrir des chiens anglais très-féroces, mais bons chasseurs.

« Non loin de la chaumière, et à l'ombre du plus vieux chêne de la forêt, s'élevait une petite chapelle, que desservait un ermite connu sous le nom de Germain d'Auxerre. Ce saint homme jouissait dans tout le pays d'une grande réputation de sagesse, et l'on venait le consulter d'assez loin. Chaque pélerin laissait dans sa chapelle une offrande plus ou moins précieuse : du lait, des œufs, des anneaux et même quelques pièces d'argent. Le chêne qui ombrageait la chapelle était aussi très-renommé. Dans son vieux tronc, était une statue de la Vierge allaitant son divin enfant. On avait essayé plus d'une fois, disait-on, d'ôter du tronc de l'arbre cette petite statue : toujours on l'avait retrouvée à la même place. C'est en mémoire de ce miracle que les dévots habitants des environs avaient construit la chapelle.

« Un matin de printemps, à l'aube du jour, Windal, poursuivant un jeune cerf, se trouva par hasard dans le sentier tortueux qui conduisait à la chapelle. Il y rencontra une jeune fille vêtue de longs habits blancs, les cheveux épars, les pieds nus. Elle avait à la main un bouquet de violettes. Sa démarche était lente; elle soupirait, puis elle récitait à voix basse de plaintives oraisons.

« Le chevalier s'arrête, surpris et comme enchanté de la beauté, de la fraîcheur de cette jeune fille. Il la suit quelque temps en silence et sans être aperçu ; il voudrait pourtant lui parler : il se hasarde....

« — Belle inconnue, quel motif vous amène si matin dans ces bois? pourquoi ces soupirs, ces prières?

« Un rouge vif colora les joues de la jeune fille : « — Chevalier, répondit-elle en baissant les yeux, depuis trois jours ma mère souffrait des douleurs aiguës : je promis à ma patronne, si ma mère guérissait, de venir, neuf matins de suite, à l'ermitage de la forêt. Dieu m'a exaucée, et j'exécute mon vœu. Permettez que je continue ma route.

— Sainte et digne fille ! » s'écria le chevalier : et il la laissa passer avec respect ; mais il ne put s'empêcher de la suivre des yeux jusque près de la chapelle.

« Le lendemain, il se trouva encore sur le chemin de la jeune Parisienne, et, cette fois, il apprit son nom. Elle s'appelait *Pappula*, et elle était née d'une famille romaine établie dans les Gaules, mais que les Francs avaient dépouillée de tous ses biens, sans la réduire pourtant à l'esclavage.

« Le lendemain encore, il l'accompagna jusqu'à la chapelle, et répondait *Amen!* aux oraisons qu'elle récitait. Elle ne chercha point à le fuir, comme elle avait fait la veille.

« Un autre jour, elle lui raconta les petits événements de sa vie. Elle n'avait jamais aimé; mais son frère, qui avait un grade dans la compagnie d'archers, voulait la donner en mariage à l'un de ses camarades, dont elle ne pouvait supporter même la vue.

« Windal frémit à cette confidence. « — Belle Pappula, ne perds pas un moment; tu peux te soutraire par la fuite à ton tyran : viens partager ma fortune. J'ai acquis de grandes terres, là, du côté du Mont-Valérien.

« Pappula l'interrompit, et d'une voix émue : « — J'abandonnerais ma mère! elle n'a que moi pour soutien, pour amie... Je serais votre maîtresse, et jamais votre épouse!... n'y comptez pas, chevalier. Hélas! je le sens, j'ai pris trop de goût à vos doux entretiens ; mon cœur sera tout à vous : je ne pourrais le reprendre, quand même je le voudrais.... mais je ne vous verrai plus. Le pélerinage que j'avais juré d'accomplir finit aujourd'hui ; c'est aussi pour la dernière fois que je vous parle. Mon devoir, l'honneur me l'ordonnent. Adieu pour toujours ! »

« Windal fit de vains efforts pour la retenir : elle s'enfuit avec la légèreté du daim de la forêt. Il lui tendait encore les bras, et déjà elle était sur le grand pont de la cité.

« Oh ! qu'il fut malheureux les jours suivants, ce pauvre chevalier anglais ! Il errait, triste, inquiet, dans le sentier étroit où, pour la première fois, il avait vu Pappula ; il lui semblait qu'il avait perdu la moitié de sa vie. « Elle m'aime! disait-il ; elle me l'a avoué..... et c'est en ce moment que je la perds !.... Il n'en sera pas ainsi : j'en jure par mon épée ! »

« Il rêvait aux moyens de la soustraire aux yeux de ses parents, lorsqu'il rencontra l'ermite Germain d'Auxerre, qui se promenait dans la forêt, en lisant à haute voix des versets de la Bible. Il l'aborde :

« — Saint homme, lui dit-il, votre chapelle est trop simple, trop étroite. A peine y pouvez-vous placer les offrandes que l'on vous apporte de tous côtés ; j'en veux faire une des plus belles et des plus vastes églises des environs de Paris.

— Généreux chevalier, s'écria Germain, que Dieu vous maintienne dans ces bonnes intentions ! ma chapelle en effet s'écroule de toutes parts, et je ne puis la reconstruire.

— Je la rétablirai, dit Windal, non telle qu'elle est, mais plus magnifique que le temple dans lequel vos pères adoraient Isis, et dont on voit encore les restes sur la rive opposée. Mais j'attends de vous un service, le plus grand service qu'un homme puisse rendre à son semblable.

— Et c'est ?.....

— De m'aider à former les liens d'un mariage secret avec une jeune Parisienne, sans laquelle je ne saurais vivre. Mes parents, en Angleterre, s'opposent à cette union, parce que ma bien-aimée n'est pas d'une famille si noble ni si riche.

— Mais, dit Germain, est-il bien vrai que vous songiez au mariage ? Si vos vues étaient criminelles !....

— Vous-même, ô bienfaisant ermite, vous bénirez notre hymen, là, dans cette chapelle, qui, bientôt.....

— C'est assez, dit Germain ; je suis porté à vous croire. L'Évangile a dit que tous les hommes sont frères, sont égaux : votre famille n'en suit pas les préceptes, lorsqu'elle montre tant d'orgueil et de mépris pour celle que vous désirez associer à votre sort. »

« Alors il s'informa du nom de la jeune fille, et se rappela qu'il l'avait vue plusieurs fois priant avec ferveur près de la Notre-Dame du Vieux-Chêne; il n'en fut que plus porté à servir les deux amants : « Venez demain, dit-il au chevalier, venez à pareille heure; peut-être aurai-je quelque chose à vous annoncer. » L'ermite prend aussitôt sa besace; et, s'appuyant sur un long bâton blanc, il s'achemine vers la ville.

« Il ne lui fut pas difficile de trouver la maison de Pappula : il s'y présente. La jeune fille le reconnaît et fond en larmes. « — Oh! mon père, s'écria-t-elle, que votre présence est consolante et douce! Sans doute vous avez appris que ma mère est de nouveau dans le plus grand danger, et vous venez lui offrir les secours de la religion?

— Vous l'avez dit, ma fille. » Et il se fait conduire vers la malade, et la bénit trois fois. Puis il dit à sa fille : « — Vertueuse Pappula, vous avez trop tôt discontinué vos pieux pélerinages. Le ciel se plaît à écouter les vœux purs de la jeunesse; il faut les recommencer......

— Jamais! » s'écria Pappula dans la plus grande agitation; puis, se repentant de ce qu'elle avait dit, elle ajouta : « à moins que le ciel le commande.

— J'aime à voir cette résignation, reprit Germain ; j'apporterai demain des remèdes à votre mère, et je vous indiquerai à vous, ma fille, ce que vous devrez faire pour hâter leur efficacité. »

« Il la quitta ensuite, après lui avoir permis de baiser la relique qu'il portait toujours sur son sein.

« Windal l'attendait avec impatience dans la forêt. L'ermite lui raconta en détail tout ce qu'il avait vu, tout ce qui s'était dit dans cette première visite ; et le chevalier espéra de revoir bientôt sa chère Pappula. Ils concertèrent ensemble les moyens de vaincre la répugnance de cette vertueuse fille pour de nouveaux pèlerinages. Windal recommanda surtout à l'ermite de ne lui rien dire du projet de mariage secret. « Je la connais, s'écriait-il ; elle ne voudrait jamais consentir à quitter sa mère, et le mot de *mariage secret* offenserait sa délicatesse et sa fierté. »

L'ermite trouva, le lendemain matin, la mère de Pappula plus mal qu'elle ne l'avait jamais été, et sa fille dans un état d'inquiétude et de douleur voisin du délire. Il sentit qu'il n'aurait pas de peine à faire consentir Pappula à tout ce qu'il lui présenterait comme un moyen d'assurer quelque soulagement à sa mère.

« Ma fille, lui dit-il avec solennité, il n'y a plus à balancer. La colère du ciel s'appesantit visiblement sur vous. Armez-vous de courage ;

vous en aurez besoin. Cette nuit, l'ange Gabriel m'est apparu en songe. Il m'a appris que votre mère, lorsqu'elle était très-jeune encore, fit le vœu d'aller seule, la nuit, mettre une croix sur la tombe où reposait son aïeul : elle a, dans la suite, oublié ce vœu ; sa fille doit l'accomplir. »

« A ces mots, Pappula sentit son cœur défaillir. Germain s'en aperçut. « — Rassurez-vous ; il vous serait impossible de retrouver la tombe de cet aïeul ; vous satisferez également le ciel en venant à Notre-Dame du Gros-Chêne.

— Quoi ! s'écrie Pappula ; seule, la nuit, dans la forêt !

— Soyez sans crainte, reprit aussitôt Germain, je vous attendrai à quelque distance du grand pont, et je ne vous perdrai pas de vue. Adieu, soyez exacte : à minuit, entendez-vous ! Surtout, ne parlez point de ce pélerinage à votre frère ; votre dévouement, s'il était connu, serait sans mérite aux yeux de Dieu. »

« Windal embrassa l'ermite avec transport, lorsqu'il apprit que, dès la nuit prochaine, il pourrait posséder Pappula. Il alla choisir et disposer le poste où il devait se placer pour veiller sur sa belle maîtresse pendant son pélerinage, et écarter d'elle toute espèce de danger.

« Cependant, les heures de la soirée s'écoulent ; de grosses larmes roulent dans les yeux de Pappula; elle aperçut un corbeau sur la girouette de la maison voisine, qui la regardait fixement, et le sinistre oiseau poussa deux cris aigus qui retentirent dans son âme. Minuit sonna. Elle jeta un regard sur le lit de sa mère; ses traits étaient pâles, défigurés, sa bouche en convulsion. Depuis plusieurs jours elle ne parlait plus; tout à coup, le nom de Pappula sortit de sa bouche...

« Je t'entends, ô ma mère, tu me dis d'aller... tu me reproches ma faiblesse. Je te sauverai, dussé-je mourir. » Et elle descend en silence l'escalier de la maison, elle ouvre sans bruit la porte: tant elle craint d'éveiller son frère! La voilà dans la rue. La lune commençait à paraître; mais, voilée par des nuages épais, sa pâle lumière permettait à peine de distinguer les objets les plus voisins.

« Pappula arrive à l'entrée du pont qui conduit à la forêt. En approchant, elle est surprise de voir que des hommes d'armes étaient en sentinelle à la porte de la tour qui défendait le pont. Elle ignorait, ainsi que l'ermite, que le magistrat, chargé du maintien de la tranquillité publique, plaçait, depuis quelques jours, des sentinelles en divers endroits pour arrêter des brigands dont on lui avait découvert les projets. Pappula crut, un moment, qu'il lui serait impossible de sortir de la ville: elle en était désespérée; mais elle remarqua qu'on laissait librement aller et venir les hommes d'armes.

« Elle se hâte alors de retourner chez elle, et, se glissant doucement dans la chambre où dormait son frère, elle change ses habits de femme contre les siens, se couvre de son armure, prend même sa lance, puis revient vers le pont.

« Lorsqu'elle y arriva, un groupe de soldats le passait pour se rendre à quelque poste voisin. Elle se met dans leurs rangs; puis, ralentissant sa marche, elle se laisse devancer et les perd bientôt de vue. Elle se trouve alors seule à l'entrée du sentier qui conduisait à la chapelle. Là, le feuillage des arbres rendait l'obscurité plus épaisse. Pappula sentait son cœur battre à chaque pas; le bruit même de son armure augmentait sa frayeur. Elle courait plutôt qu'elle ne marchait.

« Windal, caché près d'un buisson, attendait, dans des angoisses inexprimables, l'arrivée de sa bien-aimée. Il voit passer avec rapidité un guerrier couvert d'une armure, et maudit le sort qui amène, cette nuit-là même, un guerrier dans une forêt si solitaire. Deux heures entières s'écoulent; Pappula ne paraît pas. Mille pensers douloureux le déchirent: aurait-elle deviné ses projets? n'a-t-elle point envoyé, pour le punir, ce guerrier qu'il a vu passer?... « Eh bien! se disait-il, s'il en est ainsi, qu'il s'offre à ma colère; j'ai soif de vengeance.» Furieux, il s'élance dans le sentier, et le parcourt l'épée à la main.

« Comme il approchait de la chapelle, il voit, aux rayons de la lune, un guerrier assis sous le vieux chêne : c'était Pappula qui, exténuée de fatigue, et couverte d'une sueur froide, était tombée aux pieds de l'arbre.

« Elle entend du bruit, se lève, et, par un mouvement naturel, présente la pointe de sa lance au guerrier qu'elle voit accourir avec fureur. Windal écarte facilement, du revers de la main, cette arme dirigée par un si faible bras, et plonge en même temps son épée dans le sein de son adversaire. Un cri de douleur lui annonce sa triste victoire; mais ce cri est celui d'une femme... Un frisson le saisit; il a déjà une idée confuse de son malheur.

« L'ermite arrivait. Tous deux ils transportèrent dans la chaumière le corps sanglant du guerrier; ils lui ôtent son casque... Windal reconnaît ce beau visage qu'il a tant aimé. Il reste immobile, glacé. L'ermite se frappe le sein, s'arrache la barbe et les cheveux, se roule dans la poussière.

« Windal pose la main sur le front, sur le cœur de Pappula... « Morte !... à jamais morte !... plus de bonheur sur la terre ! » Puis, se tournant vers l'ermite : « Mon père, lui dit-il, je vous l'ai promis ; vous aurez une église plus belle que le temple de l'antique Isis. Retournez, en attendant, à votre chapelle. Priez, demandez pardon de mon crime et de votre faute. Pour moi, je jure devant Dieu de ne jamais m'éloigner de ces lieux funestes de plus de mille pas. Je vivrai, je mourrai ici même. Telle est la punition que je m'inflige. »

« Il vendit, dès le lendemain, ses terres du Mont-Valérien. De la somme qu'il en retira, il fit bâtir une église à la place qu'occupait la chapelle de Notre-Dame du Vieux-Chêne, et il y fit inhumer, dans un cercueil d'argent, le corps de Pappula.

« La chaumière qui lui servait autrefois de retraite devint, par les constructions qu'il ordonna, cette espèce de forteresse où nous sommes, et dans laquelle il vécut près de vingt années, sans jamais sortir de son enceinte. Il ne quittait guère cette galerie, au bout de laquelle il avait fait placer, sous un rideau noir, l'effigie que, sans doute, vous avez vue, de la malheureuse Pappula, revêtue de l'armure même qui la couvrait lorsqu'elle reçut la mort.

« Quant à l'ermite, il passa le reste de sa vie dans le jeûne et la pénitence. Jamais on ne le vit même sourire. Sans doute, le ciel lui aura pardonné ; car, de nos jours, on l'invoque dans le pays comme un saint, et l'on assure que, tous les jours, il fait des miracles.

« Windal, non content d'avoir élevé de si durables monuments de son amour, voulut encore en consacrer le souvenir par des inscriptions. Vous en pourrez lire plusieurs dans l'intérieur du château, toutes écrites dans l'idiome de son pays. Celle-ci est gravée, à l'extérieur, sur la principale porte, en grandes lettres d'or :

LOVER'S CASTLE *.

C'est de cette inscription que les Parisiens ont tiré le nom qu'ils donnent ordinairement à cet édifice de *Château du Louvre*. Lorsque je songeais à m'y établir, ils me conseillaient de n'en rien faire. « Chaque nuit, me disaient-ils, l'ancien maître du château vient s'y promener, tenant encore dans ses bras la malheureuse Pappula. A une certaine heure, et lorsque le jour commence à poindre, les deux amants poussent un cri, s'embrassent, et disparaissent dans l'ombre. »

« Je n'ai jamais vu les ombres, mais quelquefois, je l'avoue, j'ai cru entendre, la nuit, des gémissements dans cette galerie. »

* CHATEAU DE L'AMANT.

Le vieillard cessa de parler. Adalbert et les Normands le félicitèrent de son courage. Quant à Nitard, il n'osait tourner la tête de crainte d'apercevoir les ombres des amants. Rien n'aurait pu le décider à passer la nuit dans le château. Il voulut repartir aussitôt pour le Mont-Valérien, alléguant, pour motif, que son absence, s'il la prolongeait, inquiéterait trop vivement Judith et ses compagnes. Il demanda une escorte de deux hommes seulement, qu'Adalbert lui accorda.

Marc-Loup conduisit ensuite Adalbert dans la chambre qu'il lui avait choisie, et se coucha, armé, près du lit où se jeta le jeune homme.

Les Normands, restés dans la galerie, s'étendirent autour du grand foyer, s'enveloppèrent dans leurs longs manteaux, et s'endormirent profondément, sans craindre que l'ombre de l'ancien maître du château vînt troubler leur sommeil.

CHAPITRE XV.

UN MIRACLE.

> . . . . *Flammæ non mitigabantur. Tunc extractam a pectore crucem, elevo contra ignem : mox in aspectu sanctarum reliquiarum, ita cunctus ignis obstupuit, ac si non fuisset accensus.*
>
> Grego. Turon., Miracul., lib. I, ch. 11.

> « L'ardeur des flammes ne se ralentissait point. Je tire alors une croix de mon sein, et je la présente au feu : à l'aspect de la sainte relique, le feu s'amortit, s'éteint sans même laisser de trace. »
>
> Grégoire de Tours.

Aucune apparition de fantômes, aucun gémissement funèbre ne troublèrent le sommeil profond d'Adalbert et de son fidèle Marc-Loup.

Dès qu'une douce lumière vint colorer l'orient, Marc-Loup s'empressa d'aller reprendre son poste et son rôle d'observateur. Après avoir traversé la forêt de Mont-Savey et celle de Vilcenna, dont il connaissait parfaitement les détours, il regagna la petite anse où il avait attaché sa barque, et retrouva ses filets, comme il les avait laissés, appendus à quelques arbres.

De son côté, Adalbert alla parcourir le petit parc qui entourait le château du Lover. Tout, dans ce lieu, lui paraissait triste; tout lui rappelait les malheurs de l'amant de Pappula. L'automne était déjà avancé : les feuilles jaunies tombaient silencieusement des arbres, couvraient les sentiers tracés au milieu des maigres graminées et des mousses, auxquelles l'humidité de la saison semblait redonner de la vie et de la couleur. Adelinde occupait la pensée du jeune homme. Il savait que l'on ne permettrait leur union qu'au retour de Rollon son père, et seulement peut-être lorsque l'entreprise militaire des Normands contre l'empereur serait terminée. Or, dès le premier pas, les obstacles se multipliaient; car il prévoyait bien que l'armée allait être forcée de séjourner long-temps sous les murs de Paris. Pourrait-il, du moins, s'éloigner du camp, aller passer de douces journées entre son amante et sa mère? Il en avait l'espoir, ce qui versait dans son âme un baume consolateur.

Il fut interrompu dans ses réflexions par un bruit confus de cris d'hommes et de femmes, qui lui parut partir du camp. Il s'arrête, prête de nouveau l'oreille, et ne peut plus douter qu'on ne se batte dans le camp ou dans les environs : il croit même entendre le bruit des armes qui s'entre-choquent. Il court aussitôt vers le château, et, avant même d'y arriver, il rencontre ses braves, qui, alarmés comme lui et par la même cause, avaient déjà repris leurs armes, et marchaient vers le camp. Il se met à leur tête.

A peine ils ont fait quelques pas de plus, qu'ils voient une foule de femmes normandes qui, pâles, échevelées et demi nues, fuyaient vers le bois du château. Elles leur apprennent que les Parisiens sont venus attaquer le camp à l'improviste, et lorsque la plupart des guerriers dormaient encore; qu'on se battait avec ardeur; mais que les ennemis avaient déjà fait une brèche dans les retranchements élevés de la veille, et dont la terre n'était point encore suffisamment raffermie. En effet, des milliers de Normands fuyaient de toutes parts dans la campagne. Adalbert s'élance au-devant d'eux, les rappelle à leur devoir, tantôt les rassure, et tantôt les menace. Il parvient à en rallier un assez grand nombre qu'il ramène au combat. La troupe qu'il vient de former, grossie des guerriers qui venaient du château, est assez forte pour reprendre l'offensive: tous ne respirent que la vengeance. Bientôt ils arrivent au camp.

Il était temps qu'ils parussent. Le comte Eudes, à la tête de plus de trois mille habitants de Paris, avait pénétré dans le camp jusque près de l'église qui était au centre, et servait de magasin. Il se préparait à en briser les portes, lorsqu'il fut assailli par la troupe d'Adalbert. Les Parisiens ne tinrent pas à ce choc : il leur fallut reculer de quelques pas, et presque au même instant, reprendre le chemin de la ville, non sans combattre encore, mais en laissant bien des morts sur la route. Ils ne se crurent vraiment en sûreté que lorsqu'ils furent près de la grosse tour. Leurs compagnons qui étaient aux créneaux n'en permirent pas l'approche aux Normands ; ils les accablaient de traits.

Mais l'évêque Gozlin, qui était entré le premier dans le camp, à la tête des Parisiens, furieux d'être obligé à la retraite, voulut du moins tenter un dernier effort pour reprendre l'avantage. Il rallie une centaine des plus braves, et, élevant fièrement en l'air une énorme massue qui lui servait d'armes, il s'élance, à leur tête, sur une troupe de cinquante Normands qui devançaient les autres guerriers. Parmi ces cinquante Normands était Adalbert, qui reconnut l'évêque Gozlin à l'emplâtre qui couvrait l'une de ses joues, et aussi à une croix d'or qui flottait sur sa cuirasse. Il commande à ses guerriers de soutenir, sans s'ébranler, sans quitter leurs rangs, le choc de la petite troupe qui allait les attaquer ; et lui, s'avançant vers l'évêque, il le défie au combat. Gozlin, indigné qu'un guerrier si jeune osât le provoquer, fond sur lui, la massue haute. Adalbert sut éviter le coup que son adversaire lui préparait : il aurait pu alors le frapper au cou de sa lance, mais il préférait d'en faire un prisonnier; il s'élance donc sur lui, et le saisit au corps. Gozlin, bien plus vigoureux que le jeune guerrier, s'efforce de se débarrasser de lui; mais le jeune homme le serrait si fortement, qu'il pouvait à peine respirer. Les Parisiens qui se battaient en ce moment avec les cinquante Normands, s'apercevant du danger que courait leur évêque, accoururent vers lui pour le délivrer. Adalbert cesse alors de vouloir entraîner l'évêque, et songe lui-même à se sauver. Cette violente lutte fut sans résultat. Non pourtant; car Adalbert n'en sortit point sans avantage : en abandonnant l'évêque, il lui arracha sa brillante croix d'or.

Cependant les guerriers qui étaient dans le camp de Sigefroi, avertis de ce qui se passait sur l'autre rive par le bruit du combat, venaient au secours de leurs compatriotes. La Seine était couverte de leurs barques qui la traversaient avec rapidité. La petite troupe de Gozlin sentit la nécessité de se retirer dans la tour, et cessa de disputer le champ de bataille aux Normands, qui se contentèrent de les poursuivre encore quelque temps, puis s'arrêtèrent pour attendre les nouveaux ordres de leurs chefs.

Sigefroi, qui était venu lui-même avec les guerriers de son camp au secours d'Adalbert, fut d'avis de tenter, encore une fois, l'assaut de la grande tour. Il ordonne aux Normands de se charger de fascines, d'en jeter en grand nombre dans les fossés qui entouraient la tour, afin que l'on pût se frayer un passage jusqu'au mur, pour en saper les fondements. Il est obéi. Les uns jettent dans les fossés des amas de bois, de pierres, de terre, tandis que d'autres guerriers lancent une multitude de traits vers les créneaux de la tour. Bientôt, les sapeurs peuvent manœuvrer au pied des murailles; on entend résonner les coups redoublés de leurs piques qui détachent, non sans de grands efforts, des blocs énormes de pierres. Les Parisiens, qui sentent tout le danger, se hâtent de faire bouillir, dans de vastes chaudières, de l'huile, de la poix, de la cire. Lorsque ces matières s'enflamment, ou sont près de s'enflammer, les assiégés les versent sur la tête des sapeurs. C'était un spectacle déplorable de voir les malheureux qui en étaient atteints pousser d'horribles hurlements. Le feu prenait souvent à leurs longues chevelures, à leurs habits; et alors ils se roulaient sur la terre, en grinçant des dents, ou se hâtaient d'aller se jeter dans le fleuve pour éteindre les flammes. Les Parisiens, fiers du succès de leurs moyens de défense, raillaient leurs ennemis, leur criaient du haut de la tour : « Allez, malheureux, allez à la rivière; peut-être l'eau vous fera repousser une chevelure mieux peignée que l'autre.» Bientôt aucun Normand n'osa plus approcher de la tour, en voyant leurs camarades s'enfuir demi brûlés. En vain les Normandes elles-mêmes les excitaient, les poussaient vers la tour, en leur reprochant leur pusillanimité; en vain elles leur criaient : « Quoi! vous n'avez pas le courage de prendre une forteresse qui ressemble plus à un four qu'à une tour! Lâches! vous aimez mieux rester ici sous vos tentes; vous n'attendez que l'heure où vous pourrez vous gorger des mets préparés de nos mains; vous soupirez après la nuit pour venir goûter dans nos bras les plaisirs accoutumés : mais n'attendez plus de nous ni services, ni plaisirs. Nous méprisons trop les poltrons *. » Inutiles paroles! ils voyaient aux créneaux de la tour des chaudières fumantes; et ni les reproches, ni les injures n'auraient pu les décider à faire un seul pas en avant.

Sigefroi, dissimulant le cruel chagrin qu'il

* Voyez la note XXXIII.

éprouvait, fit donner le signal aux guerriers de rentrer dans les deux camps. Lorsqu'il fut seul avec Adalbert, il lui reprocha assez durement, car il avait de la sévérité dans le caractère, d'avoir commencé le combat sans le prévenir. Adalbert n'eut pas de peine à lui prouver que les Parisiens avaient été les agresseurs. Les deux chefs délibérèrent ensuite sur les moyens de réparer ce premier échec, qui pouvait leur devenir très-préjudiciable, en ce que les présomptueux Parisiens ne manqueraient point de prendre, de ce jour-là, une bien plus grande confiance dans leurs forces.

En ce moment même, arrivait du Mont-Valérien le scalde Egill. Il venait s'informer par lui-même des affaires de l'armée. Les deux chefs le reçurent avec intérêt, et le prièrent de prendre part à la délibération qui les occupait, à leur donner ses prudents avis. Egill réfléchit quelque temps, jeta un coup d'œil sur la tour, jugea qu'elle était imprenable, puisque l'on manquait dans l'armée de machines de guerre. Il ne fallait donc, disait-il, que songer à l'isoler de la ville, en détruisant le pont.

« — Mais le moyen, s'écria Sigefroi, de détruire un pont chargé de redoutes, d'où les assiégés lanceraient des masses énormes de pierres sur tout bateau qui tenterait d'approcher!

— Le pont est de bois, dit Egill; il faut l'incendier; et voici comment vous pourrez y parvenir : transportez par terre, au-dessus de la place où s'élève le pont, quelques barques; chargez-les de fascines, auxquelles vous mettrez le feu. Vous laisserez ensuite les barques descendre le courant, en les dirigeant toutefois par des cordes attachées à d'autres barques qui vogueront au loin. Retenues quelque temps sous les arches du pont, elles lui communiqueront l'incendie qui les dévorera elles-mêmes. Ne soyez pas surpris que je paraisse instruit dans les manœuvres employées à la guerre : j'ai puisé toute mon instruction dans les livres de ces Romains qui firent la conquête du monde, de ces Romains dont Judith m'a excité à apprendre la langue, lorsqu'elle me confia son jeune fils. »

Sigefroi, à chaque mot d'Egill, paraissait dans l'admiration. Il ne concevait pas qu'un moyen si simple ne se fût pas, tout d'abord, présenté à son esprit. Adalbert, prenant la main d'Egill : « Oh! mon maître, lui dit-il, vous nous prouvez bien aujourd'hui combien le savoir l'emporte sur la bravoure aveugle, inconsidérée. »

Sigefroi attendit la nuit pour faire transporter par terre dix barques à quelques cents pas au-delà de la tour et du pont. Des milliers de Normands furent employés à cette opération qui, au reste, leur était familière, car dans toutes leurs incursions dans les pays qu'ils vont ravager, les peuples du Nord veulent-ils passer d'un fleuve à un autre voisin, ils traversent toujours la contrée intermédiaire, en transportant à bras leurs barques, quels que soient leur grandeur et leur poids.

Après avoir fait remettre à flot dans la Seine les barques ainsi transportées, Sigefroi en fit charger deux d'une énorme quantité de branchages coupés dans la forêt qui couvrait le rivage; il en fit ensuite lier trois ensemble, afin qu'elles égalassent à peu près en largeur la plus grande arche du pont. Sur celle-ci, on accumula tant de fascines, qu'elles formèrent une pyramide qui avait presque la hauteur de la tour du pont. Les cinq autres barques furent placées par derrière à une assez grande distance; elles n'étaient remplies que de rameurs qui devaient diriger et maintenir, par des cordes, les barques incendiaires.

Dès que le jour parut, quelle fut la surprise des Parisiens de voir descendre vers le pont trois pyramides flottantes, d'où s'élevaient des tourbillons d'une épaisse fumée. Tous crièrent à la fois : Miséricorde ! Les deux plus petites pyramides furent bientôt sous deux arches du pont. Mais les eaux de la rivière, grossies par les pluies de l'automne, entraînaient si fortement ces deux barques que tous les efforts des rameurs qui les retenaient par des cordes, ne pouvaient les maintenir assez long-temps sous les arches, pour que le feu pût se communiquer aux poutres du pont. Il fallait sans cesse les ramener au même lieu, ce qui épuisait les forces des rameurs. Les Parisiens s'en aperçurent, et conçurent l'espoir de conserver leur pont dans son intégrité.

Mais la triple barque incendiaire s'avança : les flammes qui s'en échappaient surpassaient en hauteur les hauts clochers de la cathédrale de Paris. A cet effroyable spectacle, les plus intrépides pâlirent. Tous les guerriers qui étaient dans la grosse tour s'empressèrent de descendre et de franchir le pont pour regagner la ville. On n'entendait de tous côtés que des gémissements.

La rapidité extraordinaire du courant rendit, encore cette fois, nul l'effet que Sigefroi attendait de cette infernale machine. Emportée par une force à laquelle ne purent résister les rameurs qui voulaient la diriger, elle vint choquer fortement la plus grosse pile du pont, qu'elle ébranla jusque dans ses fondements; mais aussitôt, renversée sur le côté, elle s'engloutit dans le fleuve. Le bruit que fit en s'éteignant dans les eaux le vaste feu qui la consumait, se fit entendre à plusieurs milles à la ronde, et une fumée blanchâtre et humide couvrit quelque temps le pont et une partie de la cité*.

A cette vue, les habitants, transportés de joie, accoururent hors des murs et sur le pont. Ils se félicitaient les uns les autres; hommes et femmes s'embrassaient, dansaient en regardant passer les noirs débris de la machine; on les aurait crus atteints de folie.

Au milieu de ces transports, de cette allégresse, un moine parut. C'était Abbon qui venait leur reprocher de ne pas rendre grâces au ciel du miracle éclatant qu'il venait d'opérer en leur faveur.

« Ingrats! s'écriait-il en s'adressant à la foule qui s'était réunie autour de lui; insensés Parisiens, le ciel vous a visiblement protégés, et ce n'est point au ciel que vous songez à rendre grâces! Apprenez de moi qu'un miracle seul a sauvé votre ville du plus grand des périls. Ce matin, j'étais avant l'aurore, là haut, tout près du mât auquel est attaché le drapeau, couleur de safran, qui flotte sur le palais de notre comte Eudes, lorsque j'ai vu voguer, au milieu de la Seine, le volcan mobile qui, de tous côtés, vomissait de larges flammes. « Nous sommes per-

* Voyez la note XXXIV.

dus! me suis-je dit, si les saints ne prennent pitié de nous. » Et aussitôt j'ai couru vers la cathédrale où sont déposées les reliques de toutes les églises des environs. J'ai d'abord voulu prendre et porter sur ce pont même la grosse tête d'argent qui renferme le chef de saint Denis; mais elle était trop lourde. Je me suis souvenu alors qu'un heureux hasard nous avait procuré les reliques d'une sainte étrangère qui, comme vous le savez, a déjà manifesté sa puissance, en enlevant au ciel toute vivante la sœur du comte Eudes. J'ai saisi le reliquaire qui contient sa dernière dépouille, et j'ai couru le déposer au pied du drapeau jaune, qui aussitôt a cessé de s'agiter dans l'air et a embrassé, de ses longs replis, le saint reliquaire, comme pour le garantir de toute atteinte sacrilége. Au même instant j'ai vu les eaux de la Seine s'agiter en vagues plus pressées, bouillonner même autour de la grosse barque enflammée. Je suis tombé les genoux en terre, les mains levées vers le ciel, priant et pleurant. Je n'avais pas fini de réciter un *miserere*, que j'ai vu la terrible barque prendre une fausse route, se briser contre la pile du pont et s'engloutir à jamais dans les flots. Courons, mes frères, courons tous à notre cathédrale, baiser humblement la relique qui nous a préservés d'un épouvantable désastre. »

Il dit. Les danses et les chansons cessèrent : tout le peuple le suivit dévotement à la cathédrale. L'évêque Gozlin y était déjà en prières : il avait fait placer le saint reliquaire au milieu de l'église, sur une table couverte d'un riche tapis. Quand les dévots l'eurent baisé, et que chacun eut déposé quelque monnaie dans une patène d'argent doré, posée près du reliquaire, Gozlin avertit les fidèles que désormais, tous les ans, à pareil jour, on présenterait à la vénération des fidèles la jupe de l'Égyptienne, protectrice de Paris, et que l'on chanterait en son honneur une hymne, dont le moine Abbon était chargé de composer les vers.

Cependant les deux chefs de l'armée des Normands, affligés du peu de succès de leur tentative contre Paris, s'étaient retirés avec le scalde Egill sous une tente, où ils s'occupaient de graves délibérations. Sigefroi était loin de faire aucun reproche au scalde qui avait conseillé l'emploi des barques incendiaires. Il reconnaissait que des circonstances, que peut-être il aurait dû prévoir, les avaient rendues inutiles. « Mais, lui dit-il, vous qui connaissez si bien les machines de guerre qu'employaient les Romains, pourriez-vous nous donner une idée de celles dont ils faisaient usage dans les siéges des villes et des forteresses ? »

Egill prit aussitôt un morceau de craie, et dessina, sur le sol même de la tente, un bélier, une baliste, une catapulte. Il en expliqua ensuite l'usage et les effets.

« — Faudrait-il beaucoup de temps pour faire exécuter ces machines ? » demanda Sigefroi.

— Avec tant de bras dont vous pouvez disposer, deux mois pourraient suffire, » dit Egill.

« — Eh bien ! l'hiver arrive ; nos troupes ont besoin de repos : renfermons-les dans les deux camps. Vous ferez, Adalbert, de temps à autre, quelques petites attaques contre Paris, seulement pour faire connaître aux Parisiens que nous ne les avons pas abandonnés. Ordonnez, au reste, de petites excursions dans les pays environnants, quand vous aurez besoin d'approvisionner votre camp. Moi, j'ai l'intention de profiter de cette relâche que nous donnerons aux Parisiens, pour aller, à la tête de quelques cents braves Danois qui sont dans mon camp, visiter les rives de la Loire. Les peuples de ces contrées ne s'attendent pas à nous voir arriver sur eux par terre. Il y aura là des prêtres chrétiens à tuer, et, ce qui vaut mieux, un riche butin à faire. Pour vous, savant Egill, occupez-vous de la construction de vos béliers, de vos catapultes ; vous dirigerez tous les travaux nécessaires pour leur prompte confection. Adalbert vous procurera les ouvriers et les matériaux : nous ne manquons ni d'hommes, ni de bois, ni de fer. A mon retour de ma petite expédition, nous ferons l'essai de vos machines. »

Ainsi parla Sigefroi, et il regagna ensuite son camp de l'autre rive.

CHAPITRE XVI.

LA CROIX DE L'ÉVÊQUE.

Succensa mulier libidine, pergit ad domum ecclesiæ per tenebras noctis, et cœpit voces hujusmodi dare: « Quousque, sacerdos, dormis? Cur conjugem spernis?... Ecce ego ad te revertor, nec ad extraneum sed ad proprium vas recurro ». Hæc et his similia declamanti tandem sacerdotis tepescit relligio. Jubet eam cubiculo intromitti, ususque concubitu ejus, discedere jubet.

GREGOR. Turon., Hist., l. I, cap. 44.

« Enflammée de désirs, elle se dirige, au milieu d'une nuit obscure, vers la demeure épiscopale; et là, elle commence à élever la voix : « Jusques à « quand, dit-elle, dormiras-tu, évêque? Pourquoi « méprises-tu ta femme?... Voilà que je reviens à « toi; et ce n'est point un bien qui ne m'appartient « pas que je réclame; je veux ce qui est à moi ». A ces paroles et à d'autres semblables, la religion du pontife s'endormit. Il ordonna qu'on la fît entrer dans son lit; et quand il eut satisfait sa passion, il lui commanda de se retirer. »

GRÉGOIRE de Tours, Histoire des Français, l. I, ch. 44.

QUELQUES jours après, Sigefroi, à la tête de sept à huit cents Danois choisis dans son armée, se dirigea sur Orléans, et descendit ensuite jusque près de Tours, en ravageant toute la contrée. Là, trouvant un pays plus fertile, une température plus douce qu'à Paris, il résolut d'y séjourner quelque temps, d'hiverner.

Adalbert restait ainsi seul maître de l'armée qui assiégeait Paris. Il visita les deux camps, s'assura par ses yeux que tout était en bon état de défense, et il crut pouvoir permettre aux chefs des bandes normandes de faire, quand ils le jugeraient convenable, des excursions dans les environs; de s'y livrer, s'ils voulaient, aux plaisirs de la chasse, son intention étant de laisser les Parisiens tranquilles pendant toute la mauvaise saison.

Les Parisiens s'aperçurent avec joie qu'ils allaient goûter quelques moments de repos. Tout paraissait calme autour d'eux : ils voyaient souvent, du haut de leurs murs, les Normands se promener sans armes dans la campagne; leurs troupeaux paître sur le rivage; leurs femmes y allumer des feux pour faire cuire les viandes, et quelquefois aussi, danser au son des harpes. Ils commençaient à croire que ces hommes-là étaient moins cruels, moins barbares qu'ils ne l'avaient imaginé. Ils auraient bien voulu communiquer avec eux; mais ils ne savaient point leur langue, et c'était un grand obstacle. Les prêtres d'ailleurs, et surtout l'évêque Gozlin, leur avaient défendu, sous peine d'être éternellement damnés, d'avoir aucune relation avec de tels païens qui méprisaient la religion du Christ, qui offraient à leurs faux dieux des victimes sanglantes. Les prêtres disaient vrai, ou à peu près : car, à chaque changement de lune, les drotters, qui vivaient retirés, ainsi que les devineresses, dans les plus sombres repaires des forêts voisines, en sortaient et venaient, dans les deux camps, immoler à Odin des chevaux, des taureaux, en attendant qu'ils pussent de nouveau immoler des prisonniers.

Quant au scalde Egill, il avait déjà fait abattre, parmi les plus grands et les plus antiques chênes du bois qui entourait le château du Lover, tous ceux qui lui paraissaient propres à la construction de ses machines de guerre. Cent forges établies près du camp façonnaient les fers qui devaient armer la tête des formidables béliers.

Après l'inspection qu'il venait de faire de sa double armée, Adalbert crut pouvoir sans danger sacrifier quelques instants au plaisir, et s'apprêta à aller rejoindre sa mère et son amie ; mais, avant de partir pour le Mont-Valérien, il recommanda bien à Egill, si les Parisiens faisaient la moindre démonstration hostile, ce qui n'était guère à craindre, de lui expédier aussitôt des messagers pour l'en prévenir.

Lorsqu'il arriva à l'ermitage, à peine était-il descendu de cheval qu'il se trouva dans les bras de Judith qui le serrait fortement contre son sein. Adelinde elle-même, la timide Adelinde, avait osé prendre une de ses mains qu'elle pressait légèrement dans les siennes.

« — Je suis à vous pour quelque temps, ma mère chérie, dit Adalbert, et à vous aussi, ma belle promise; peut-être pour plusieurs mois.

— Quoi! ces Parisiens ne se rendent pas?» lui dit sa mère.

« — Nous nous sommes bien trompés sur ce peuple. Eh! n'ont-ils pas été les premiers, il y a quelques jours, à nous attaquer dans notre camp! Nous les en avons fait repentir, il est vrai; mais il a fallu combattre. La population entière, dans Paris, est toujours sous les armes: artisans, prêtres, moines même. Croiriez-vous, ma mère, qu'il s'en est fallu peu que je n'aie été assommé par l'évêque Gozlin?»

(A ce mot, Judith pâlit.) — « Oui, c'est grâces à mon agilité que j'ai évité le coup de son énorme massue. Le moment d'après, j'étais maître de sa vie; mais je voulais l'emmener prisonnier à vos pieds. Je l'ai saisi au corps, nous luttions; quelques-uns des siens sont venus à son secours, il m'a fallu lâcher prise. Je n'ai eu que le temps de lui arracher la croix que voici : c'est le seul trophée que j'emporte du combat. »

Judith prit brusquement la croix d'or des mains de son fils : « Ah ! c'est bien elle, je la reconnais ! » Puis, s'apercevant de la surprise que causait son exclamation tant à son fils qu'à son amie, elle ajouta en souriant : « Vous vous demandez sans doute comment il se peut que je reconnaisse la croix que portait Gozlin : je vous le dirai, ce soir, après le repas. C'est le secret d'une autre, et non le mien, que je vous confierai. Mon récit nous servira d'histoire pour aujourd'hui ; car tu sauras, dit-elle en se tournant vers son fils, que, pour passer le temps pendant nos longues soirées, chaque jour, l'un de nous doit conter une histoire. Quand Egill était ici, c'était notre meilleur conteur. Nous avons su par lui les aventures amoureuses de tous les princes et princesses du Danemarck et de la Norwège. C'est à présent Nitard et Odille qui le remplacent : l'un nous répète des légendes, l'autre des anecdotes monacales, qui sont rarement édifiantes, quoique la conteuse n'y voie rien de blâmable. Eh bien ! ce soir, ce sera mon tour de conter. »

Adalbert n'avait jamais vu sa mère si gaie, si

expansive. Il ne savait pas que, sous cette apparente gaieté, elle cherchait à cacher la vive émotion qu'elle venait d'éprouver.

Adalbert apprit par Adelinde quelles étaient les occupations habituelles, la vie des habitants de l'ermitage. Dès la pointe du jour, Judith allait visiter l'ermite assassin, avec lequel Adelinde ne concevait pas qu'elle pût avoir de si fréquentes relations. Nitard et Odille allaient de leur côté, et toujours ensemble, faire une prière à la chapelle voisine de Saint-Nicaise, qui était abandonnée et sans prêtres; mais ils s'étaient occupés de la rendre plus propre dans l'intérieur, et Odille portait, chaque jour, des fleurs sur l'autel, qui était resté debout. Depuis quelque temps, cette dévote fille avait à peu près repris sa fraîcheur, sa beauté première; elle n'avait plus un air de crainte et de sévérité; elle ne baissait plus les yeux devant les hommes; mais elle avait toujours conservé son habit de religieuse. De son côté, Nitard avait plus de soin de sa personne; ses habits étaient propres, presque élégants. Judith, pour récompenser son zèle, lui avait donné l'inspection des esclaves employés au service de l'ermitage. Ce n'était plus un humble serviteur : il lui était permis de s'asseoir à table auprès de ses anciens maîtres.

« Parlons de moi, continua Adelinde. Pour te

plaire, ô le plus aimé des hommes, j'ai tâché d'apprendre la langue de ta patrie, puisqu'elle doit devenir la mienne. Le scalde Egill était mon maître.» Et elle prononça aussitôt, en scandinave, une phrase qu'elle croyait bien tendre et qui fit sourire Adalbert, car elle avait dit précisement le contraire de ce qu'elle voulait exprimer, et avait très-mal prononcé tous les mots. Mais, reprenant sa langue maternelle, elle ajouta que, chaque jour aussi, elle allait faire une prière, non comme Odille, dans une chapelle, mais dans ce berceau de chèvre-feuille où elle l'avait vu à son dernier voyage. Cet aveu lui valut un baiser de son amant.

Adalbert fit lui-même son plan de vie pour tout le temps qu'il aurait à rester à l'ermitage. Il se proposait d'abord d'employer à chasser dans les environs une partie de la matinée. Qu'avait-il à craindre, quand même il parcourrait seul le pays? Tous les hommes puissants, les riches possesseurs, au lieu de se défendre, avaient fui à l'approche des Normands; le peu de cultivateurs qui restaient s'étaient franchement soumis à leur domination, et, d'ailleurs, étaient désarmés. « Je reviendrai ensuite, disait-il, près de ma belle Adelinde, continuer les leçons de langue scandinave que lui donnait Egill. » Puis, en la regardant avec tendresse :

« Ne voudra-t-elle apprendre de moi que des mots, de vains sons ?... L'art d'aimer, si toutefois c'est un art, je veux le lui enseigner...

— Mon fils, lui dit sa mère en l'interrompant (car elle n'avait point quitté nos deux amants), vous avez pris chez les Français ce fade jargon qui ne convient point à vos mœurs. Aimez à la manière de vos compatriotes : ce n'est pas par de flatteuses paroles qu'ils cherchent à nous séduire, mais par de belles actions, par le courage, la franchise, la loyauté! Comme eux, vous respecterez l'innocence qui s'est confiée à votre foi. Vous n'oublierez point qu'Adelinde est sous votre garde... » Elle allait continuer; mais on vint les avertir qu'on les attendait dans la chambre destinée aux repas.

Nitard et Odille, qui déjà s'y trouvaient, témoignèrent au jeune guerrier toute la joie qu'ils ressentaient de le revoir. Odille l'appelait son sauveur, Nitard, le plus aimé des maîtres; mais Adalbert lui défendit de le qualifier ainsi : « Tu n'as plus ici de maître, lui dit-il, à moins qu'Odille ne veuille exercer sur toi l'empire auquel nous avons renoncé. »

Cette fois, le repas de l'ermitage ne fut ni aussi calme, ni aussi frugal que les autres jours : on but un peu plus que de coutume. Il fallut qu'Adelinde chantât, et sa voix parut ravissante.

Adalbert, sachant qu'elle entendrait au moins quelques mots des vers qu'il lui adresserait, improvisa pour elle une chanson scandinave.

A peine le repas était terminé que Nitard rappela à l'assemblée que c'était le jour où il devait conter, et demanda qu'on voulût bien écouter l'histoire qu'il avait passé tout le jour à préparer.

« — Tu la réserveras, Nitard, pour une autre occasion, dit Adalbert; ma mère nous en a promis une pour ce soir.

— J'espérais, dit Judith, que vous l'oublieriez; mais je suis prête à commencer. »

Aussitôt, toute l'assemblée observa le plus grand silence, et Judith commença ainsi :

« Vous voyez cette croix d'or (elle avait tiré de son sein la croix qu'Adalbert avait arrachée à l'évêque Gozlin) : ce n'est point le vain ornement d'un prélat chrétien, mais un gage de la passion la plus vive, et en même temps la plus funeste. On peut facilement l'ouvrir, quand on connaît l'art avec lequel elle a été fabriquée. »

Elle poussa, en même temps, un ressort; la croix s'ouvrit. Elle contenait une tresse de cheveux du plus beau noir, une autre de cheveux blonds, et un anneau d'or qui se repliait sur lui-même.

« Voilà le dernier présent que fit à l'ingrat

Gozlin une femme qu'il avait indignement trahie, et dont je vais vous raconter l'histoire, que je tiens d'elle-même, car je fus sa confidente, sa plus chère amie. Je l'aidai long-temps à supporter ses malheurs. »

HISTOIRE DE RADEGONDE.

« Radegonde devait le jour à un des plus illustres comtes qui brillaient à la cour de Charles-le-Chauve. Son père avait une sœur, abbesse du monastère qui s'élève sur le mont même où sont déposées les reliques de la Vierge de Nanterre. Tout occupé de combats, d'amours, accompagnant presque toujours le roi dans ses expéditions guerrières, le comte se crut trop heureux de pouvoir se débarrasser de sa fille, en la confiant à sa sœur l'abbesse.

« Radegonde, à l'âge de vingt ans, était, m'a-t-on dit, d'une grande beauté. Elle avait une taille élevée, des traits d'une régularité parfaite, de grands yeux noirs et vifs, qui semblaient indiquer de la force d'âme, et aussi de la fierté. L'abbesse sa tante la força de prendre le voile, et elle ne le fit pas sans répugnance; car, elle me l'a souvent avoué, dès sa jeunesse, elle n'admettait presque rien de ce que disaient les prêtres sur la satisfaction qu'éprouvait le dieu des chrétiens du sacrifice qu'on lui faisait de ses affections les plus naturelles. Elle ne pouvait se persuader que c'était le servir et lui plaire que de vivre inutile au monde; que de ne pas rendre à d'autres la vie que nous avons reçue de lui. Cependant, elle éprouvait un trouble intérieur; elle se reprochait de ne pas ajouter foi à des paroles, à des préceptes que l'on disait émanés de Dieu lui-même. Elle confia ses doutes, son incertitude, ses remords à l'homme qu'elle avait choisi pour directeur de sa conscience. C'était Gozlin, qui n'était alors que simple prêtre, mais qui déjà avait la réputation d'un très-savant théologien. A peine avait-il vingt-cinq ans, et il était remarquable par la noblesse de sa figure toujours calme, par des yeux pleins de douceur, tendres, expressifs.

« Gozlin, aux aveux que lui faisait sa pénitente, se contentait de sourire, et ne la réprimandait nullement sur son incrédulité; mais il lui disait : « Dissimulez vos sentiments ; la religion est utile : c'est par elle que les prêtres commandent aux rois, aux puissants de la terre qui, sans elle, commettraient bien plus d'injustices et de barbaries. Elle met un frein aux passions de ces tyrans, de ces hommes qui sont tous sans principes, sans moralité. »

« Quand il eut pénétré dans les replis les plus

secrets de l'âme de Radegonde, il lui ouvrit la sienne. Il lui parla d'amour; et elle n'était que trop disposée à l'écouter. Il lui peignit avec feu le bonheur de deux êtres qu'un égal penchant attire l'un vers l'autre; qui, méprisant les vains préjugés par lesquels on s'impose de cruelles privations, obéissent aux lois bien plus sensées que la nature a prescrites. Il n'eut pas de peine à l'en convaincre : tout ce qu'il disait, Radegonde l'avait d'avance imaginé; c'étaient là ses rêves chéris, les continuelles illusions de son esprit. Que vous dirai-je? elle l'aima comme il paraissait l'aimer, et plus vivement encore. Il était pour elle un être presque surnaturel, un ange, un dieu.

« Un jour, il lui proposa de quitter le monastère où elle avait vécu jusqu'alors, de venir habiter une maisonnette simple et commode qu'il avait fait préparer pour elle dans la forêt de Vilcenna.

«Oui, lui dit-elle, j'y consens, pourvu que vous promettiez devant Dieu que vous n'aurez jamais d'autre amie, d'autre compagne. Nous ne pouvons, ni l'un ni l'autre, nous unir devant les hommes; mais, devant la divinité, vous pouvez jurer d'être éternellement à moi. Je me regarderai dès lors comme une épouse aussi légitime que celle qui, aux yeux de tout un peuple, contracte de solennels engagements. »

« Il promit tout; et Radegonde, sans scrupule

et sans crainte, franchit, une nuit, les murs du monastère, et se trouva dans les bras de son amant, ou plutôt d'un époux.

« La maison où il la conduisit n'était guère qu'une chaumière au milieu d'une forêt; mais elle contenait tout ce qui était nécessaire aux besoins de la vie. Gozlin lui donna, pour la servir, une vieille esclave sur la discrétion de laquelle il pouvait compter.

« Ce fut dans cette retraite que Radegonde passa la plus douce année de sa vie. Gozlin venait l'y visiter presque tous les jours. Oh! qu'elle était heureuse, lorsqu'elle le voyait arriver! Pendant son absence, elle pensait toujours à lui; elle se livrait avec ardeur aux études qu'il lui avait prescrites. Elle avait appris, comme toutes les religieuses, la langue des anciens Romains; mais, jusque-là, elle n'avait lu que les Évangiles, la Cité de Dieu de saint Augustin, et quelques autres livres des pères de l'Église. Gozlin lui fit connaître d'autres auteurs, des historiens et des poètes. Que le tendre Virgile lui plaisait! elle récitait souvent à Gozlin ces vers enchanteurs où il peint les amours d'Énée et de Didon. Elle était loin de prévoir qu'un jour elle serait abandonnée comme la reine de Carthage!

« Virgile la rendit poète. Dans quelques chansons, en idiome vulgaire ou gallo-romain, qui n'est guère que du latin barbare, elle tâcha d'exprimer tous les sentiments qui remplissaient son âme. Gozlin semblait prendre un plaisir extrême à les lui entendre chanter. Je les ai vues ces chansons d'amour où elle l'appelait son maître, son ami, son époux. Adalbert, tu n'en as jamais fait de plus tendres, de plus passionnées pour ton Adelinde.

« Gozlin semblait désirer ardemment de devenir père; il avait promis à son amie, si elle lui donnait un fils, de renoncer à l'église, d'aller vivre avec elle dans quelque contrée lointaine, uniquement occupé de l'éducation de ce tendre fruit de leurs amours; mais le ciel ne secondait point leurs vœux mutuels.

« Bientôt Gozlin parut préoccupé, sérieux. Ses visites devinrent plus rares. Dans ses entretiens avec Radegonde, il ne lui arrivait presque plus de la regarder avec passion, de lui dire de ces mots qui vont à l'âme, qui, répétés tous les jours, ont tous les jours un nouveau charme. Il lui parlait bien plutôt de la confiance qu'avait en lui le comte de Paris, de l'espoir qu'il avait de devenir l'un des principaux personnages de sa cour. Déjà le comte avait exigé qu'il vînt habiter près de lui, dans son propre palais. Radegonde vit trop bien, mais non sans une inexprimable douleur, que, dans l'âme de Gozlin, l'ambition avait remplacé l'amour.

« Trois mois s'étaient écoulés, et son amant n'était point venu à cette chaumière où, naguère, il passait presque toutes ses nuits. En vain, la vieille esclave Gertrude était allée, plus d'une fois, retracer à Gozlin les inquiétudes, les chagrins amers de la pauvre délaissée : il s'était excusé de son absence sur la multitude des affaires dont il se disait surchargé, sur la nécessité de se trouver, jour et nuit, prêt à exécuter les ordres du comte.

« Radegonde ne peut supporter plus long-temps un si cruel abandon. « Il me verra, dit-elle ; il faut que je l'apprenne, de sa bouche même, s'il faut renoncer pour toujours à ces plaisirs que je croyais innocents, et dont il savait si bien m'enivrer ! »

« Un soir, elle s'enveloppa d'une longue mante, sortit, traversa, non sans crainte, la forêt, entra dans Paris vers le milieu de la plus sombre nuit, et se trouva bientôt près du palais du comte. Sa fidèle esclave lui avait dit comment elle pourrait parvenir à l'appartement de Gozlin. Les gardes du palais étaient endormis ; elle passa, sans être aperçue, au milieu d'eux, et se dirigea vers une chambre où Gozlin dormait d'un sommeil profond. Elle y entre sans bruit ; et, prenant une lampe allumée qui avait été placée à l'un des angles de la chambre, sur un grand candélabre, elle s'avance vers le lit, contemple quelque temps les traits de cet homme qu'elle a aimé, qu'elle aime encore avec tant de passion. Elle lui prend une main, qu'elle serre légèrement ; il s'éveille, ouvre les yeux, reconnaît Radegonde, croit rêver, et s'écrie :

« — Vous ici, Radegonde ! qu'avez-vous fait ?...

— Je viens, répond-elle, prendre la place qui m'est due, près de mon amant, de mon époux. Je ne crains nul reproche ni des hommes ni de Dieu. »

« Et, en même temps, elle jeta loin d'elle la large mante qui l'enveloppait ; et, couverte d'une simple tunique, elle se pencha sur son amant, et l'enlaça de ses deux bras. Il sentit son sein contre son sein, son cœur battre violemment contre son cœur.

« Radegonde, lui dit-il, tu l'emportes ! redeviens mon épouse bien-aimée. Peut-être je vais me perdre ; peut-être il me faudra renoncer à cette réputation de vertu qui me promettait des honneurs, des richesses.... ; mais tant d'amour mérite une récompense. »

« Il la reçut dans son lit. Radegonde pleurait ; il essuyait ses larmes, la couvrait de baisers.

« Que tu m'as fait de mal, cruel ami ! lui disait Radegonde ; mais tout est pardonné : ce moment efface bien des torts ; je ne me souviens plus de ton ingratitude. »

« Hélas ! cette nuit fut la dernière que Radegonde passa près de son amant. Le matin, en ouvrant les yeux, elle le vit tout habillé qui se promenait d'un air morne dans la chambre. Il lui commanda froidement de sortir du lit et de reprendre ses habits. Elle obéit en tremblant. Ensuite, il lui dit :

« Radegonde, cette nuit, j'ai oublié les promesses que j'avais faites à Dieu, de ne jamais retomber dans de graves fautes dont une vie entière, passée dans la pénitence, ne parviendra peut-être pas à m'obtenir le pardon. Mais nous ne devons plus nous revoir ; il faut nous quitter !.. Oubliez les perfides leçons que j'ai pu vous donner. Renoncez au monde ; vous le pouvez encore : je vous ferai rentrer dans un monastère de saintes femmes dont je connais l'abbesse. Par sa protection, vous parviendrez, je vous le promets, aux premières dignités après elle, et peut-être la remplacerez-vous un jour. »

« Radegonde, en l'écoutant, était restée stupéfaite, anéantie ; mais reprenant bientôt sa fierté accoutumée :

« — Hypocrite ! lui dit-elle, tu fais ici un vain étalage de tes scrupules tardifs, de tes remords.

Va, continue de tromper le monde par ta fausse dévotion ; assouvis-toi d'honneurs et d'or. Pour moi, je resterai parmi les hommes, mes semblables, sans pleurer mes péchés, dont je ne saurais me repentir. Je vivrai pauvre, malheureuse, mais non infidèle ni parjure. »

« Puis, jetant sur lui un regard de mépris :

« Qui l'aurait pu croire, qu'un misérable prêtre chasserait honteusement de son lit, abandonnerait la fille qu'il a séduite, déshonorée ; la fille d'un comte, du favori d'un roi !...

— Je ne vous abandonne point, s'écria vivement Gozlin ; en quelque lieu que vous viviez, je saurai pourvoir à tous vos besoins. Croyez que si d'impérieux devoirs ne me permettent plus de vous donner des témoignages d'amour, je conserverai toujours pour vous les plus tendres sentiments. Recevez, pour garant de la promesse que je vous fais, cette croix où j'ai renfermé une boucle des cheveux que vous aviez tant de plaisir à caresser, à baiser en de doux, mais criminels moments d'ivresse. »

(Gozlin avait tiré de son sein une croix d'or, et l'avait placée dans la ceinture même de Radegonde.)

« Ces cheveux, continua Gozlin, vous rappelleront des erreurs passées ; et la croix, que vous devez en gémir et les réparer.

— C'est bien, dit Radegonde avec un souris amer; tu gardes toujours ton masque.... Oui, ces cheveux me diront : « Il nous a ôtés de sa tête, « comme il t'a arrachée de son cœur; nous ne « sommes plus à lui ! » Et cette croix, elle me dira à son tour : « C'est pour les biens terrestres « que je procure à ceux qui font semblant de « m'adorer, moi qui ne suis que le vain symbole « d'un culte absurde et bizarre, que ton époux « a renoncé à d'autres biens plus réels, à l'ami- « tié, à la douce confiance, aux seuls et vrais « devoirs que prescrit le maître de la nature. »

« A ces mots, Gozlin fit un geste d'horreur, comme s'il eût entendu une voix sacrilége. Radegonde, furieuse, ne se connaissant plus, lui crache au visage, et sort brusquement de la chambre et du palais.

« Elle courait, comme une insensée, dans les rues de la ville, et ensuite, dans les détours de la forêt; elle ne retrouva, sinon du calme, du moins quelques idées, que lorsqu'elle aperçut la chaumière qui lui servait d'asile. Sa vieille esclave fut effrayée en la voyant arriver pâle, échevelée. Elle voulut l'interroger; mais Radegonde, suffoquée par la colère, ne pouvait lui répondre que par des cris inarticulés. Cet état de crise ne pouvait long-temps durer; elle fondit en larmes, et se sentit soulagée..... »

Ici Judith fut interrompue dans sa narration par un gémissement sourd, un sanglot étouffé. Adelinde, profondément touchée de l'affreuse situation où se trouvait une amante si passionnée, si généreuse, avait d'abord pleuré dans le secret, mais, à la fin, n'avait pu cacher sa vive émotion. Tous les yeux se tournèrent sur elle : embarrassée, confuse, elle couvrait son visage de ses mains. Judith, serrant une de ses mains dans les siennes, lui dit :

« Je devine, sensible Adelinde, pourquoi vous êtes si péniblement affectée. Comme Radegonde vous aimez ; vous craignez d'être abandonnée comme elle. Oh ! tous les hommes ne se ressemblent pas !..... Il est trop vrai, pourtant, que la femme qui s'abandonne sans réserve à son amant en est souvent délaissée sans pitié. Que Radegonde vous serve de leçon...... Mais la nuit est trop avancée pour que je vous expose les cruelles suites qu'eut sa faute. Demain, je continuerai l'histoire de ses malheurs. »

La petite société se sépara. En disant adieu à Adelinde, Adalbert lui baisa la main avec respect, et lui dit tout bas :

« Adalbert ne sera jamais un Gozlin. Un guerrier loyal et franc, un Scandinave, quand il a juré fidélité, tient son serment ou meurt. »

CHAPITRE XVII.

LA MÈRE ABANDONNÉE.

Mulier cum parit, tristitiam habet quia venit hora ejus: cum autem peperit puerum, jam non meminit pressuræ propter gaudium, quia natus est homo in mundum.

Evang. JOANN., XVI, 21.

« La femme, lorsqu'elle met au jour un enfant, éprouve de douloureuses angoisses. Mais à peine cette heure cruelle est passée qu'elle ne se souvient plus de ses souffrances, et qu'elle se sent fière et joyeuse d'avoir donné un homme de plus au monde. »

Évang. de S. JEAN, XVI, 21.

AUSSITÔT après le repas du soir, Judith, sur l'invitation de Nitard et d'Adelinde elle-même, reprit ainsi l'histoire de Radegonde.

FIN DE L'HISTOIRE DE RADEGONDE.

« Qu'ils furent longs et tristes les jours qui suivirent celui où Radegonde n'eut plus à douter de l'inconstance de son amant! On la voyait, tantôt assise au pied d'un chêne, abîmée dans des réflexions amères, arrachant, sans y penser, quelque brin d'herbe, le portant à sa bouche, le rejetant loin d'elle; tantôt errante, en désespérée, dans les lieux les plus sombres de la forêt, ou sur les bords humides de marais infects. Le long des nuits, son esclave l'entendait soupirer et gémir. Elle avait remarqué que sa maîtresse perdait la fraîcheur de son teint; que sa santé, autrefois si vigoureuse, s'altérait de plus en plus; elle ne dissimulait point ses alarmes à Radegonde, qui y semblait insensible, ou plutôt qui s'en montraît satisfaite. Elle eût voulu mourir.

« Un mois entier s'écoula dans ces ennuis, dans ces tourments. Tout à coup, Radegonde parut une autre femme : ce n'était plus cette amante délaissée qui appelait la mort, et refusait souvent les secours qui devaient prolonger son existence; ses yeux étaient brillants, animés; on y eût pu lire presque de la joie, et elle les levait souvent vers le ciel, comme pour lui rendre grâces. C'est que Radegonde, à des signes certains, avait reconnu que la nuit passée dans le palais du comte de Paris aurait des suites qu'elle regardait comme heureuses.

« Il voulait être père, se disait-elle; c'était son « vœu le plus ardent.... Repoussera-t-il encore « celle qui peut-être lui donnera un fils?... non,

« je ne l'en crois pas capable, quoiqu'il m'ait « bien cruellement traitée ! »

« Comment lui apprendra-t-elle cet événement? Après avoir formé, puis rejeté vingt plans divers, voici le moyen qu'elle crut devoir préférer. Elle écrivit, sur des tablettes que Gozlin lui avait données au temps de leurs amours, ce verset d'un évangile : *Exaudita est deprecatio tua: et uxor tua pariet tibi filium :* « Ta prière a été exaucée : ton épouse a conçu ; elle te donnera un fils. » Elle appela ensuite Gertrude, et lui commanda d'aller à Paris, de remettre, dans les mains même de Gozlin, ces tablettes, et d'examiner surtout l'expression de sa figure, lorsqu'il lirait ce qu'elle y avait écrit.

« Quand l'esclave fut partie, Radegonde attendit son retour dans des angoisses inexprimables. Elle se flattait quelquefois qu'il volerait aussitôt dans ses bras; puis, songeant à la terrible scène qui avait suivi la plus douce des nuits, elle perdait tout espoir.

« Dans son impatience, elle se décida à aller à la rencontre de Gertrude. Elle la vit de loin qui arrivait à pas lents, la tête baissée; son cœur se serra ; elle prévit que Gertrude n'avait rien de favorable à lui annoncer.

« Eh bien! lui cria-t-elle dès qu'elle put se

faire entendre, qu'a-t-il dit ? Ne crains point de trop m'affliger, Gertrude; sois sincère...

— Calmez-vous, chère bonne maîtresse; je vais tout vous dire. Par la protection de l'un des gardes du comte Eudes, que j'ai connu dans ma jeunesse, j'ai pu parvenir, sans obstacle, dans l'appartement du puissant Gozlin. Quand je suis entrée, il écrivait avec une grande attention sur une feuille de parchemin déployée devant lui. Il ne m'a point vue d'abord; mais, entendant quelque bruit derrière son fauteuil, il a tourné la tête. « Quoi! Gertrude, a-t-il dit, vous avez osé pénétrer jusque dans cet asile? » Et son regard était sévère; et il s'est levé brusquement. D'une main j'ai pris une des siennes, que j'ai baisée en m'inclinant; de l'autre, je lui ai présenté vos tablettes. En les prenant, il disait tout bas : « Quelle imprudence! » A peine avait-il lu qu'il m'a paru éprouver un saisissement, un trouble qu'il cherchait vainement à maîtriser. Son visage s'est couvert d'une pâleur extrême; ses lèvres tremblaient. Il s'est promené quelques minutes dans la chambre, les yeux baissés et sans proférer un seul mot. Puis, se rapprochant de moi, il m'a dit froidement :

« Gertrude, retournez promptement vers votre maîtresse; promptement, entendez-vous ? et sans parler à qui que ce soit dans ce palais. Vous direz à Radegonde qu'elle me verra, avant que dix jours soient écoulés. Jusque-là, ayez grand soin d'elle. Recommandez-lui surtout de ne jamais sortir, de se cacher à tous les yeux. » Et d'un geste, il m'a indiqué la porte par où je devais sortir. »

« A ce récit, Radegonde sentit un froid de glace parcourir tout son corps. Elle n'aurait pu retourner jusqu'à la chaumière, si Gertrude ne l'eût soutenue, ne l'eût aidée à marcher.

« Il a été insensible !.... Cette nouvelle l'a péniblement ému !.... » Elle pleurait. Gertrude lui disait : « Mais il viendra! il l'a bien promis. »

« Ce mot : « Elle me verra, » qui était resté gravé dans l'âme de Radegonde, adoucissait un peu l'amertume de sa douleur. Elle se trouva assez de force pour vivre encore quelques jours.

« Elle ne sortit point; il l'avait ainsi ordonné; et, malgré son caractère indépendant, que tout ordre injuste révoltait, elle voulut se montrer soumise, obéissante. Mais sans cesse l'œil collé à la petite fenêtre du grenier de sa chaumière, elle ne quittait point de vue la route que Gozlin devait parcourir pour venir la rejoindre. Son cœur battait fortement dès qu'elle découvrait au loin quelque voyageur à cheval : toujours elle le croyait voir; puis elle pleurait de sa méprise.

« Neuf jours s'étaient écoulés ; Radegonde commençait à désespérer de revoir jamais son amant. « Cette fois encore, il m'a trompée ! s'écriait-elle; ruse et cruauté ! vous ne trouverez rien de plus dans cet indigne prêtre, dans tous les prêtres de sa religion. » Et alors, elle maudissait lui et tous ceux qui portaient la même robe. Il lui semblait que Gozlin n'était plus pour elle qu'un objet de haine et d'horreur.

« Mais le dixième jour arriva. L'aube paraissait à peine, et Radegonde entendit quelques pas de chevaux retentir sur le petit pré qui s'étendait devant la porte de sa chaumière. Elle vole à sa fenêtre, et voit Gozlin sortir d'une litière et frapper doucement à la porte. Gertrude ouvre, et Gozlin, montant aussitôt à la chambre de Radegonde, serre dans ses bras sa maîtresse qui, tremblante, confuse, rougissant, pâlissant tour à tour, ne peut que lui dire : « Aurais-je retrouvé mon époux ? » A ce mot d'époux, Radegonde sentit que les bras qui l'enlaçaient ne la pressaient plus si fortement; et bientôt après ils cessèrent de l'entourer.

« Gozlin la pria de s'asseoir ; et se plaçant près d'elle :

« J'ai beaucoup à vous parler, dit-il; tâchez, Radegonde, de m'écouter avec calme et sans m'interrompre, jusqu'à la fin. Je vous ai aimée, vous n'en pouvez douter, et vous m'êtes encore bien chère; mais, pour quelques années du moins je vous conjure de consentir à vous éloigner de ce pays. Voici les motifs de la prière que je vous fais en suppliant. La faveur du comte de Paris, la renommée de sagesse dont je jouis dans tout le comté, me présagent l'avenir le plus brillant. Déjà, l'abbaye de Saint-Germain-des-Prés, la plus riche du royaume, m'est promise; de là à l'épiscopat il n'y a qu'un pas. Mais, si mes concurrents, mes rivaux (et ils sont en grand nombre), parvenaient à découvrir que mes mœurs ne sont point telles qu'elles le paraissent; que je vis secrètement avec une religieuse; que j'ai enfin près de moi une amie, une épouse, un enfant!.... (et ils ne tarderaient point à le découvrir : leurs yeux sont si perçants!) comme ils triompheraient!... Il me faudrait baisser les yeux en leur présence; je retomberais bientôt dans l'abjection et la misère. Si, au contraire, Radegonde consent à vivre quelque temps ignorée, solitaire, dans un château dont un seigneur neustrien, qui est parti avec le roi Charles pour l'Italie, m'a permis de disposer en maître, je monterai sans obstacle aux premiers grades de l'église. Alors je rappellerai près de moi ma Radegonde et mon enfant. Si c'est un fils qu'elle m'a donné, je l'élèverai moi-même, il ne quittera point mon palais ; si c'est une fille, je la placerai dans le plus riche de nos couvents; et lorsqu'elle aura atteint l'âge, je la marierai à quelque seigneur de la cour, ou je la ferai nommer abbesse de quelque opulent monastère. Dans le château qui vous servira d'asile, vous ne manquerez de rien : chaque année, je vous enverrai assez d'or pour vous procurer même le superflu. Gertrude, que vous semblez aimer, vous suivra, continuera de vous servir. Eh bien ! Radegonde, n'approuvez-vous pas ce plan ? »

« Pendant ce long discours, Radegonde était restée muette et comme insensible ; mais son cœur était violemment agité : elle allait pleurer, mais elle eut la force de renfoncer ses larmes.

« — Et ce château, dit-elle avec une apparente froideur, est-il bien loin ?

— A quelques journées de marche, sur le bord de la mer.

— Et quand faudra-t-il partir ? »

« Gozlin, baissant la tête, répondit d'une voix tremblante :

« J'ai fait conduire ici une litière... elle est tout près... qui attend. »

« Radegonde, à ces mots, se lève brusquement : « Eh bien ! me voilà prête ! » Et, en même temps, sans tourner la tête vers Gozlin, elle appelle Gertrude et lui dit de se préparer à partir. En rassemblant ce qu'elle voulait emporter avec elle, sa main tomba sur la croix d'or, dernier présent de Gozlin. Elle fut tentée de la lui rejeter avec mépris; mais elle changea d'idée, et la remit où Gozlin l'avait d'abord attachée, à sa ceinture.

« Gozlin la regardait faire avec un étonnement mêlé d'inquiétude. Quand il la vit prendre d'une main le paquet qu'elle avait préparé, et s'avancer vers la porte pour descendre, il se précipite vers elle; et, en lui disant : « Adieu donc! » il voulut la serrer dans ses bras; elle le repoussa froidement, et, lui montrant la croix :

« Gozlin, un jour je vous la rendrai. Quand vous la reverrez, dites alors : Radegonde est perdue pour moi : elle m'a oublié, ou elle ne vit plus. »

« Elle descendit, fit monter Gertrude dans la litière, se plaça auprès d'elle, sans jeter un regard sur Gozlin.

« Ah! un mot, du moins, Radegonde; dites-moi adieu..... dites que vous me pardonnez! »

« Radegonde tourna la tête d'un autre côté, leva les yeux au ciel, comme pour lui demander un vengeur. Le conducteur de la litière fit claquer son fouet, et les chevaux se mirent en route.

« Durant tout le voyage, la bonne Gertrude fit

tout ce qu'elle put pour calmer l'esprit de sa pauvre maîtresse; pour la distraire, elle lui racontait de vieilles histoires de saints, de moines, de sorciers, et quelquefois les funestes exploits de quelques seigneurs francs, qui ne sortaient de leurs châteaux, ou plutôt de leurs repaires entourés de fossés et de tours, que pour piller les pauvres marchands qui passaient sur leurs terres, ou pour ravager les propriétés de leurs voisins. Radegonde prêtait à peine l'oreille à ces longs récits. Mais Gertrude parlait-elle, par hasard, du bonheur d'être mère, de voir croître, se développer près de soi le tendre fruit d'un mutuel amour, Radegonde soupirait, ses yeux se remplissaient de larmes.

« Oui ! disait-elle ; je le sens au dedans de moi : pour une mère, quels que soient ses chagrins, si elle peut tenir son enfant sur son sein, il y a encore du bonheur sur la terre !... »

« Après quelques jours de marche, leur conducteur, au sortir d'une sombre forêt, leur fit remarquer, à quelque distance, un château dont le donjon et les tours se dessinaient sur l'azur des eaux de la mer qui en était très-voisine, et les prévint que c'était là qu'ils s'arrêteraient. Une heure après, ils étaient à la porte du château. Un concierge en sortit, et, leur présentant les clefs : « J'ai ordre, leur dit-il, de vous installer ici, et d'obéir à tout ce que vous me commanderez. »

« Radegonde et Gertrude parcoururent tout le château, et quand elles eurent trouvé un appartement convenable, elles s'y établirent. De leurs chambres qui communiquaient entre elles, on pouvait descendre, par quelques degrés seulement, sur une terrasse, et de la terrasse, dans un bois assez sombre, parsemé de rochers bleuâtres.

« Le calme de ces lieux rendit quelque sérénité à Radegonde. Chaque jour, elle allait promener ses rêveries dans le bois. Elle éprouva, dans les premiers jours, quelques moments d'ennui; mais elle s'habitua, peu à peu, à cette vie paisible qui procurait du repos à son âme si long-temps agitée par les passions, et par les chagrins qui en sont la suite ordinaire.

« Le moment arriva où Radegonde mit au monde, presque sans douleurs, un fils, à qui elle donna pour prénom celui d'un de ses aïeux qui s'était le plus distingué par ses hauts faits sous le règne de Charlemagne. Ce fut Gertrude qui reçut l'enfant dans ses bras, et lui prodigua les premiers secours : elle avait été souvent mère, et elle connaissait tous les soins que réclame un enfant nouveau-né. Radegonde voulut le nourrir de son propre lait; elle ne se lassait point de le regarder, de le caresser. Tout son regret était qu'il eût les traits de son père, de l'homme qui l'avait dédaignée, répudiée.

« Il serait inutile de vous dire comment je connus cette malheureuse mère. Sachez seulement que, me trouvant dans une petite ville voisine du château, je la visitai, et obtins toute sa confiance. Nous devînmes amies inséparables. Comme elle, j'avais beaucoup à me plaindre des hommes; comme elle, j'avais l'âme fière, incapable de plier sous le joug de ces tyrans.

« L'enfant de Radegonde avait atteint l'âge de trois ans, et Gozlin avait solennellement promis qu'à cette époque il rapprocherait de lui son fils et sa mère; mais il se contentait, chaque année, d'envoyer de l'argent, et ne parlait nullement de tirer d'exil Radegonde. Cette conduite lui paraissait révoltante; j'animais, j'aigrissais Radegonde contre l'ingrat; j'aurais voulu qu'elle eût fui dans une autre terre, qu'elle allât se mettre sous la protection des Normands, qui, déjà, s'étaient emparés d'un coin de terre éloigné seulement de quelques lieues de sa demeure, et qui donnaient asile à quiconque venait vivre sous leurs lois. Elle hésitait; elle voulut encore une fois faire une épreuve sur le cœur de Gozlin. Par un message que lui porta le concierge même du château qu'elle habitait, elle lui rappelait que le terme qu'il avait fixé lui-même pour sa retraite, loin de toute société humaine, était arrivé; que les Normands menaçaient de ravager le pays; que son fils, ainsi qu'elle, couraient risque d'être pris ou égorgés par eux. Le messager fut assez mal accueilli par Gozlin, qui venait d'être promu à la dignité d'abbé de Saint-Germain. L'insensible et orgueilleux abbé ne prit même pas la peine d'écrire à Radegonde, mais chargea le messager de lui dire que mieux que personne il devait être informé des mouvements et des projets des ennemis, puisqu'il était un des principaux membres du gouvernement de la France occidentale; qu'elle n'avait rien à craindre dans le château où elle vivait; qu'il lui conseillait d'y rester tranquille.

« Radegonde, cette fois, se sentit blessée jusqu'au fond de l'âme, et elle prit aussitôt la résolution de renoncer pour toujours à Gozlin. Elle coupa une boucle de ses cheveux, et une des cheveux de son jeune enfant, et renferma l'une et l'autre, ainsi qu'un anneau qu'elle avait reçu de Gozlin, dans la croix d'or qu'elle avait toujours conservée. Elle lui renvoya cette croix par le concierge, sans lui écrire, sans lui faire porter un seul mot de reproches, ni de regrets.

« Dès le lendemain, elle profita de l'absence du concierge pour quitter le château avec Gertrude et son fils.

« Je ne puis vous dire ce qu'elle devint, où elle se réfugia, quel fut son sort dans la suite. Mais, ce que vous n'apprendrez pas sans intérêt, c'est qu'elle vit encore, ainsi que son fils, qui fait son bonheur et sa gloire, et qu'elle continue d'abhorrer Gozlin, quoique plus de vingt années se soient écoulées depuis la rupture de leur première union. Combien n'a-t-elle pas dû souffrir, quel que soit l'asile qu'elle a choisi, en apprenant que son indigne amant, son séducteur a réussi dans tous ses projets ambitieux; qu'il est aujourd'hui évêque de Paris, et plus puissant, peut-être, que le comte Eudes luimême, autre ambitieux qui se prépare à remplacer, sur le trône des Français, les derniers et trop faibles descendants de Charlemagne... Mais, j'oublie que je parle devant la sœur de ce comte: qu'elle pardonne à ma distraction.

« Ici, je pourrais finir l'histoire de Radegonde; mais je veux vous dire encore quelles ont été les déplorables suites des injustices de Gozlin. La haine que Radegonde avait fini par lui vouer, je la partageais dans toute son étendue: tant le spectacle prolongé d'une grande infortune m'avait émue et irritée! Un jour, j'assistais à un conseil où Rollon et les chefs de son armée délibéraient par quels pays ils iraient attaquer le roi Charles, qui avait offensé tous les Normands par un attentat inouï. Les uns voulaient remonter la Loire, pour gagner ensuite les bords du Rhin; d'autres demandaient qu'on se rendît par mer sur les côtes de la Flandre. Je proposai, moi, de remonter la Seine, de traverser la Bourgogne, pour tomber ensuite sur l'armée de Charles. On objecta en vain que les deux rives de la Seine avaient été tellement ravagées pendant les huit ou dix années précédentes qu'on ne pourrait y faire de butin; je répondis que, par la même raison, on ne trouverait, dans le pays, ni obstacles, ni ennemis à combattre. J'entraînai Rollon à mon avis, et il fut décidé que l'on viendrait s'emparer de Paris, pour ravager ensuite la Bourgogne, qui n'avait point encore été visitée par les Normands, et qui offrait une riche proie.

« Je jouissais d'avance de voir l'abbaye de Gozlin pillée, incendiée; j'espérais que lui-même, ou serait pris par nos guerriers, ou périrait dans les combats. Cependant, je l'avouerai, je crains de m'être trop laissé emporter au désir de venger une amie qui m'est bien chère. Depuis quelques jours, surtout, j'éprouve presque des remords; car j'ai appris de la bouche d'un malheureux ermite que Gozlin s'était repenti; qu'il l'avait envoyé au château où vivait Radegonde, et l'avait chargé de lui ramener au moins son fils. Mais sa mère?... il paraît que son intention était toujours de la tenir éloignée de lui. Cette réflexion m'a rendu presque toute mon animosité, ou plutôt ma haine pour le prélat qui gouverne Paris.

« Aussi, combien j'aurais joui si Adalbert, dans le dernier combat, au lieu de ne m'apporter que sa croix, m'eût amené cet évêque lui-même chargé de fers! Avec quelle joie j'aurais vu sa confusion! Comme je lui aurais reproché ses perfidies! Pourtant, j'ai frémi quand mon fils nous a raconté que peu s'en était fallu qu'ils n'eussent répandu le sang l'un de l'autre... Mon Adalbert, je ne veux point la mort de Gozlin: si jamais l'occasion de combattre avec lui se présentait de nouveau, évite-la, je t'en conjure; s'il s'offrait à tes coups, épargne sa vie. Tuer un méchant, c'est quelquefois lui rendre service, c'est le délivrer du fardeau de l'existence; le laisser vivre, c'est le vouer aux tourments des remords.

—D'ailleurs, dit Nitard, qui s'aperçut que Judith avait fini son histoire, il ne faut jamais tuer les serviteurs de Dieu, les évêques!...

—Ce serait un sacrilège;» ajouta Odille.

Adelinde, qui s'était sentie émue de pitié pour Radegonde, dit tout bas à Adalbert : « Que je bénis mon sort de n'être point aimée par un de ces serviteurs de Dieu, à qui Nitard voudrait qu'on ne fît aucun mal ! »

Judith prit Adelinde par le bras pour la reconduire à sa chambre ; mais Adalbert, avant qu'elles sortissent, voulut avoir et obtint de toutes deux le baiser du soir.

Ce fut Nitard qui reconduisit Odille dans sa cellule.

CHAPITRE XVIII.

LA CHEMISE DE LA VIERGE.

. . . . . . *Sed erat non sutilis ipsa*
Vestis, et in partes ideo non apta secari.

S. Prosper, Aquitan.

« Elle n'était point cousue cette chemise, et l'on ne pouvait donc la partager (qu'en la coupant). »

Vers de S. Prosper, d'Aquitaine.

Gocelme li eveske. . . . .
Li clergie asemla et li pople menu;
La kemise à la Virge, ki fu mere Jhesu,
Traist hors entre sis mainz, d'une chasse ù el fu.
Mult veissiez. . . gent crier et gent braire;
N'i a nul ki de lermes n'ait moillié son viaire.
Mult resclasment celui ki tone e ki esclaire,
Ke de Rou les desfende, cel félon aversaire,
E des altres Normanz, quer mult sont de mal aire;
Poor ont ke lor guerre ne leur torne à cuntraire *.

Robert Wace, Roman de Rou, 1re partie, vers 1600 et suiv.

La saison était devenue froide, brumeuse : décembre exerçait sa triste influence sur toute la contrée; mais la rigueur du temps n'empêchait

* Bien que ces vers soient en langue romane-française, il se pour-

point Adalbert d'aller, chaque matin, parcourir la campagne un arc à la main, et presque tous les jours il venait déposer aux pieds d'Adelinde les produits de sa chasse : des lièvres, des perdrix et même des daims. Nitard et quelques esclaves l'accompagnaient dans toutes ses courses; Judith l'avait ordonné ainsi. Rien de plus maladroit que Nitard, qui, cependant, s'était donné pour un excellent chasseur. Pour le punir d'avoir manqué une proie facile, Adalbert le condamnait pour l'ordinaire à porter le gibier. Si ce pauvre garçon n'était pas heureux à la chasse, ce n'était point faute d'invoquer les saints qui protégent les chasseurs : il avait promis à saint Hubert de lui consacrer la peau du premier renard qu'il tuerait; et Odille, de son côté, avait fait vœu d'aller en pélerinage, dès que les routes seraient plus sûres, à une chapelle de la forêt

rait que tous nos lecteurs ne les comprissent pas facilement. En voici l'explication, ou plutôt la traduction presque littérale :

« L'évêque Gozlin rassembla le clergé et le menu peuple. Il tire « de ses propres mains, du reliquaire où elle était renfermée, la « chemise de la Vierge qui fut mère de Jésus. C'est alors que vous « eussiez vu force gens crier et braire. Il n'y en eut pas un qui ne « sentît son visage mouillé de larmes. La plupart ils implorent celui « qui commande à la foudre et aux éclairs, pour qu'il les défende « contre Rollon, cet ennemi félon, et contre les autres Normands, « car ils sont de mauvaise race : tous craignent de succomber dans « leur guerre contre cette nation. »

de *Bellaqueum* *, où était déposée la croix que ce grand saint vit un jour dans le bois d'un cerf.

A peine Adalbert était-il de retour de la chasse, qu'il allait donner à la belle Adelinde une leçon de scandinave : c'était pour lui le plus doux moment de la journée. Ils étaient souvent seuls, et alors ils ne pensaient guère à étudier. Le volume restait ouvert devant eux à la même page ; mais ils se regardaient avec amour, ils se pressaient les mains, ils se disaient l'un à l'autre : « Je n'aimerai que toi ! »

Le soir, toute la colonie de l'ermitage, réunie dans la salle des festins, en demi-cercle devant un grand feu, écoutait des histoires de fées ou de revenants, que Nitard ou Odille racontaient avec expression et bonne foi, mais qui faisaient sourire l'incrédule Judith. Je pourrais bien rapporter ici quelques-unes de ces histoires ; mais ce serait retarder inutilement des récits plus importants. D'ailleurs, c'est sur mes principaux personnages, sur Adalbert et sa noble famille, que je dois fixer l'attention de mes lecteurs.

Tous les trois jours, Marc-Loup, fidèle observateur de ce que faisaient et disaient les Parisiens, venait secrètement, au milieu de la nuit, en faire un exact rapport à notre jeune chef.

* Fontainebleau.

Un soir, il arriva bien plus tôt qu'à l'ordinaire, et, interrompant la longue légende de sainte Geneviève que Nitard contait en ce moment, il annonça qu'il était porteur d'une grande nouvelle, qui devait jeter l'effroi dans toute l'armée des Normands. Quoiqu'il s'efforçât de prendre un air sérieux, Adalbert vit je ne sais quelle expression ironique dans ses traits, et il lui dit:

« — Parle, Marc-Loup, devant tout le monde; je ne crois pas que ta nouvelle nous épouvante : nous avons tous du courage; demande plutôt à Nitard.

— Puisque vous le voulez ainsi, reprit Marc-Loup, vous saurez qu'aujourd'hui, de grand matin, j'étais, comme à l'ordinaire, dans ma barque, rôdant sur la rivière pour voir ce qui se passait sur les deux rives. Je me trouvais en face de ce vignoble si renommé de *Theodaxium**, qui fournit une abondante boisson aux moines de Saint-Germain, lorsque j'ai aperçu trois hommes qui s'avançaient, mais avec précaution, vers le rivage, se glissant au milieu des ceps et sous les haies qui divisent les cultures. J'ai cru deviner aux gestes de l'un d'eux qu'ils désiraient que je les prisse avec moi; et dans l'idée qui m'est venue qu'ils étaient poursuivis, qu'ils fuyaient, je me suis hâté de diriger ma barque vers la rive.

* Thiais, près de Choisy-le-Roi.

Ils sont descendus sur la grève : deux d'entre les trois portaient, avec respect, une espèce de boîte longue, et dont le couvercle était tout orné de sculptures dorées ; et ces deux-là avaient grand soin de se tenir un peu à l'écart. Celui qui était le plus voisin de ma barque a fait, avant de me parler, le signe de la croix : il n'était pas difficile de voir qu'avant de se livrer à moi il voulait s'assurer que j'étais chrétien, qu'ils n'avaient point affaire à un Danois. J'ai répliqué aussitôt par un autre signe de croix, et me suis écrié en même temps : *Christianus sum.*

« Tous trois alors ils se sont avancés et sont entrés dans ma barque. Là, ils se sont expliqués. Ils venaient, m'ont-ils dit, comme députés de la ville de Chartres, apporter aux Parisiens, que l'on savait assiégés par d'inexorables païens, un trésor du plus grand prix. Comme les Normands avaient un camp sur la rive gauche, d'où partaient chaque jour des pelotons de soldats, qui faisaient des excursions dans la campagne, ils avaient été obligés de se détourner de leur route directe, afin d'arriver par la Seine à Paris, où ils me priaient de les conduire, moyennant une bonne récompense.

« Je n'ai point hésité à les satisfaire ; et aussitôt ma barque a descendu le fleuve, et nous avons peu tardé à voir de loin les tours de Paris.

Chemin faisant, j'avais toujours les yeux sur la boîte qui renfermait le trésor, et je me disais en moi-même : « Est-ce qu'il me serait impossible de porter aux Normands et l'or et les ambassadeurs des bourgeois de Chartres ? » Puis, je réfléchissais qu'il y aurait des risques pour moi à passer, en plein jour, sous l'un ou l'autre des deux ponts de la ville; que d'ailleurs les Normands n'avaient guère besoin d'or, et qu'en leur donnant de plus mes trois ambassadeurs chartrains, je leur ferais un assez piêtre présent. Tout bien pesé, médité, je me suis décidé à aborder directement à Paris ; et j'ai bien fait.

« A peine mes Chartrains ont-ils vu le port, qu'ils ont élevé et fait flotter dans l'air un long drapeau blanc. Une foule de Parisiens était accourue sur le quai. Les Chartrains leur ont dit alors qu'ils apportaient avec eux ce qui, seul, pouvait mettre Paris à l'abri des entreprises des païens, et ont demandé qu'on les conduisît vers l'évêque. La foule s'est écartée avec respect pour les laisser passer. Ils avaient exigé que je leur servisse de guide, et que je partageasse avec eux les honneurs dont, sans doute, ils allaient être comblés. J'ai donc marché fièrement à leur tête; j'avais l'air d'un triomphateur.

« L'évêque Gozlin était dans sa cathédrale. Les acclamations du peuple qui se faisaient entendre à l'extérieur lui ont annoncé notre arrivée. Il est descendu aussitôt au milieu du temple. Les ambassadeurs sont entrés, se sont avancés vers lui, et lui ont présenté le trésor, tandis que le chef de l'ambassade lui donnait un rouleau de parchemin. Une multitude immense remplissait la nef.

« Gozlin déroule le parchemin, et lit à haute voix les paroles suivantes :

AUX NOBLES ET ILLUSTRES HABITANTS DE PARIS,

« Nous, évêque, moines, religieuses, prêtres et « autres manants de la ville de Chartres, SALUT. »

« La commune renommée nous ayant instruits « de l'extrême détresse où se trouvait votre cité, « assiégée par les féroces ennemis du nom « du Christ, nous avons unanimement résolu « de vous envoyer de puissants secours; non « des secours matériels, tels que des armes, « des soldats, des vivres, mais des secours d'une « toute autre efficacité et pouvoir. Écoutez.

« Feu notre digne et très-célèbre souverain, « Charles-le-Chauve, dans son affection pour « notre ville, crut devoir nous faire présent, il « y a aujourd'hui huit ans accomplis, de la plus « précieuse des reliques qu'il eût apportées de « son voyage à Constantinople. C'est la véritable

« chemise de la bienheureuse Vierge Marie, « mère du Sauveur des hommes. Depuis que « cette inappréciable chemise est dans nos murs, « nous ne craignons plus ni les incendies, ni « les pestes, ni les guerres. Le feu prend-il à « quelque maison de la ville? on va chercher la « relique à la cathédrale; et le feu s'éteint, et « il ne se communique point aux maisons voi« sines. Voyons-nous mourir par centaines, de la « peste, nos concitoyens; des brigands ravagent« ils nos campagnes, et menacent-ils nos murailles? « nous invoquons la vertu de la sainte chemise; « et presque toujours, à moins qu'il n'y ait parmi « nous quelque hérétique, quelque juif maudit, « la mort cesse peu à peu de frapper, et les « ennemis se dispersent.

« Eh bien! c'est ce trésor, unique dans le « monde, que nous consentons, nobles et illus« tres Parisiens, à vous confier pour tout le « temps que durera le siége de votre ville; mais, « à cette condition que, dès que les barbares se « seront éloignés, ce que vous devrez infaillible« ment à notre chemise, vous la remettrez in« tacte, sans qu'il manque un seul fil du tissu, « aux trois dignes bourgeois que nous députons « vers vous, et qui ont reçu l'ordre exprès de ne « jamais la perdre de vue, ni le jour, ni la nuit. »

« Cette missive était couverte des signatures

de tous les principaux membres du clergé de l'ancien pays des Carnutes; et plus bas, de celle du comte de Chartres.

« Tout le peuple, après la lecture, a fait retentir l'église des cris : « Vivent les bourgeois de Chartres!... Honneur et gloire à la chemise de la Vierge ! »

« L'évêque Gozlin ne paraissait pas partager l'enthousiasme général. Cependant, il n'a rien négligé pour l'entretenir et même l'augmenter. Il a fait allumer des cierges; et, après avoir chanté l'hymne : *Salve, regina mundi!* il est venu, les yeux respectueusement baissés, ouvrir la boîte dorée, et en a tiré une tunique jaune et très-sale, qu'il a déployée aux yeux de l'assemblée. L'admiration du peuple pour cet objet sacré s'est manifestée par de nouvelles clameurs, des soupirs et des larmes. Gozlin a aussitôt ordonné que, demain, par une fête solennelle, dans laquelle il serait expressément défendu à tout habitant de se livrer à aucune espèce de travail, on célébrerait l'arrivée de la sainte chemise dans les murs de Paris; et que, tant que cette cité aurait le bonheur de la conserver, les députés chartrains seraient logés et nourris dans la cathédrale même, aux frais des habitants.

« Ces bons députés se sont alors souvenus du service que je leur avais rendu : ils ont attesté que, sans moi, ils n'auraient peut-être pas pu remplir leur mission, ni même entrer dans la cité. Aussitôt, l'évêque Gozlin, comme pour me donner une preuve de la reconnaissance publique, m'a concédé le privilége de pêcher seul, tant de jour que de nuit, à la pointe orientale de l'île, autour même de la partie de la cathédrale qui couvre cette pointe de terre; lieu sacré, dont il n'était permis à aucun pêcheur d'approcher. Ce privilége ne me sera pas inutile, je vous le jure; je pourrai plus facilement observer mes chers Parisiens. Me voilà en faveur près du gouvernement : j'en profiterai. Vous voyez ce qu'on gagne à servir les saints. »

« — Oh! s'écria Nitard, de quoi s'avisent ces bourgeois de Chartres d'adresser aux Parisiens une relique bien plus précieuse que celle qu'il m'a fallu, bien malgré moi, leur abandonner! Près de leur chemise, ma jupe n'aura que le second rang.

— Je ne sais à présent, dit Adalbert en riant aux éclats, si je ne dois pas te charger, Marc-Loup, de faire suspendre le travail de nos machines. Contre le talisman virginal, nos balistes deviendront impuissantes.

— Cela pourrait bien arriver, dit tout bas Odille. Puis, en levant les yeux au ciel, elle ajouta : « C'est pourtant bien dommage que ni ma noble protectrice Judith, ni son excellent fils, ne veuillent croire à la vertu des reliques! Je prierai Dieu qu'il les éclaire. »

Marc-Loup fit ensuite ses adieux à la société. « Il faut, dit-il, que je retourne à ma barque; il faut que demain, au jour naissant, on me voie, tout fier de mon privilége, jeter mes filets à la pointe de l'île. Comme je ne puis voyager que la nuit, il ne me reste tout juste que le temps nécessaire pour arriver à mon poste. »

Adalbert le remercia du zèle avec lequel il remplissait ses fonctions d'observateur, lui pressa affectueusement la main, et Marc-Loup partit.

Le lendemain, un nouveau messager, expédié du camp par Egill, vint encore trouver Adalbert. Il lui apportait des tablettes très-exactement fermées et scellées, que l'on venait de trouver sur un espion parisien, surpris lorsqu'il rôdait dans les environs du camp. L'espion avait d'abord prétendu qu'il ne passait près de l'armée des Normands que parce qu'il n'y avait aucun autre chemin pour se rendre au Mont-de-Mars, où il allait consulter une sorcière qui y demeurait dans une grotte.

« Mais, ajouta le messager, quand, en le fouillant sur tout le corps, on a trouvé, dans ses larges braies, ces tablettes, il a pâli, tremblé, balbutié. Jamais, quoiqu'on l'ait menacé de le mettre à la torture, il n'a voulu déclarer le nom de la personne vers qui il était envoyé. Le scalde Egill a donc cru devoir expédier par moi les tablettes, pour que vous preniez connaissance de leur contenu, et que vous prononciez sur le sort de l'espion que nous avons arrêté. »

Adalbert rompit aussitôt le sceau qui fermait les tablettes, et voici ce qu'il lut, sans pouvoir y rien comprendre :

« J'ai appris avec une joie inexprimable vos « succès répétés. Ah! ces païens font des machi- « nes! elles ne vaudront pas les nôtres.... Conti- « nuez d'agir. Vengez-vous; vengez notre sainte « religion outragée par la seule présence des « barbares.... Le secret restera toujours entre « vous et moi. Quand vous aurez besoin d'ar- « gent, vous n'aurez qu'à parler. »

Cet écrit ne portait pour signature que la lettre *G.* précédée d'une croix ; mais c'était assez pour reconnaître qu'il était entièrement de la main de l'évêque de Paris.

Nul doute qu'il ne se tramât quelque trahison contre l'armée des Normands ; mais comment pénétrer le mystère ? Le jeune chef des Normands se trouvait, pour la première fois, dans une assez grande perplexité. Pour le moment, il se borna à ordonner que l'on conservât la vie de l'espion, jusqu'à ce qu'il l'eût interrogé.

A peine ce messager était-il reparti pour le camp, qu'il en arriva un second tout couvert de boue et de sueur. Il apportait une lettre d'Egill, qu'il disait très-importante.

Et, en effet, Egill informait Adalbert que, depuis plusieurs jours, on n'avait point vu paraître au camp deux chefs des bandes danoises; que, ce matin, un autre chef des bandes norwégiennes ne s'était point montré; qu'il ne savait à quoi attribuer l'absence de ces trois personnages si nécessaires pour le maintien de la discipline dans l'armée. Il suppliait, en conséquence, Adalbert de revenir au plus vite au camp, afin de se concerter avec lui sur les mesures à prendre dans de si graves circonstances.

Adalbert n'hésita point à partir à l'instant même. En vain Adelinde soupirait, essuyait quelques larmes furtives; il n'écouta que son devoir.

CHAPITRE XIX.

LA CHAPELLE DE SAINTE-CATULLE.

. . . . . *Ne attendas fallaciæ mulieris. Favus enim distillans labia meretricis, et nitidius oleo guttur ejus. — Novissima autem illius amara quasi absynthium, et acuta quasi gladius biceps.*

SALOM. lib. Proverb. V, 2 — 4.

« Ne prêtez point l'oreille au fallacieux langage des femmes. Les lèvres de la courtisane sont comme ces rayons de miel d'où dégoutte une suave liqueur, ses paroles sont douces, transparentes comme l'huile la plus pure.—Mais, elles deviennent amères comme l'absinthe, aiguës comme un glaive à deux tranchants. »

SALOMON. Proverbes V, 2 — 4.

ADALBERT, en arrivant au camp, fut agréablement surpris de voir que tout le monde y paraissait paisible et content. Tandis que les uns travaillaient à l'exécution des machines de guerre, dont la plus avancée égalait presque en hauteur la tour du grand pont, les autres se délassaient de leurs travaux en jouant aux dés, aux échecs (c'étaient là les jeux favoris des Normands), ou s'exerçaient à la lutte, au pugilat, ou s'amusaient à lancer des flèches dans la tige d'un arbre choisi pour but.

L'absence des trois chefs qui avaient disparu avait bien causé quelque inquiétude, mais on s'attendait à les voir bientôt revenir. Les Parisiens étaient si occupés de leurs reliques, de leurs processions, qu'ils n'inspiraient à personne ni crainte, ni défiance.

Le prévoyant Egill ne partageait point la sécurité générale, mais se gardait bien de manifester ses craintes. Il aborda Adalbert d'un air triste, soucieux, et le tirant à l'écart :

« — Mon jeune ami, lui dit-il, ces gens-là s'abusent : ne leur ôtons pas une erreur qui leur plaît ; mais je crois pouvoir assurer que vos camarades ont été victimes de quelque lâche perfidie. Ce sont des prêtres qui gouvernent la tourbe inculte, inepte des Parisiens ; or les armes de ces prêtres, contre leurs ennemis, ont toujours été, seront toujours la ruse, la déception : c'est par là qu'ils remplacent la force et le courage. Écoutez : depuis qu'un armistice, tacitement convenu, a laissé notre armée dans le repos, nos guerriers profitent de ce loisir pour parcourir, et le plus souvent presque sans armes, les campagnes des environs ; les chefs, passionnés qu'ils sont pour la chasse, s'éloignent souvent de plusieurs milles du camp : ils ne craignent point de s'enfoncer sans guides, sans escorte, en des forêts qui leur sont inconnues. Trop tard j'ai vu leur imprudence. Peut-être ont-ils péri par leur faute, par suite d'une imprudence, les trois chefs qui nous manquent, chefs valeureux, intrépides, qui seront difficilement remplacés. Mais, d'après une conférence que j'ai eue avec Marc-Loup, la nuit même où il avait quitté le Mont-Valérien, j'ai lieu de croire qu'il faut attribuer aussi à quelque plan mystérieux, tramé par l'évêque Gozlin, la perte de nos trois malheureux compagnons d'armes. Il m'a dit que, certainement, ce prêtre avait de secrètes intelligences dans notre camp : il a souvent été étonné de trouver les Parisiens instruits de tout ce qui se passait dans nos deux armées; les plus petits détails, selon Marc-Loup, sont connus de Gozlin. Il sait, par exemple, quand vous, Adalbert, êtes au camp, et les jours, les heures même où vous allez au Mont-Valérien; ce qui me porte à vous conseiller d'être beaucoup plus sur vos gardes pendant ce voyage, quelque court qu'il soit. Ce qu'il y a de plus singulier, c'est qu'on n'a aucun soupçon à Paris que la sœur du comte Eudes soit une des habitantes du Mont-Valérien. On croit seulement que la famille de Rollon est établie dans l'ermitage, et qu'elle y est entourée de troupes fidèles. Revenons aux chefs que nous avons perdus : d'après tout ce que je viens de vous dire, ne pensez-vous pas qu'ils sont tombés dans quelque piége tendu par des agents de Gozlin ?

— Vous m'ouvrez les yeux, dit Adalbert; oui ! vous me donnez presque la clef de l'écrit énigmatique que voici. »

Et il tira de son sein les tablettes qui lui avaient été remises. « Il faut appeler près de nous, ajouta Adalbert, l'espion qui en était porteur. Peut-être recevrons-nous de lui une explication plus complète, des révélations. »

Sur l'ordre qu'en donna Adalbert, on conduisit devant eux cet espion, qui avait peine à traîner les fers dont on l'avait chargé.

C'était un homme de quarante ans environ, d'une physionomie commune, et dont l'habillement n'annonçait pas l'aisance. Il parut très-effrayé en leur présence, et tenait la tête baissée; il se jeta à genoux, comme pour demander grâce.

« — Un moyen, et même le seul moyen d'obtenir votre pardon, lui dit le scalde, c'est d'être sincère. Vous avez d'abord déclaré que vous vous rendiez sur le Mont-de-Mars ; qu'y alliez-vous faire ?

— Je vous dirai la vérité, mes nobles seigneurs,

répondit-il, sans hésiter. Je devais me marier dans quelques jours avec une jeune Parisienne. Mais j'avais conçu quelque défiance de la conduite de ma future, qui est vive, légère, et n'a pas la moitié de mon âge; j'ai donc voulu consulter la sorcière, comme c'est l'usage à Paris, sur le sort auquel je devais m'attendre après mon mariage. Je m'acheminais vers l'antre qui lui sert de retraite, lorsque j'ai été surpris par vos gens.

— Mais vous portiez les tablettes que voici : qui vous les avait confiées? Est-ce à la sorcière que vous deviez les remettre? »

A ces mots, l'espion pâlit, se troubla, balbutia ces mots :

« Mes nobles seigneurs, croyez-moi..... c'était sans intention coupable que.... Tenez, voici toute la vérité. Comme je sortais de Paris, un moine de Saint-Germain m'a abordé. « Tu vas au Mont-« de-Mars, n'est-il pas vrai? — Oui! — Eh bien! « l'évêque Gozlin te le défend; il ne veut pas que « les Parisiens s'exposent ainsi au milieu des Nor-« mands. Mais tu peux lui rendre un service : au « lieu d'aller vers le mont, tâche de gagner la « plaine de Saint-Denis, en faisant de loin le tour « du camp ennemi. Voici des tablettes qu'il faut « bien cacher dans ton sein : quand tu seras par-« venu dans la plaine de Saint-Denis, tu verras, « au milieu de la campagne, la chapelle à demi

« ruinée de *Sainte-Catulle* * ; tu y entreras, tu dé-
« poseras ces tablettes sous une pierre carrée qui « est au milieu de l'autel, et qui se soulève au « moindre effort. Si, par hasard, tu trouvais, dans « le trou qu'elle recouvre, un rouleau de parche- « min, tu ne manqueras pas de le prendre, de le « bien cacher sous tes habits, et tu l'apporteras à « notre digne évêque Gozlin, qui te récompen- « sera bien, n'en doute pas.....» Voilà tout! bons et puissants seigneurs. J'ignore absolument ce qui est griffonné dans ces tablettes-là : je ne sais pas lire, comme vous le pensez bien. »

« Je ne crois pas, dit le scalde, en scandinave, que nous puissions tirer de ce misérable plus d'éclaircissements; mais profitons, s'il est possible, de ce qu'il nous a dit. En attendant, renvoyons-le en prison. »

Des gardes, aussitôt, emmenèrent le prisonnier.

« — Il faut, dit le scalde, faire remettre, cette nuit même, l'écrit de Gozlin dans la chapelle, sous la pierre indiquée; et demain, dès la pointe du jour, nous poserons en embuscade quelques guerriers, qui seront chargés de s'emparer de quiconque approchera de la chapelle.

— C'est à merveille, dit Adalbert; et je veux

* Voyez la note XXXV.

moi-même commander les guerriers que nous mettrons en embuscade. »

En effet, le jour paraissait à peine qu'Adalbert était déjà dans la plaine de Saint-Denis, postant une centaine de Normands, qu'il avait pris avec lui, derrière des arbres disséminés dans la plaine; il en fit aussi coucher quelques-uns par terre. Tous avaient ordre de fondre de toutes parts sur la personne, quelle qu'elle fût, qui approcherait à cent pas de la chapelle. Pour lui, il alla se blottir dans une touffe épaisse de roseaux qui croissaient sur les bords d'un marais. Il se trouvait là presque au centre du demi-cercle que formait sa petite troupe. Il n'avait pour armes qu'une longue et large épée suspendue à un baudrier.

Bien des heures s'étaient écoulées; aucune créature humaine n'avait paru dans cette vaste solitude. Adalbert commençait à croire que l'espion s'était moqué du scalde et de lui; et, ne pouvant plus résister à l'ennui, sentant d'ailleurs le besoin de la faim, il allait donner le signal de la retraite, lorsqu'il aperçut, dans le lointain, du côté de l'abbaye de Saint-Denis, deux personnages qui marchaient d'un pas grave et lent. A mesure qu'ils avançaient, il les distingua mieux; bientôt après, il ne douta plus que ce ne fussent deux moines vêtus de longues robes. Chacun d'eux avait à la main un livre, qu'il paraissait lire avec attention ; l'un après l'autre, pourtant, ils interrompaient leur lecture, pour regarder de tous côtés avec une sorte d'inquiétude.

Ils avaient pris un sentier qui conduisait directement à la chapelle, lorsque l'un d'eux, prenant son camarade par le bras, l'arrêta tout à coup, lui montra, d'une main, un des arbres lointains, sous lequel il voyait sans doute reluire au soleil le fer d'une lance. Aussitôt, tous deux retroussant leurs robes et jetant leurs livres, courent à toutes jambes, au milieu des bruyères et des ronces, vers l'abbaye, dont ils étaient déjà assez éloignés.

La plaine est aussitôt couverte de Normands, qui, sortant de leur embuscade, poursuivent avec ardeur les moines fugitifs; mais ceux-ci, plus lestes et n'étant point d'ailleurs embarrassés par des armes, avaient bien de l'avantage sur les Normands, qui ne s'en obstinèrent pas moins à leur poursuite. Bientôt Adalbert perdit de vue les moines et les Normands, et resta seul au milieu de la plaine. Il espéra, quelque temps, que ses guerriers viendraient le retrouver avec ou sans leur proie; personne ne reparut. Il se décida donc à reprendre le chemin du camp; mais, comme il marchait lentement, et tournait souvent la tête pour regarder derrière lui, il vit, à quelques pas, non loin d'un ravin qu'il n'avait pas aperçu, une femme qui cueillait des herbes, qu'elle considérait d'abord avec attention, et qu'ensuite elle rejetait, ou serrait avec soin dans une corbeille suspendue à son bras.

A sa robe noire, parsemée d'ornements rouges, il reconnut bientôt la sorcière qui lui avait prédit, au Mont-Valérien, une si brillante destinée, et à qui il avait fait accorder la permission d'habiter près du camp. Il se détourna de sa route pour s'avancer vers elle.

« — Et que faites-vous donc là, bonne sorcière ? » lui dit-il.

D'abord, elle fit semblant d'être un peu effrayée ; puis, prenant un air plus rassuré :

« — Vous le voyez, répondit-elle, je cueille des herbes dont, moi seule, je connais les vertus. J'en composerai un philtre que j'ai promis à un guerrier normand.

— A un Normand ? répéta Adalbert. Est-ce que nos guerriers aussi vous consultent ?

— Sans doute ; depuis que les Parisiens ne peuvent plus parvenir jusqu'à moi, sans courir de grands risques, il a bien fallu les remplacer par les Normands, qui n'ont pas moins de confiance dans les miracles de mon art. Tenez ; le philtre que j'ai promis est destiné à un brave Danois, qui languit d'amour pour une jeune fille qui vit avec moi; mais il n'en éprouve que des rigueurs... Ah! ma Godiva est vraiment charmante; mais elle est vaine, et ne veut plaire qu'à de nobles chevaliers. Ah! si vous, par exemple, elle vous voyait, je suis bien sûre que la prétendue cruelle serait la première à.... Mais, ajouta-t-elle, en ouvrant de grands yeux ébahis, je ne me trompe point : je vous ai vu au Mont-Valérien, près de l'épouse du noble Rollon. C'est vous qui m'avez accueillie avec tant de bonté! vous à qui je dois d'être encore ici! »

Et elle se jeta à ses pieds, en le nommant son patron, son bienfaiteur; puis, elle dit :

« Beau chevalier, que je me croirais heureuse, si vous honoriez de votre présence ma pauvre demeure! Vous devez être las, venez vous reposer dans ma douce retraite ; elle vous appartient, puisque vous me l'avez conservée. La pauvre veuve fera tout pour vous bien recevoir. Elle vous servira le meilleur vin qu'elle possède, des mets simples, mais savoureux. Ah! cédez aux vœux de la reconnaissance. »

Adalbert hésita un moment; puis, réfléchissant que cette femme, qui n'avait point cessé d'avoir des relations avec Paris, pourrait lui apprendre des choses importantes, il lui dit :

« Eh bien! brave sorcière, puisque vous m'offrez de si bon cœur un petit repas, j'en profiterai; car, je vous l'avoue, je n'ai rien mangé de toute la journée. »

La sorcière parut au comble de la joie. Ils se mirent tous les deux en route, côte à côte. La sorcière riait, parlait sans cesse.

« — Ah! disait-elle, j'aurai donc encore un jour de bonheur dans la vie! Comme Godiva va vous fêter! Vous la trouverez sûrement dans ses plus beaux atours, car elle aime à se parer. Qui sait si vous n'en tomberez pas amoureux!

— Oh! pour cela, je ne crains rien : j'aime.

— Eh! oui, je me souviens : une grande et belle fille, ma foi! dont j'ai bien observé les jolies mains; un peu trop langoureuse, pourtant.....

— C'est comme je les veux, ma bonne.

— Oh! la mienne est vive, gaie, agaçante. Je gage que vous n'y tiendrez pas. »

Adalbert était un peu choqué de l'impudence de cette femme; mais il ne voulut pas l'offenser, en lui témoignant quelque mépris; il se contenta de lui répondre :

« Nous autres Normands, nous ne changeons jamais. »

Et la sorcière de rire aux éclats :

« — Bon! une seule, une petite infidélité, cela ne compte pas dans toute une vie. »

Tout en parlant ainsi, ils gravissaient le Mont-de-Mars, et, malgré le bavardage de la vieille, Adalbert trouvait le chemin un peu long. Il cherchait, des yeux, s'il ne découvrirait point son habitation, lorsque la vieille, au détour d'un sentier, s'arrêta tout à coup :

« Nous voici arrivés! » s'écria-t-elle.

Adalbert ne voyait autour de lui pas même l'apparence d'une maison, pas une chaumière, et commençait à prendre quelque inquiétude. Mais il y avait, à sa droite, dans le flanc même de la montagne, une très-petite porte en bois, à demi recouverte par des ronces qui avaient pris naissance au-dessus, dans le roc même. C'était là le brillant vestibule de la demeure de la sorcière.

CHAPITRE XX.

LE GOUFFRE.

Viæ inferi domus ejus, penetrantes in interiora mortis. — Multos enim vulneratos dejecit, et fortissimi quique interfecti sunt ab ea.

Proverb. VII, 26, 27.

« Sa maison était comme un chemin de l'enfer, par où l'on descendait dans l'empire de la mort.—Que de guerriers furent immolés par elle, des plus braves et des plus forts ! »

SALOMON. Proverbes.

LA sorcière frappa trois coups dans ses mains, et, au troisième, prononça je ne sais quel mot barbare; aussitôt la petite porte s'ouvrit.

Prenant alors Adalbert par la main, elle le fit entrer; mais pour franchir le seuil, il fut obligé de se courber, tant la porte était basse.

Le souterrain, dans lequel on l'introduisit, était vaste; il avait été taillé dans le tuf même de la montagne, et l'on avait ménagé, de distance en distance, de gros piliers qui soutenaient la voûte peu exhaussée, et qui, placés symétriquement, donnaient à cette salle d'entrée l'apparence d'un portique de quelque ancien temple étrusque. Les murs étaient ornés de quelques sculptures dont tous les sujets étaient tirés de la mythologie romaine. Des brasiers allumés au pied de quelques piliers absorbaient l'humidité, et entretenaient dans tout le souterrain une douce température. Sans doute on avait jeté sur les charbons embrasés des gommes, des poudres odorantes, car l'air qu'on y respirait était imprégné des plus suaves parfums.

Une table couverte d'un riche tapis était au milieu de cette vaste salle, et soutenait une lampe de bronze fort élevée, dont la brillante lumière jetait, jusque dans les parties les plus éloignées, assez de clarté pour qu'on pût distinguer parfaitement tous les objets. Des lits de repos, recouverts de coussins, et qui avaient la forme de ces lits sur lesquels s'étendaient les voluptueux Romains pour prendre leurs repas, entouraient de trois côtés la table.

Assise sur le bout de l'un de ces lits, une jeune fille, d'une taille élégante, d'une beauté céleste, tenait en main une lyre. Elle était vêtue d'une fine tunique blanche, qui laissait nus ses beaux bras et une partie de sa gorge. Sa longue chevelure noire tombait en boucles jusque bien au-dessous de la ceinture couleur de feu qui dessinait sa taille.

Lorsque Adalbert entra, elle se leva, laissant tomber d'un côté le bras qui soutenait sa lyre; de l'autre main qu'elle lui tendit avec grâce, elle l'invita à s'asseoir auprès d'elle. Puis, s'adressant à la sorcière :

«Ma mère, lui dit-elle, que vous êtes bonne! vous m'avez trouvé un ami.» Et tournant sur Adalbert de grands yeux noirs pleins d'expression, elle ajouta : « Qu'il est beau ! »

Adalbert était dans une extrême surprise de ce qu'il voyait, de ce qu'il entendait. La beauté de Godiva, ses grâces l'enchantaient. Presque en extase auprès d'elle, il restait muet, et se reprochait de ne pouvoir exprimer ce qu'il sentait si bien. Il prit une de ses mains, la baisa avec respect, peut-être même la serra doucement. Puis, réfléchissant que cette admirable créature était sans nul doute une de ces femmes sans pudeur, qui accordent pour un salaire, au premier qui se présente, leurs faveurs les plus précieuses, il remit la main de Godiva où il l'avait prise, sur l'un de ses genoux, et devint pensif, presque triste.

« Notre hôte paraît bien sérieux, dit la vieille; allons, Godiva, tire-le de ses rêveries. Chante-lui quelque chansonnette parisienne, dont le refrain excite au plaisir, à la joie, à l'oubli des peines de la vie. Et moi, pendant ce temps, je vais chercher de quoi le restaurer un peu ; car, c'est lui qui me l'a dit, il meurt de faim. »

Adalbert vit avec plaisir la sorcière s'éloigner, ouvrir une porte au fond du souterrain et disparaître. Il voulait demander à Godiva quel motif avait pu la porter à s'associer à l'infâme sorcière ; mais déjà elle avait repris sa lyre et chantait. Sa voix était douce, pénétrait jusqu'à l'âme ; mais la chanson qu'elle avait choisie retraçait, avec des couleurs trop vives, les jouissances des amants : de ses lèvres si fraîches, si pures, s'échappaient des mots, et certains accents de volupté, qui faisaient monter la rougeur au front d'Adalbert.

A la fin d'un des couplets, il lui dit à voix basse : « J'ai bien du plaisir à vous entendre, j'en aurais plus à vous parler. »

Elle mit un doigt sur sa bouche, et tournant légèrement la tête par où la sorcière était sortie, elle fit entendre qu'on écoutait, qu'il fallait qu'elle chantât ; et elle commença un autre couplet.

Adalbert murmura à voix basse : « Pauvre fille, vous n'êtes donc pas libre ? » Et ses yeux exprimèrent les regrets, la compassion.

Dans l'intervalle d'un couplet à un autre, Godiva lui dit rapidement, mais avec une expression indéfinissable : « Je n'ai jamais senti pour aucun autre homme plus d'intérêt.... Qui êtes-vous? » Et elle reprit sa chanson.

Pendant qu'elle chantait, Adalbert lui dit tout bas : « Je suis un des chefs de l'armée des Normands; je suis fils de Rollon. »

A ce mot de Rollon, Godiva sembla éprouver un certain saisissement, presque de la frayeur; sa voix trembla. A la fin du couplet, elle lui dit : « Vous le fils de Rollon, de l'assassin de mes compatriotes!.... Que je vous plains!.... Et cependant, ajouta-t-elle en le regardant avec tendresse et pitié, vous avez l'air si doux! » Elle recommença à chanter.

« Ah! du moins, disait Adalbert, toujours à voix basse, confiez-moi pourquoi vous vous trouvez ici; dites ce que je pourrais faire pour vous rendre à la liberté, à la vertu. »

Dès qu'il lui fut possible de répondre, elle dit, en levant vers le ciel ses deux grands yeux où roulaient des larmes : « Je suis bien malheureuse! » Et puis, comme si elle prenait une résolution soudaine : « Oh! ce sera aujourd'hui!... J'ai trop tardé.... Oui, ce soir même!.... le sort en est jeté.... »

En cet instant, la sorcière reparut tenant d'une main une corbeille qui contenait des fioles pleines de vin, de liqueurs de diverses espèces; de l'autre, sur un large plateau, du pain et des viandes sèches.

« Eh bien! tu as donc fini ta chanson, Godiva ?» dit-elle en jetant sur elle un regard inquiet; et reprenant bientôt un air serein et même gai : « Allons, jeunes gens, il faut ce soir éloigner de nous tout chagrin, tout souci. Godiva, j'en suis sûre, m'aidera à fêter notre hôte, comme il le mérite. J'ai cru voir qu'elle le trouvait à son gré. »

Puis, en posant et en arrangeant les plats et les fioles de vin sur la table, elle répétait d'une voix chevrotante ce dernier refrain de la chanson que venait de chanter Godiva :

« Du chevalier, de la bergère,
Lequel des deux
Fut plus heureux ?
— Ah! demandez à la fougère :
Seule, elle a vu tout le mystère. »

Godiva, en voyant revenir la sorcière, avait repris son ton folâtre, enjoué : « Je veux désarmer mon chevalier, dit-elle; me refuserait-il son épée? ici, il ne faut pas d'instrument de mort. » Elle détacha l'épée du baudrier, et l'alla poser près d'une paroi de la grotte. Elle revint ensuite s'asseoir près de lui, et passant les doigts dans les cheveux d'Adalbert : « Comme ils sont fins et soyeux! on croirait toucher le duvet du cou d'un cygne. »

On doit bien penser qu'Adalbert était peu sensible à de telles agaceries, et pourtant, il ne les rébutait pas; il aurait craint de blesser cette pauvre fille qui lui inspirait un véritable intérêt. Il se disait à lui-même : « Triste et gaie presque au même instant!.... timide, sensible, et peu après, hardie jusqu'à l'impudence!... quel être indéfinissable! Elle obéit, je le vois, à la sorcière, lorsqu'elle feint l'amour... Si je le savais!... quel châtiment ne mériterait pas l'infâme corruptrice de l'innocence! »

« Ah! disait la vieille, en posant les derniers plats et des coupes sur la table, beau chevalier, je vous ai bien fait attendre un mince repas; mais, voyez-vous, nous n'avons ici personne pour nous servir : nous sommes seules dans ce vaste souterrain; nous nous aidons l'une l'autre. C'est aujourd'hui mon tour de servir; demain ce sera le devoir de Godiva. »

Adalbert ne fut pas fâché d'apprendre que le souterrain n'avait pour habitants que deux femmes, car il avait d'abord soupçonné qu'on lui tendait quelque piége. Mais il ne s'était pas long-temps arrêté à cette idée : comment une femme qui lui devait son bien-être, aurait-elle tramé sa perte? Le soupçon lui paraissait presque un crime. Cependant, il regarda bien en quel endroit Godiva avait posé sa longue épée, et promit bien de ne la pas perdre de vue.

La vieille vint le prendre par la main, et le fit asseoir, au milieu de la table, sur le coussin le plus moelleux de l'un des lits. Godiva prit place à sa droite sur le même coussin; la vieille se plaça en face de nos jeunes gens, sur l'autre banquette.

Adalbert mangea avidement d'une excellente hure, et but à longs traits d'un vin fumeux qui l'excita à la gaieté, à la confiance. Godiva semblait avoir dit adieu à toute réserve, même à toute pudeur; elle riait aux éclats, chantait, lui prenait les mains qu'elle pressait contre son sein; passait elle-même un des bras d'Adalbert autour de son corps; lui prenait sa tasse, lorsqu'il buvait, lui donnait en échange la tasse où elle avait commencé à boire. La sorcière applaudissait: « C'est bien, mes enfants; profitez de vos beaux jours. Voilà comme je faisais autrefois! »

Mais Adalbert remarquait pourtant un peu de contrainte, peu de naturel dans tous les gestes de Godiva, dans son rire surtout. Elle tombait parfois dans la rêverie, et la vieille lui reprochait ses continuelles distractions.

A la fin du repas, la vieille tira de sa poche

une petite fiole, et détachant la cire qui en scellait le goulot : « Voici, dit-elle, un élixir divin qui surpasse en saveur tous les vins que nous avons bus. Je l'ai composé moi-même, il y a bien des années. C'est la seule fiole qui m'en reste ; nous la viderons ce soir. » Et elle remplit la tasse d'Adalbert.

Tandis qu'elle versait, Godiva secouait fortement, par dessous la table, une main d'Adalbert : il ne savait ce que cela signifiait ; mais, comme il la regardait avec surprise, d'un léger signe des yeux, elle lui fit à peu près entendre qu'elle lui défendait de boire.

La vieille, pour ôter tout soupçon, se versa à elle-même, dans sa propre tasse, le reste de la fiole ; et Godiva, voyant la vieille occupée, substitua la tasse pleine de vin, qu'elle allait porter à sa bouche, à celle d'Adalbert.

« — Maintenant, buvons à Godiva ! dit la vieille.

— Volontiers, » dit Adalbert qui avait vu sa jeune amie remplacer sa tasse par la sienne, et jeter secrètement, sous la table, la liqueur traîtresse. Il but à longs traits, en serrant d'un bras la jeune fille, à qui il cherchait ainsi à témoigner sa reconnaissance ; ce qui ne l'empêcha point d'observer que la vieille n'avait fait que tremper ses lèvres dans la liqueur, et qu'elle remettait sur la table sa tasse pleine encore.

« Eh bien! que dites-vous de cette liqueur? dit la vieille ; ne trouvez-vous pas Godiva plus jolie encore qu'auparavant? Ne vous sentez-vous pas un autre homme? »

Adalbert comprit que la seule vertu de l'élixir devait être d'exciter puissamment les désirs; et il en voulut moins à la vieille, qu'il soupçonnait auparavant d'avoir voulu l'empoisonner. Il n'avait besoin d'aucun philtre pour trouver Godiva très-séduisante. L'intérêt qu'elle paraissait lui porter lui avait fait oublier ce que ses manières avaient de trop libre. Oh! comme il eût désiré de pouvoir être seul avec elle! Qui sait s'il n'eût pas oublié qu'il aimait Adelinde, qu'il lui avait donné sa foi? Pour tromper mieux la vieille, il affecta une ardeur plus forte encore que celle qu'il ressentait réellement. Ses caresses devinrent plus vives, sa passion, en apparence, plus fougueuse : c'était de la frénésie, du délire.

C'est à ce degré de passion que la sorcière l'avait voulu conduire ; aussi, lisait-on dans ses yeux la vive satisfaction qu'elle en éprouvait.

« — Je le vois, beau chevalier normand, se prit-elle à dire, ma présence vous importune ; n'est-il pas vrai? Vous voudriez bien que je vous laissasse seul avec votre nouvelle amie ; mais apprenez que Godiva, quoique vous ne la jugiez sans doute pas trop cruelle, ne veut avoir pour amants que des braves. Vous l'êtes, je le crois; il faut pourtant que j'éprouve votre courage. Vous le savez, je suis sorcière. Voyez cette porte, au fond de la salle, entre ces deux piliers : levez-vous, et venez lire l'inscription qui y est gravée.

— Allons »! dit Adalbert en riant; et prenant une des lampes qui étaient sur la table, il s'approche de la porte. Il y lut ces seuls mots écrits en lettres d'or :

ROUTE DU BONHEUR.

La vieille, qui s'était postée derrière lui, dit :

« — Oui, c'est en prenant cette route que vous retrouverez Godiva.

— Eh quoi! s'écria Adalbert, en se retournant brusquement, n'est-elle pas avec nous ? »

Il jette un coup d'œil inquiet dans la salle : Godiva avait disparu.

« — Cruelle vieille! dit Adalbert presque furieux, croyez qu'on ne se joue pas impunément de moi. Par Odin !...

— Là, là, calmez-vous, fougueux chevalier, dit la vieille en riant aux éclats ; elle n'est pas perdue, votre Godiva : vous la reverrez plus belle, plus attrayante mille fois ; mais, pour arriver jusqu'à elle, il faut oser entrer avec moi dans le long corridor où conduit cette porte :

c'est là où j'exerce mon art. Il faudra vous soumettre à quelques épreuves ; car, voyez-vous, tous les plaisirs, il faut les acheter. Encore une fois, avez-vous du courage?

— Je ne crois point à ton art, dit Adalbert, et ne crains nulle épreuve. A tout prix, je veux revoir Godiva, et te l'enlever, s'il est possible. Entre, et je te suis.

— Eh bien ! soit ! » dit la vieille.

Elle ouvrit la porte et descendit quelques marches ; Adalbert, la lampe à la main, la suivait de près. Il se trouva avec elle dans un large et long corridor, dont les murs étaient tapissés de hiboux, de chauve-souris, de singes, de crapauds empaillés ; sur le sol, on voyait des têtes de morts, de grands vases du goulot desquels sortaient de hideuses figures, des cercles magiques. Vers le milieu, des deux côtés, s'élevaient deux énormes statues qui ressemblaient à des fantômes : elles étaient couvertes jusqu'aux pieds de longues robes noires ; on ne pouvait regarder sans effroi leurs visages en cire, pâles, décharnés, et qui grimaçaient horriblement. L'une tenait à la main un rouleau de parchemin ; l'autre un long bâton blanc, terminé par une pomme de pin. Quand ils furent arrivés devant ces figures, le vieille s'arrêta, et leur adressa quelques mots barbares, auxquels Adalbert ne comprit rien.

« Le charme va commencer, » dit-elle ensuite.

Elle prit un morceau de craie blanche, et traça autour d'Adalbert un grand cercle. Puis, elle arracha des mains d'une des statues le thyrse qu'elle portait, et le donnant à Adalbert :

« Prenez cet attribut d'un dieu jadis célèbre, car vous allez jouir des plaisirs des dieux. »

Elle alla ensuite prendre le rouleau des mains de l'autre statue, et le déploya avec respect; après en avoir lu quelques lignes :

« Je vais, dit-elle, vous entourer de prestiges; ayez toujours les yeux fixés là, dans cet endroit (elle montrait l'extrémité du corridor opposée à la porte d'entrée); mais gardez-vous de sortir du cercle tandis que je tournerai autour de vous, excepté lorsque je prononcerai un mot mystérieux, inintelligible pour vous. »

Adalbert haussa les épaules, et lui dit :

« Surtout, opérez vite; que je revoie Godiva, ou je vous étranglerai de mes mains, malgré vos statues magiques. »

La vieille ne répondit point. Elle se mit à tourner, en lisant son parchemin à voix basse, autour d'Adalbert. A chaque cercle qu'elle décrivait, elle s'éloignait davantage du jeune homme, qui supportait impatiemment toutes ces simagrées.

Au cinquième tour, elle cria d'assez loin derrière lui, d'une voix très-forte : *Arcan-Abraxas!* et il entendit, en même temps, se fermer la porte par laquelle il était entré. Il tourne vivement la tête, et ne voit plus la sorcière.

« Où me suis-je engagé? se dit-il; et comment tout cela finira-t-il? Ou l'on en veut à ma vie, ou l'on se moque de moi. Comment aussi ai-je pu me prêter à de si ridicules cérémonies?... Mais je voulais tirer des mains de l'infâme sorcière une intéressante créature : voilà mon excuse. »

Tout en se parlant ainsi, il cherchait des yeux si, dans cet arsenal de magie, il ne pourrait point trouver quelque arme défensive; car il commençait à craindre qu'on ne vînt l'attaquer.

Mais un étrange bruit vint le distraire. Il lui semblait que, dans une chambre voisine de la salle où il avait soupé, deux personnes contestaient vivement entre elles; il se précipite aussitôt vers la porte qui conduisait à cette salle, et fait de vains efforts pour l'ouvrir. Il applique alors l'oreille près de la serrure, pour entendre au moins quelques mots qui pussent lui faire juger du sujet d'une si chaude altercation. Mais ce ne sont que des gémissements, que des sanglots, qui parviennent jusqu'à lui; et il n'en peut douter, c'est Godiva qui pleure, qui gémit! Oh! que n'eût-il pas donné pour pouvoir voler à son secours! Enfin, quelques paroles entrecoupées qu'il entend lui font concevoir que la vieille veut forcer Godiva à commettre quelque crime.

« *Obéis ou meurs* », disait la sorcière; et Godiva répondait : « *Quoi? nue! toute nue! oh! jamais!... jamais!* » Puis, des sanglots; et puis, d'une voix résolue : « *Eh bien! oui... mais je périrai avec lui.* » Et, peu après, il lui sembla qu'elle s'éloignait du lieu de la scène, et qu'elle fermait brusquement une porte.

Un silence effrayant succéda.

Adalbert, dans une perplexité qu'on ne saurait exprimer, marche incertain dans le vaste corridor où il est enfermé. A la lueur de la lampe qui y brûle toujours, il cherche quelque issue, quelque porte secrète.

En ce moment, il entendit le son d'une lyre, et bientôt la douce voix de Godiva, qui paraissait venir du fond du corridor.

Il s'élance aussitôt vers le lieu d'où partait la voix. En dix pas, il touche au bout du corridor, qui se terminait par une assez large porte; il la pousse, elle s'ouvre presque d'elle-même, et une lumière éclatante vint frapper ses yeux. La voix avait cessé au moment même où la porte s'était ouverte. Il se trouve, toujours seul, dans une chambre parfaitement éclairée, dont les murs étaient ornés de peintures voluptueuses. Il se demande s'il doit aller plus loin, s'il ne ferait pas bien de soulever un rideau pourpre, qui semble posé exprès, vers le milieu de la chambre, pour cacher quelque objet plus séduisant encore que des peintures.

Il s'avançait, le bras tendu, lorsque le rideau se replia sur lui-même, et lui laissa voir celle qu'il cherchait, étendue sur un magnifique lit de repos, la tête couronnée de roses, et sans autre voile que sa noire et longue chevelure. Mais à peine il a le temps de l'apercevoir dans cette attitude. Godiva s'est levée sur ses pieds, au milieu du lit, et elle a jeté un cri d'effroi.

« Jeune homme, arrête! criait-t-elle avec force; la mort est là! » Et, d'une main, elle indiquait la terre.

Adalbert, étonné, regarde le sol, ne voit qu'un très-beau tapis étendu au-devant du lit où Godiva était, toujours criant : « N'avance pas; la mort est là! » Il croit qu'elle veut employer quelque ruse pour l'empêcher d'arriver jusqu'à elle.

« Godiva, lui dit-il, vous cherchez en vain à m'effrayer; aucune puissance ne m'empêchera...»

Godiva tombe alors à genoux sur le lit, les mains jointes, la terreur peinte sur tous ses traits : « Ah! crois-moi, je ne te trompe point :

si tu mets le pied là, dit-elle en lui montrant le tapis, tu es mort!» Et elle sanglotait.

Ses accents étaient si vrais, si déchirants, qu'Adalbert commence à croire qu'un piége est caché sous le tapis. Il tenait encore à la main le thyrse que lui avait donné la sorcière; il veut s'en servir pour sonder le terrain. A peine il appuie la pomme du thyrse sur le tapis qu'il le sent céder, s'enfoncer. Une trappe qu'il recouvrait tourne sur elle-même, et Adalbert voit devant lui, sous ses pieds, un gouffre noir, profond, d'où s'échappe une odeur cadavéreuse, une vapeur qui obscurcit l'air. Il recule avec horreur.

« Grâces te soient rendues, ô mon Dieu! s'écrie Godiva; il est sauvé! » Et, en même temps, s'élançant avec force de dessus son lit, elle franchit le gouffre, et vient tomber aux pieds d'Adalbert.

«—Ils sont tous là, tes camarades, lui dit-elle, en montrant le gouffre. Toi, du moins, tu n'y tomberas point. Moi seule, je mourrai; mais je suis si lasse de la vie!

— Ah! dit-il en la serrant fortement d'un de ses bras, tant que je vivrai, personne ne t'arrachera de mes mains. Je suis sans armes, il est vrai; mais j'ai de la force, du courage. Les assassins sont-ils en grand nombre?

— Elle est seule, dit Godiva; mais... ô Dieu, la voici! » Elle tremblait de tous ses membres.

Adalbert entendit en effet le bruit d'une clef dans la porte du long corridor, et bientôt après, le retentissement des pas de la vieille. Il prend Godiva, la pose tout près du mur de la chambre, et se place devant elle, du côté opposé à celui où s'ouvrait la porte, qui devait les cacher tous les deux lorsque la vieille en pousserait le battant.

La sorcière ouvre, avec précaution, la porte, et, n'entendant aucun bruit, elle avance. Elle avait un poignard à la main, et ressemblait à une furie qui sort des enfers.

En voyant la trappe retournée, elle murmura entre ses dents :

« Ah! c'est donc fini! Je craignais que cette Godiva.... »

Elle ne put achever. Adalbert s'était lancé, par derrière, sur elle, comme un faucon sur sa proie, lui avait pris les deux bras qu'il tenait fortement serrés contre son corps :

« Godiva! s'écria-t-il, donne-moi quelque lien que je l'enchaîne. »

Godiva accourt; voyant la sorcière retenue, elle retrouva en elle-même une vigueur qu'elle ne se connaissait point. Elle arrache d'abord de la main de la vieille le poignard, et le jette dans le gouffre ; puis, ne trouvant près d'elle ni cordon, ni courroie, elle se hâte de détacher le baudrier d'Adalbert, et en lie fortement les bras de la vieille derrière son dos. On eût dit qu'une force surnaturelle l'excitait, doublait ses forces.

La sorcière voulait d'abord se débattre; elle jetait sur Godiva des regards foudroyants, l'accablait d'imprécations; mais, quand elle se vit liée, qu'elle vit que toute résistance était inutile, elle eut recours aux plus humbles supplications.

« Oh! disait-elle à Adalbert, ne me punissez pas encore ; je reconnais mes fautes : mais si vous m'accordez quelques jours de vie, je vous en récompenserai en vous apprenant tout ce qui se trame contre vous et les Normands. En les livrant à la mort, j'obéissais à des ordres suprêmes.... » Et elle regardait, avec un effroi qui se peignait hideusement sur tous ses traits, le gouffre entr'ouvert si près d'elle; elle craignait d'y être précipitée.

Adalbert devina sa pensée et lui dit avec calme:

« Ce n'est point ici que vous périrez, indigne créature ; je ne suis point bourreau. D'autres que moi vous jugeront, vous condamneront.... Marchez devant nous, ajouta-t-il en la poussant violemment dans la salle des sorcelleries. Il me tarde de sortir de cet effroyable séjour. »

En même temps il prit dans ses bras la pauvre jeune fille, qui, après la violente secousse qu'elle venait d'éprouver, s'était sentie défaillir : ses jambes fléchissaient sous elle, sa tête tombait sur sa poitrine. Adalbert, qui la portait à demi-couchée sur ses deux bras, la suppliait de conserver un peu de courage. Ce fut ainsi qu'ils arrivèrent, non sans peine, sous le portique où, quelques heures auparavant, ils avaient fait un si joyeux repas. La table était encore couverte des restes du festin, leurs tasses à demi pleines de vin. Adalbert prit une de ces tasses, et la porta aux lèvres de Godiva qui paraissait mourante ; elle en but quelques gouttes, et sembla un peu se ranimer ; elle put lever à demi la tête, ouvrit les yeux, et les jetant sur elle-même :

« Oh ! Dieu ! dit-elle, quelle honte ! je suis nue, et je n'y pensais pas! »

Et aussitôt étendant sur elle ses longs cheveux, elle tâcha de s'en faire un voile. Puis, s'échappant des bras d'Adalbert :

« Mes vêtements sont là, tout près, dit-elle, en montrant une porte latérale, je les y ai déposés ; si je pouvais.... » Elle essaya de marcher seule ; mais à peine elle avait fait deux pas qu'elle tomba pâle, sans mouvement sur la terre.

« Allons, monstre, dit alors Adalbert à la vieille, marche encore devant moi ; indique-moi la chambre où je pourrai trouver les vêtements de cette fille. »

En ce moment, il vit son épée qui était restée à la place où Godiva l'avait posée; il la tira du fourreau et en menaça la vieille; mais elle ne faisait aucune résistance, obéissait à tous les ordres en esclave soumise. Elle s'achemina vers une petite porte que cachait un des piliers de la salle, et la poussa du pied. La porte s'ouvrit aussitôt, et Adalbert vit là, tout près sur un lit, dans une très-petite chambre, la tunique dont il avait fallu que Godiva se dépouillât pour se rendre, par une secrète issue, dans la chambre du gouffre. Il prend tout ce qu'il peut trouver des vêtements de Godiva, et court les lui apporter.

Son évanouissement avait cessé, elle s'était relevée; mais, se sentant encore trop faible pour marcher, elle était restée debout, le corps appuyé contre un pilier. Adalbert lui présente sa tunique; et, comme elle pouvait à peine mouvoir les bras, il s'empresse de l'en revêtir lui-même. D'une main il écarte ses longs cheveux, et de l'autre, fait descendre la robe jusque sur ses genoux, et ensuite il attache autour de ses reins sa ceinture.

« Tu n'auras plus à rougir de ta nudité, disait-il en nouant la ceinture; je puis à présent te montrer à mes Normands.»

La jeune fille laissait tomber sur lui des regards d'admiration, de reconnaissance. On me croira sans peine quand j'affirmerai qu'en cette circonstance aucune idée de volupté ne vint même effleurer l'âme d'Adalbert. En parcourant de ses mains le corps nu de la jeune fille, il cherchait à ne point alarmer sa pudeur : on eût dit qu'il la respectait comme la plus pure des vierges; et pourtant il était loin, très-loin de croire que Godiva eût été jusqu'alors vertueuse, irréprochable; mais elle lui avait sauvé la vie !...

Quand elle fut entièrement vêtue, il la prit dans ses bras, la porta sur un des lits de repos, et plaça plusieurs coussins sous ses épaules et sous sa tête. Quant à la sorcière, ayant trouvé des cordes près d'un pilier, il l'attacha à ce pilier même. Il alla ensuite ouvrir la porte d'entrée du souterrain, pour voir s'il ne passerait personne qui pût aller informer le scalde Egill de l'embarras où il se trouvait; car il ne voulait retourner au camp qu'avec les deux femmes qu'il avait en sa garde.

La nuit était avancée : les étoiles brillaient au ciel; il avait un peu neigé vers le soir, la montagne et la plaine étaient comme couvertes d'un grand voile blanc, sur lequel les branches des arbres dépouillés de feuilles, et les buissons, se dessinaient comme des broderies noires sur une étoffe éclatante de blancheur. Il voyait bien au loin les feux du camp; il entendait même le murmure de plusieurs milliers de voix; et il lui sembla qu'il y avait plus d'agitation qu'à l'ordinaire. Mais, autour de lui, la montagne était déserte: il y régnait un silence qu'aucun cri, aucun bruit n'interrompait.

« Faudra-t-il donc rester ici jusqu'au jour? se disait-il; et qui sait même s'il passera quelque voyageur sur ce mont écarté des routes fréquentées? Egill doit être bien inquiet de mon absence. » Il rentrait ensuite dans le souterrain, disait quelques mots consolateurs à Godiva. Celle-ci frémissait dès qu'elle le voyait s'éloigner de quelques pas. Mais, dans l'anxiété où il se trouvait, il sortait à chaque instant du souterrain.

Vers le milieu de la nuit, comme il était dehors en observation, il crut apercevoir, sur un mamelon lointain de la montagne, quelques points noirs qui s'agitaient; puis, il vit briller la lumière de plusieurs torches allumées. Des voix vinrent frapper ses oreilles, et il reconnut l'accent de la langue des Norwégiens: il lui sembla même que l'on prononçait souvent son nom. Aussitôt il se met à crier de toutes ses forces:

« Normands! Normands! venez au secours d'un de vos compatriotes! »

Les Normands s'arrêtèrent. Ils paraissaient indécis sur le chemin qu'ils devaient prendre; car, s'ils entendaient la voix, ils ne pouvaient distinguer, dans la sombre gorge de la montagne, celui qui les appelait. Adalbert alors se précipite dans le souterrain, y prend une lampe allumée, et court se replacer à la porte. Les guerriers normands jettent un cri de joie, en voyant la lumière de la lampe, et aussitôt descendent, ou plutôt se laissent rouler du haut du mamelon qu'ils occupaient; et bien que plusieurs tombassent dans des ravins assez profonds, car la neige empêchait qu'on pût distinguer les traces des sentiers, il ne leur fallut que peu de temps pour arriver près d'Adalbert.

« Quoi !... c'est vous, notre jeune chef? Oh! que votre absence a causé d'inquiétude dans tout le camp! Egill, désespéré, a envoyé vingt pelotons de guerriers, de tous les côtés, avec ordre de fouiller les bois, les montagnes. Plus heureux que nos camarades, nous vous avons trouvé. Oh! venez, venez vite rassurer le malheureux scalde, votre ami! »

Adalbert remercia les guerriers du vif intérêt qu'ils lui témoignaient. « Mais, ajouta-t-il, j'ai besoin de votre secours pour transporter au camp les deux prisonnières que voici : » et il ouvrit en même temps la porte du souterrain.

Ces Normands furent émerveillés de voir un lieu très-éclairé et somptueusement meublé dans l'intérieur d'une montagne. L'un d'eux, en apercevant les deux femmes, s'écria :

« Par Frigga ! je retrouve ma vieille sorcière et sa charmante fille. Quoi ! général, vous avez pu les prendre ? Vous m'avez devancé ; car je comptais bien venir, la nuit prochaine, enlever au moins la fille. Si j'ai tant tardé, c'est que la vieille m'avait menacé de lancer après moi tous ses diables ; et l'on assure que les diables chrétiens sont cent fois plus méchants que les fées de notre pays. »

Adalbert sourit : « Eh bien ! tu vois que ces diables ne m'ont fait aucun mal. Mais agissons. La jeune fille, mes amis, il faudra la porter bien mollement, et lui témoigner de la bienveillance. Sans elle, votre jeune chef aurait soupé aujourd'hui dans le palais d'Odin. Quant à la vieille, je vous la livre ; portez-la sur vos épaules, traînez-la, s'il le faut. »

« — Oh ! je me charge de porter la vieille, dit un guerrier robuste, d'une grandeur démesurée, le plus fort de tous ses camarades ; et, pendant la route, je pourrai bien la secouer un peu rudement. »

Aussitôt, on détache la vieille du pilier; et de la même corde qui l'y retenait, on la lie sur le dos du guerrier normand qui, pour prouver que le poids lui paraissait léger, s'élevait, en sautant, à deux pieds de terre. Quant à Godiva, les Normands résolurent de la porter couchée sur le lit même où Adalbert l'avait posée. Six d'entre eux soulevèrent le lit, qui ne leur parut pas trop pesant; et, pour qu'elle ne souffrît pas du froid, ils étendirent sur son corps un long et large manteau de peau d'ours.

Avant de quitter le souterrain, plusieurs des guerriers normands demandèrent la permission de le visiter. « Ceux de nos camarades, dirent-ils, qui venaient consulter la sorcière sur leur future destinée, nous racontaient, à leur retour, que l'on voyait dans cette caverne des choses merveilleuses : des statues qui se mouvaient comme si elles étaient animées ; des animaux de toute espèce, des lions qui rugissaient, des serpents qui sifflaient, des dragons ailés qui lançaient des flammes par la bouche et les yeux. Se moquaient-ils de nous, nos camarades ? Nous voudrions bien savoir ce qu'il y a de vrai dans tout cela.

— Eh! bien, dit Adalbert, apprenez combien il est facile d'abuser les hommes par des prestiges, et d'opérer d'apparents miracles. Venez :

je serai moi-même votre guide dans le labyrinthe où vous allez pénétrer. Mais que celui d'entre vous qui porte la sorcière vienne aussi avec nous. Le premier supplice de cette indigne femme sera de voir que ses impostures ont été découvertes en même temps que ses crimes. »

D'après les ordres d'Adalbert, quelques guerriers restèrent près du lit de Godiva pour lui donner les secours dont elle pourrait avoir besoin. Les autres, des torches à la main, le suivirent dans la salle où, quelques heures auparavant, il s'était si imprudemment engagé.

En parcourant cette longue galerie souterraine, toute remplie d'objets bizarres ou effrayants, les Normands, quelle que fût leur intrépidité ordinaire, éprouvèrent une certaine émotion. Ils regardaient tout en silence et d'un œil inquiet, étonné. Quand ils furent devant les deux statues au visage si pâle, aux vêtements si lugubres, ils se serrèrent les uns contre les autres, comme s'ils se fussent attendus à les voir se mouvoir, descendre de leurs piédestaux. Adalbert souriait.

Ils avançaient toujours. Adalbert, lorsqu'il fut au bout de la galerie, se retournant vers eux, leur dit : « O mes camarades, nous allons entrer maintenant dans un lieu funeste, périlleux. Gardez-vous de m'y devancer d'un seul pas. »

Et il poussa la porte de la chambre où l'avaient naguère attiré les accents de la voluptueuse voix de Godiva.

Étonnés de la vive lumière que répandaient dans cette salle vingt lampes qui y brûlaient encore derrière les colonnes ; curieux de considérer les peintures qui en décoraient les murailles, tous auraient voulu y entrer à la fois. Mais Adalbert les arrêta : il leur fit remarquer la trappe fatale qui était restée toujours levée, retournée sur elle-même. « Là, leur dit-il, est le tombeau des braves chefs dont vous regretterez long-temps la perte. Rendez-leur un dernier hommage ; mais n'allez pas vous exposer à périr comme eux. »

Malgré les efforts que faisait Adalbert pour les retenir, deux guerriers s'avancèrent sur les bords du gouffre. Mais l'odeur qui s'en exhalait les força de reculer ; il jetèrent un cri d'horreur ; et, à ce cri, tous leurs camarades s'empressèrent de rentrer dans la galerie.

Ce fut alors qu'éclata leur indignation contre la sorcière. Ils l'auraient immolée sur le dos même du guerrier qui la portait, si Adalbert ne leur eût représenté que ce meurtre d'une femme enchaînée paraîtrait une insigne lâcheté. Mais il ne put les empêcher de briser tout ce qui se trouvait dans la galerie de la sorcière. Les urnes, les tigres empaillés, les hiboux, les serpents tombèrent sous leurs coups, ainsi que les deux grandes statues qui les avaient d'abord intimidés.

Adalbert remarqua que l'un des piédestaux des statues renversées était creux intérieurement ; et il pensa que c'était une espèce de cachette où la sorcière pouvait avoir déposé tout ce qu'elle avait de plus important et de plus secret. Il fit approcher une torche, et put explorer avec soin l'intérieur du piédestal. D'abord, il n'y trouva que des livres de grimoire, que les prophéties de Merlin; mais ensuite, il en tira des rouleaux de parchemin et des tablettes. Il lut quelques lignes des tablettes, et vit qu'elles contenaient les plus secrètes pensées de la sorcière et ses sinistres projets. Les rouleaux étaient les lettres qu'elle avait reçues en différents temps de l'évêque Gozlin et du comte Eudes même. La sorcière, qui jusque-là était restée muette et comme insensible sur le dos du guerrier auquel elle était fortement liée, ne put s'empêcher de pousser un long gémissement, quand elle vit que les complices de ses crimes seraient connus et leurs manœuvres divulguées.

Ce n'était pas le moment de lire avec attention tous ces manuscrits : Adalbert se contenta de les recueillir, se promettant bien de les mettre sous les yeux d'Egill et des scaldes qui devaient juger la sorcière.

Tous les guerriers normands rentrèrent ensuite dans le vestibule, chargés de débris, trophées de leur expédition.

Le crépuscule du matin commençait à paraître. On pouvait distinguer la route qui conduisait du Mont-de-Mars au camp. Adalbert donna le signal du départ. Au milieu de la troupe des Normands, Godiva, sur son lit, ressemblait à un vainqueur dont on célèbre le triomphe. On fut bientôt descendu dans la plaine.

Pour arriver au camp, il fallait passer devant le château du *Lover*. Là, Adalbert donna ordre de faire halte.

« Mes camarades, dit-il, il faut que je m'entretienne avec le scalde Egill. Déposez ici la jeune fille; je m'institue son gardien. Quant à la sorcière, conduisez-la dans nos prisons. Bientôt une assemblée des scaldes, des drotters et des chefs de nos bandes, prononcera sur son sort. »

Les guerriers obéirent; ils marchèrent vers le camp.

Les gardes du château s'empressèrent d'y faire entrer Godiva qui, vivement émue par mille sensations diverses, pleurait, et ne cessait de baiser, par reconnaissance, les mains de son bienfaiteur Adalbert.

NOTES

DU TOME PREMIER.

NOTES.

NOTE PREMIÈRE.

C'est le bon roi Dagobert *qui institua* (dans l'église de Saint-Denys) *cette continuelle psalmodie.* — Page 2.

A-t-il existé un Denys, évêque de Paris, vers la moitié du IIIe siècle? Le Denys, martyr à Paris, ne serait-il point le Denys, dit l'*Aréopagite*, qui avait été évêque à Athènes, à la fin du Ier siècle? Eut-il pour compagnons de ses travaux apostoliques *Rustique* et *Éleuthère*, à qui l'on coupa la tête comme à lui? Par qui fut ordonné et où s'exécuta ce triple martyre? Je ne demanderai pas si, après son supplice, Denys porta sa tête sous son bras, de Paris jusqu'au lieu où est aujourd'hui bâtie l'église qui s'honore de son nom : dans ce siècle peu crédule on me rirait au nez. Mais est-il vrai qu'une dévote gauloise, nommée *Catulla*, prit soin d'ensevelir dans un champ qu'elle possédait les corps des trois martyrs? que, bientôt après, nombre de miracles éclatèrent, particulièrement sur le tombeau de saint Denys (on n'en cite presque jamais de ses compagnons, saints tout autant que lui)? Est-il constant aussi que ce fut depuis l'acte de piété qu'accomplit la dame *Catulla* que le village qui s'éleva dans son champ prit le nom de *Catulliacum*? etc., etc. En vérité, je n'en sais rien, pas plus que cent auteurs, au moins, qui ont écrit de gros livres où toutes ces graves questions sont longuement controversées, et que j'ai pourtant pris la peine de lire.

Voici ce qu'il y a de plus certain; et ce ne sont plus de fabuleuses, absurdes et ridicules légendes qui nous l'apprennent, mais quelques chartes authentiques, et des monuments dont les restes sont encore sous nos yeux : Dagobert, s'il ne fonda pas, augmenta et enrichit considérablement une église qui s'élevait déjà, avant le VIIe siècle, près de la chapelle où l'on rendait depuis long-temps un culte au corps d'un saint Denys, quel qu'il soit ; et il ordonna qu'on y chanterait à toute heure, le jour comme la nuit, des prières que les chroniqueurs ne nous ont point, que je sache, indiquées. C'était bien le moins que ce grand roi pût faire pour obtenir le pardon de sa cruauté, de ses crimes et de ses incroyables déportements.

Pour qu'elle pût exécuter cette fondation d'une *psalmodie perpétuelle*, il fallait que, dès lors, l'abbaye de Saint-Denys (si c'était une abbaye) contînt un grand nombre de moines ou au moins de clercs. Ainsi, dès le temps de Dagobert, c'est-à-dire au VIIe siècle, Saint-Denys était un des établissements religieux les plus considérables et les plus riches de toute la chrétienté.

La belle église que l'on voit aujourd'hui à Saint-Denys n'est pas, comme on le pense bien, celle où fut enterré le roi Dagobert. Elle fut reconstruite, au moins en grande partie, 120 ans après, par Pepin, père de Charlemagne. Sous Louis-le-Jeune, l'abbé Suger entreprit de la rebâtir de nouveau, et, grâces au zèle de ce célèbre abbé et à ses immenses richesses, les travaux avancèrent avec une merveilleuse rapidité. Mais ce fut saint Louis qui eut la gloire de les terminer et de léguer à la postérité une des plus belles églises de toutes celles qui couvrent la France.

NOTE II.

Partons... pour le MONT-DE-MARS. — Page 5.

Le monticule qui s'élève dans la plaine, au nord de Paris, s'est appelé d'abord *Mons Mercurii* (c'est le nom que lui donne Frédégaire, le plus ancien historien français après Grégoire de Tours), et *Mons Martis*, par Hilduin, qui écrivait sous le règne de Louis-le-Débonnaire, c'est-à-dire au commencement du IXᵉ siècle*. Le nom de *Mons Martyrum*, d'où l'on a tiré celui de *Montmartre*, ne lui a été donné que par des écrivains postérieurs à ceux que je viens de citer; par des légendaires surtout, qui avaient intérêt de soutenir que là avaient été décapités saint Denys et ses compagnons.

Comme rien ne prouve qu'à l'époque où des chrétiens vinrent apporter une nouvelle religion à Paris, c'était sur la montagne appelée aujourd'hui *Montmartre* ou des Martyrs qu'on les punissait de leur audacieuse imprudence, je pense qu'il serait convenable de lui restituer son ancien nom de *Mont-de-Mars*, ou celui de *Mont-de-Mercure*. Nul doute que ces deux divinités, au temps où la religion des Romains dominait dans les Gaules, n'y aient eu des temples : les débris de monuments antiques qu'on y a trouvés en différents temps, et dont Caylus a donné la description et la gravure**, en sont une preuve convaincante.

Dès les temps les plus anciens, le Mont-de-Mars, comme toutes les collines des environs de Paris, fut creusé à de très-grandes profondeurs. C'est de toutes ces collines que l'on a tiré les pierres qui ont servi à la construction de la ville et des maisons de campagne et villages qui l'environnent.

Ces excavations ou carrières offrent aujourd'hui, aux géologues surtout, une ample matière à de curieuses observations. Mais ce n'est point dans une simple note qu'il serait possible de détailler les fossiles de toute espèce, poissons, reptiles, quadrupèdes, oiseaux, et même végétaux, qu'y ont découverts MM. Cuvier et Broigniart. Je dois renvoyer le lecteur à leur intéressant ouvrage***.

* Abbon, dans son poème, l'appelle aussi Mont-de-Mars :

Armipotens montis super Odo cacumina Martis
Enituit....

ABBO, lib. II, v. 296.

** Dans son *Recueil d'antiquités*.

*** Essai sur la géographie minéralogique des environs de Paris.

NOTE III.

Oh ! bientôt, mon CANTIQUE *sera dans toutes les bouches*, etc. — Page 9.

Le cantique que chante Adalbert (page 23) est tiré presque entièrement de la légende de *sainte Marie l'Égyptienne.* On peut voir dans les *Bollandistes* (2 avril) la Vie de la sainte en prose, et ensuite un assez long poème latin en son honneur. Baillet lui consacre un article dans ses *Vies des Saints* *.

Je ne saurais dire quand on commença à honorer, dans Paris, cette courtisane devenue sainte ; mais toujours est-il que, dans le XIIIe siècle, on y voyait une chapelle qui lui était particulièrement consacrée, et qu'une des plus anciennes communautés ou *confréries*, celle des Drapiers, s'y réunissait, et prenait soin de la réparer. Il est assez bizarre que les *drapiers* aient choisi pour protectrice, pour patronne, une sainte qui, pendant quarante ans, n'eut besoin d'aucune draperie, car elle vécut nue, tout ce temps, dans un désert.

« On remarquait dans cette chapelle, dit M. Dulaure **, la peinture d'un des vitraux où sainte Marie l'Égyptienne était représentée sur un bateau, troussée jusqu'aux genoux devant le batelier. Au-dessous de cette peinture, on lisait ces mots : *Comment la sainte offrit son corps au batelier pour son passage.* Dans la Vie de cette sainte on lui fait confesser cette action : « N'ayant pas de « quoi payer, il me vint en l'idée d'exposer ma personne à « l'impureté de ceux qui voudraient payer pour moi. En « effet... j'entrai dans le navire, provoquant les passagers « à la dissolution par des actions peu honnêtes, etc. »

La chapelle de sainte Marie l'Égyptienne n'a été détruite

* Tome IV, 5e siècle.

** Histoire de Paris, t. II, p. 430.

qu'en 1792. Elle était située dans la rue que l'on appela d'abord de l'*Égyptienne*, et que, par corruption, on nomma et nomme encore aujourd'hui *de la Jussienne*.

NOTE IV.

Ils trouvèrent d'abord les ruines de la villa antique du riche CLIENTIUS. — Page 10.

Il faut lire ici *Cleninus*, car c'est ainsi que l'abbé Lebeuf* nomme ce Romain, d'après des fragments d'inscriptions trouvés sur le Mont-de-Mars (*Montmartre*).

Ce mont a dû être couvert, au temps de la domination romaine dans les Gaules, de ces maisons de campagne (*villæ*) que les riches Romains s'empressaient d'élever partout où ils s'établissaient. Ce n'est donc point une opinion inadmissible et sans fondement que celle du savant qui dérive le nom du hameau de *Clignancourt* du nom de *Cleninus*, ancien possesseur d'une villa sur le Mont-de-Mars. L'abbé Lebeuf a décrit, dans un ouvrage que je citerai souvent, les ruines des bains antiques qu'on y découvrit en 1738. L'usage des Romains fut toujours d'annexer des bains à leurs maisons de campagne; et ces bains en étaient souvent la partie la plus considérable et la plus somptueusement ornée. On en verra la preuve si l'on veut bien lire la lettre où Pline-le-Jeune donne la description d'une villa qu'il possédait en Toscane **.

NOTE V.

Ils (les moines de Saint-Germain-des-Prés) *obtinrent qu'on épargnerait leur église et le tombeau de leur saint Germain.* — Page 15.

C'est de la troisième expédition des Normands contre Paris qu'il est ici question. Sa date est de 861. Voici

* Histoire du diocèse de Paris, t. II, p. 120.

** *Plinii Epistol.*, Lib. V, ep. 6.

comme en parle le plus exact des historiens de ces temps désastreux : « Les Normands revenus, pour la troisième fois, devant Paris, et chargés des dépouilles des négociants de cette ville, qui avaient pris la fuite, mais qui étaient tombés entre leurs mains, entrent dans l'église de Saint-Germain-des-Prés, pendant que les moines chantaient matines. Ces religieux, au nombre d'une vingtaine seulement, parce que le reste était dispersé à Esmant ou à Nogent-l'Artaud, avec le corps de saint Germain, ou dans quelques autres terres de leur dépendance, se cachent où ils peuvent, et par ce moyen évitent la mort, à l'exception d'un seul qui fut tué. Les Normands égorgent plusieurs domestiques, pillent le monastère et mettent le feu au cellier. Les faubourgs de la ville, et surtout celui du midi, durent souffrir considérablement de cette irruption *».

On ne doit pas être surpris de ces fréquentes incursions des Normands sur le territoire de Paris. Dès l'an 858, ils s'étaient établis dans l'île d'Oissel, entre Rouen et le Pont-de-l'Arche, et s'y étaient fortifiés. De là, ils remontaient souvent par bateaux vers Paris. On peut dire qu'ils étaient maîtres des deux rives de la Seine, depuis l'embouchure jusqu'à cette ville. Mais ce qu'il n'est pas si facile d'expliquer, c'est que les Parisiens, qui s'enfuyaient au moment du danger, revinssent, dès qu'ils voyaient les ennemis éloignés à quelque distance seulement de leur capitale, se rasseoir tranquillement à leurs foyers, replacer les reliques dans les églises, et réparer, comme ils pouvaient, les désastres dont ils avaient souffert, et qu'ils devaient bien s'attendre à voir se renouveler peu de temps après. Comment ne s'unirent-ils point aux peuplades voisines, également menacées par ces étrangers ? comment ne formèrent-ils point une ligue contre ces cruels dévastateurs, puisqu'ils ne se sentaient point assez forts pour se défendre

* Toussaints du Plessis. — *Nouvelles annales de Paris, jusqu'au règne de Hugues Capet.* Paris, 1753, 1 vol. in-4. p. 151.

seuls, et les expulser à jamais d'un fleuve qui leur offrait tant de facilités pour des invasions inopinées ? Mais qu'attendre de peuples dirigés par des prêtres, par des moines qui croyaient avoir assez fait pour le pays, quand ils avaient pu emporter avec eux, cacher au loin de vieux os ou des guenilles de saints !

Mais (et c'est ce que l'on voyait rarement) si, parmi ces hommes d'église, les vrais dominateurs, les puissants de ces temps-là, il se rencontrait un homme de cœur et de tête, tels que l'évêque Gozlin, par exemple, alors les pirates du Nord trouvaient une véritable résistance, et les Parisiens, entre autres, se signalaient par cette bravoure, cette intrépidité qui caractérisa toujours les Français.

NOTE VI.

Il (l'empereur Julien) *voulut rétablir le culte des dieux de ses ancêtres ; il abandonna de tristes et ridicules fables pour revenir à de douces, d'aimables illusions.* — Page 15.

Que Julien ait abhorré le christianisme ; qu'il ait tout employé, sans cependant recourir à d'atroces persécutions, pour abolir cette religion nouvelle, qui déjà avait fait de si rapides progrès dans l'empire, c'est ce que démontre l'histoire de sa vie entière. Mais qu'un homme habitué, comme il l'était, à réfléchir, à chercher partout la vérité ; qu'un sage qui avait été élevé par un philosophe, et qui avait toujours eu pour amis des philosophes, des savants ; qu'un empereur dont les mœurs étaient austères, et à qui on ne peut reprocher un vice, une faiblesse même, ait été véritablement attaché aux anciennes croyances des Grecs et des Romains ; qu'il ait cru à l'existence de cent divinités à qui l'on attribuait des passions honteuses, criminelles, c'est ce que je ne croirai jamais. Des motifs politiques (et c'est ce qu'il ne pouvait divulguer dans les ouvrages qu'il nous a laissés) ont pu seuls le porter à paraître donner la préférence à l'ancien culte sur le nouveau. Il aura voulu mettre un terme aux haines, aux divisions sanglantes qui s'élèvent toujours entre les sectateurs de cultes différents, quand le gouvernement ne sait pas ou ne peut les contenir. Il ne réussit pas dans ses projets : une mort prématurée l'enleva au trône et à la philosophie. Les chrétiens triomphèrent, et ils ont cherché à flétrir sa mémoire par les plus calomnieuses imputations.

Après la mort de Julien, le paganisme ne trouva presque plus d'appui dans le pouvoir ; il devait succomber. Mais si les chrétiens n'eurent plus de redoutables adversaires dans les païens, ils n'en furent ni plus paisibles, ni plus heureux. C'est de leur sein même que surgissait la discorde. Divisés en sectes animées, furieuses, ils se sont battus entre eux, égorgés pendant dix-sept siècles au moins, et sont encore tout prêts à recommencer si on veut les laisser faire.

NOTE VII.

J'aperçois tout là-bas un gros caillou *qui s'avance dans le fleuve.* — Page 16.

Il est on ne peut plus vraisemblable que le quartier du *Gros-Caillou*, à Paris, doit son nom à quelque énorme rocher qui s'élevait sur les bords de la Seine; mais il faut avouer pourtant que de tous les historiographes de Paris, je ne connais que Jaillot qui ait émis cette opinion *. Ce gros rocher, planté sur un rivage extrêmement plat, était certes un objet très-remarquable. Il se dessinait sur une vaste plaine que dominait l'abbaye de Saint-Germain-des-Prés, et qui s'étendait bien au-delà du Gros-Caillou. Tout ce domaine était, en grande partie, une dépendance de l'abbaye.

* Dans ses Recherches sur la ville de Paris. 5 vol. in-8.

NOTE VIII.

Heureusement la TOUR *n'est pas haute. Est-ce avec cela qu'ils espèrent nous arrêter?*—Page 17.

Cette tour placée en tête du grand pont, sur la rive septentrionale, était la principale défense de Paris, si l'on en croit les historiens, et le moine Abbon lui-même qui fut témoin du siége de cette ville, et l'a chanté en très-mauvais vers latins. Mais il ne faut pas s'imaginer que ce ne fût qu'une simple tour telle qu'on en voit autour des vieux châteaux. Ce devait être une espèce de forteresse, garnie de créneaux, qui pouvait contenir un assez grand nombre de combattants, et d'où l'on pouvait lancer sur les assaillants de très-gros et lourds projectiles.

Il y avait aussi, sur la rive opposée, en tête du petit pont, une autre tour, mais bien moins considérable et moins forte.

Ces deux tours ou forteresses n'auraient pu empêcher les Normands de débarquer dans l'île où s'élevait Paris. Mais cette cité était aussi défendue, de tous côtés, par un mur d'enceinte, qui en eût rendu l'approche très-périlleuse.

Ce fut Gozlin qui fortifia ainsi la ville, quand il en eut été nommé évêque, en 883. Il détestait les Normands, de qui il avait eu beaucoup à souffrir lorsqu'il n'était qu'abbé de Saint-Germain-des-Prés. Ils l'avaient fait prisonnier dans l'une de leurs attaques contre son abbaye, et ne l'avaient relâché qu'après avoir exigé de lui une énorme rançon.

NOTE IX.

Des deux églises on n'en fera qu'une pour NÔTRE-DAME *toute seule.* — Page 22.

Notre-Dame l'a en effet emporté sur tous les saints dont les églises s'élevaient tant dans l'espace qu'occupe aujourd'hui la cathédrale qu'autour de la place sur laquelle dominent son portique et ses deux tours gothiques. On n'y voit plus, comme au temps de l'évêque Gozlin, ni l'église de Saint-Étienne, ni celle de Saint-Jean-le-Rond, ni deux ou trois autres encore, qui étaient des dépendances de l'ancienne cathédrale.

On sait que l'on découvrit, il y a plus d'un siècle, sous le maître-autel de cette église de Notre-Dame, des bas-reliefs qui avaient appartenu à un monument antique élevé par les *nautes* parisiens aux dieux des Romains. Ces bas-reliefs ont été le sujet de tant de dissertations et de mémoires; ils sont si bien connus de tous les amateurs d'antiquités, qu'il serait superflu d'en donner une nouvelle description. Observons seulement qu'ils constatent que ce lieu a toujours été consacré au culte; que là où l'on adore aujourd'hui la mère d'un Dieu unique, on sacrifiait à Jupiter, à Mars, peut-être aussi à une autre mère d'autres dieux, à Cybèle ou Vesta. Mais Cybèle n'était pas, comme notre Marie, la fille du dieu dont elle fut la mère; et l'on n'aurait pu mettre au-dessous de sa statue cette inscription qu'on lisait autrefois au-dessous de la figure de la Vierge s'entretenant avec son fils :

Tu mihi, nate, pater; — et tu mihi, filia, mater *.

Mon opinion est que dans cette partie de l'île de la Cité était le *forum* des Parisiens, tant qu'ils restèrent sous la domination des Romains; qu'à une des extrémités de ce forum s'élevait un temple à quelque dieu, peut-être à plusieurs dieux; qu'à l'autre extrémité était la *basilique* où l'on plaidait et rendait la justice; que l'espace intermédiaire, probablement entouré de portiques, était réservé pour

* O toi, mon fils, tu fus mon père!
— Toi, ma fille, tu fus ma mère!

Cette singulière inscription nous a été transmise par les auteurs d'un ouvrage estimé des érudits. — Voyez le *Voyage littéraire de deux religieux bénédictins de la congrégation de Saint-Maur*, t. II, p. 153.

les ventes et achats de toutes sortes de denrées et marchandises. Tels étaient ordinairement les forums dans toutes les villes romaines.

NOTE X.

Ce moine (ABBON) *a fait un très-long poème, dans lequel il raconte quelques-uns des événements dont il avait été témoin.* — Page 49.

Tout ce qu'on sait d'Abbon, c'est qu'il était moine dans l'abbaye de Saint-Germain-des-Prés, au temps où les Normands vinrent assiéger Paris; que, s'étant réfugié dans cette ville, ainsi que tous les autres moines de l'abbaye, il fut témoin de tout ce qui arriva pendant ce long et mémorable siége; que, dans un poème en vers latins, que nous possédons encore, il en décrivit les principaux événements avec assez de vérité, mais (et c'est ce qui ne pouvait être autrement) avec une grande partialité pour les Parisiens, dont il exalte le courage et les hauts faits.

Des biographes ont écrit qu'il était *Normand* *. C'est une erreur grossière. Il avoue à la vérité, dans son poème, qu'il était né en Neustrie; mais c'était probablement dans cette partie qui s'étendait des rives méridionales de la Seine à la Loire: d'ailleurs, fût-il né dans la Neustrie occidentale, on ne pourrait le qualifier de Normand, puisque les Normands n'étaient point encore maîtres de ce pays.

Outre son poème sur le siége de Paris, Abbon composa de médiocres sermons, desquels cinq ont été publiés. Les autres sont en manuscrit dans la Bibliothèque royale.

C'est du poème seul que nous devons ici nous occuper.

Abbon s'y montre tel qu'était alors tout homme portant froc, superstitieux à l'excès et ridiculement crédule. Les Parisiens sont-ils délivrés de quelque danger, ou obtiennent-

* Voyez, entre autres, le *Dictionnaire historique* de MM. Chaudon et Landine, t. I, article *Abbon*.

ils quelques succès dans leur lutte contre les Normands? c'est à saint Germain ou à sainte Geneviève qu'ils en sont redevables. Et avec quelle bonhomie il retrace les prétendus miracles qu'opéraient les reliques des saints!

Ce poème n'en est pas moins très-précieux pour l'histoire. S'il n'existait pas, on n'aurait qu'une idée très-vague et incomplète d'une des plus intéressantes et glorieuses époques de l'histoire de Paris.

On ne cite guère le poème d'Abbon qu'en y joignant l'épithète de *barbare* : et, en effet, le style n'en est pas supportable. « Non-seulement, a dit un biographe, Abbon a réuni dans ses vers tous les défauts ordinaires de la poésie de son siècle, mais il y a aussi laissé, en plusieurs endroits, une obscurité impénétrable, pour avoir voulu prendre un essor qu'il n'a pu soutenir, et y avoir employé des mots grecs et barbares* ».

Cette obscurité que l'on reproche à Abbon a pourtant disparu, en grande partie, dans une traduction récente de son poème, qu'on a publiée dans le tome VI de la *Collection de mémoires relatifs à l'histoire de France*. On doit rendre grâces à l'auteur qui a entrepris cette pénible et rebutante tâche, et qui s'en est si heureusement acquitté.

Je devrais peut-être, pour faire bien juger du style, de la manière du poète Abbon, en citer ici quelques vers; mais je prévois que, dans les notes qui suivront, je serai souvent obligé de m'appuyer de son autorité pour prouver des faits que l'on pourrait croire inventés à plaisir. C'est pour ces occasions-là que je réserve les citations.

* Histoire littéraire de la France, t. VI, p. 192.

NOTE XI.

L'empereur Julien y avait placé (dans le palais des Thermes) *une* MINERVE... *devant laquelle il venait faire des sacrifices.* — Page 50.

Quelques auteurs, en effet, rapportent que Julien rendait à Minerve un culte tout particulier. Si cela était bien prouvé, j'aurais eu tort d'avancer, dans une autre note*, qu'il n'était en réalité ni païen ni chrétien.

Tout ce que je pourrais dire pour défendre mon opinion, c'est que, dans une statue de Minerve, il ne voyait que l'emblème de la sagesse, et qu'en sa qualité de philosophe, il ne devait pas craindre de lui rendre hommage.

NOTE XII.

Il (EUDES) *voulait accoutumer les yeux du peuple à le voir revêtu du costume et des insignes de la royauté.* — Page 52.

Nos historiens français passent rapidement sur le règne d'Eudes, ou plutôt *Odon*, qui pourtant méritait de fixer leur attention par différents motifs. C'est d'abord un fait assez extraordinaire que l'avénement de cet Eudes au trône. Entièrement étranger à la famille des Carlovingiens, il n'en est pas moins élu roi, au détriment d'un membre de cette famille; et il est élu par trois peuples, les Français, les Neustriens et les Bourguignons.

M. Thierry, dans l'une de ses *Lettres sur l'Histoire***, explique, d'une manière très-plausible, ce qui put déterminer ces trois peuples à déshériter la postérité de Charle-

* Voyez ci-dessus, note VI.

** Lettre XI.

magne. Ils sentaient le besoin de séparer leurs états de la Germanie : ils ne se souvenaient plus qu'ils étaient Germains d'origine. L'Aquitaine qui, de même que la France, aspirait à former un état à part, ne voulut point reconnaître Eudes; et il fut obligé d'aller combattre dans cette partie des anciennes Gaules.

Eudes cependant était digne de la couronne. Fils du vaillant Robert-le-Fort, comte d'Anjou, il fut aussi brave que son père, mais plus ambitieux. Les services signalés qu'il rendit aux Parisiens, pendant tout le long siége de leur ville, n'étaient pas entièrement désintéressés : il entrevoyait dans le lointain la récompense qui l'attendait.

Mais il paraît que, dès qu'il fut roi, il songea bien plus à affermir et étendre son pouvoir qu'à défendre ses peuples contre les Normands, qui avaient recommencé leurs ravages en France, leurs dévastations. Que l'on écoute les sévères reproches que lui adresse Abbon à la fin du second livre de son poème, après lui avoir prodigué d'excessives louanges dans le premier livre.

« Me voilà, dit le moine poète, réduit à raconter de nouveau, avec de tristes gémissements, le retour des féroces gentils étrangers. Ils dévastent les campagnes, égorgent les peuples, parcourent les villes et les palais du roi, enlèvent les laboureurs, les chargent de fers et les envoient au-delà des mers. Eudes l'apprend, ne s'en met point en peine, et n'oppose à de tels forfaits que de vaines paroles. Plût à Dieu que ta bouche, Eudes, ne se fût jamais souillée de paroles si criminelles*! Ce fut sans doute le démon lui-même qui te les inspira. Eh quoi! ton esprit néglige de veiller sur les brebis que t'a confiées le Christ, et tu dédaignes même de prendre plus long-temps soin de ton propre honneur! Aussitôt que les barbares, qu'aucune probité ne saurait retenir, connurent tes paroles, ils s'aban-

* Remarquez qu'Abbon ne nous a point fait connaître ces *criminelles paroles*.

donnèrent aux transports de la joie, couvrirent de leurs barques tous les fleuves qui arrosent la Gaule, tinrent sous leur joug la terre et l'onde ; et toi, le gardien de la France, tu souffris tous ces excès ! »

Aussitôt après, le poète feint de parler à la France elle-même, et la blâme avec moins de ménagement encore. Mais, dans mon opinion, c'est toujours sur le roi qu'elle s'était donné, sur Eudes, que tombe la censure. Quelque long que soit ce morceau du poème d'Abbon, je le citerai, parce qu'il donne de la France, au IXe siècle, ou (si l'on adopte ma supposition) du roi Eudes seulement, une tout autre idée que celle que l'on en peut prendre dans la plupart de nos histoires.

« France, s'écrie le poète, dis, je t'en conjure, que sont « devenues ces forces avec lesquelles tu as jadis triomphé « de dangers plus grands, et ajouté des royaumes à ton « empire? Le vice et un triple péché te tiennent engourdie. « Tu te laisses emporter à l'orgueil, à un honteux amour « pour les plaisirs de Vénus, et à un goût effréné pour les « habits précieux. N'as-tu donc pas la force de repousser « au moins de ton lit voluptueux tes propres parentes et « les religieuses consacrées au Seigneur! Pourquoi te livres-« tu à des goûts contre nature, lorsque tant de femmes « courent au-devant de tes caresses? Malheureux! nous « nous permettons ce qui est défendu comme ce qui ne « l'est pas! France, il te faut des agrafes d'or pour relever « tes magnifiques vêtements, et de la pourpre de Tyr pour « donner à ta peau un vif incarnat; tu ne veux pour tes « épaules que des manteaux enrichis d'or; une ceinture ne « plaît à tes reins que si elle est garnie de piérres précieuses, « et tes pieds ne s'accommodent que de courroies dorées; des « habillements modestes ne suffisent pas à te couvrir. Voilà « ce que tu fais, et aucune autre nation n'en fait autant. Si « tu ne perds ces trois vices, tu perdras tes forces et le « royaume de tes pères. De ces vices naissent tous les crimes:

« la Bible et les prophètes du Christ nous l'attestent.
« O France, fuis-les donc à jamais.

« Chanter, ne m'ennuie pas; mais je n'ai plus à raconter « de hauts faits d'Eudes, quoique ce noble prince jouisse « encore du bonheur de respirer sur cette terre * ».

C'est ainsi qu'Abbon termine les deux livres de son poème, dans lesquels il a rapporté toute l'histoire du siége de Paris, laquelle, sans lui, je le répète, serait presque complètement ignorée. Maintenant que le lecteur décide cette question : Est-ce la France que le poète interpelle en lui disant : *Tu te laisses emporter à l'orgueil, à un honteux amour pour les plaisirs de Vénus*, etc. — *N'as-tu donc pas la force de repousser de ton lit voluptueux tes propres parentes, les religieuses consacrées au Seigneur?* etc. — *Pourquoi te livres-tu à des goûts contre nature?* etc. — *Il te faut des agrafes d'or, de la pourpre de Tyr*, etc.? Ne paraîtra-t-il pas plus vraisemblable que de tels reproches sont dirigés contre l'homme qui tenait alors les rênes de l'État? Abbon, malgré toutes les flatteries qu'il adresse au roi Eudes, pouvait bien, au fond de l'âme, le regarder comme un usurpateur, et être, en secret, du parti de ceux qui auraient voulu placer sur le trône le *légitime* Charles-le-Simple.

Ce Charles, au reste, y parvint un peu plus tard.

NOTE XIII.

Jusque-là les rois avaient disposé, à leur gré, de ces BÉNÉFICES. — Page 53.

« Charles-le-Chauve fit un réglement général qui affecta

* J'aurais voulu citer ici le texte même de ce morceau, pour prouver combien la traduction en est exacte, toute difficile qu'elle était. Mais peu de lecteurs, sans doute, prendraient la peine de comparer l'une à l'autre. Si quelques hommes de lettres veulent s'imposer cette tâche, je les préviens qu'ils trouveront la traduction entière du poème d'Abbon dans l'ouvrage que j'ai cité, note X : (*Mémoires relatifs à l'Histoire de France.*)

également et les grands offices et les fiefs : il établit dans ses capitulaires que les comtés seraient donnés aux enfants du comte ; et il voulut que ce réglement eût encore lieu pour les fiefs *. »

Avant Charles-le-Chauve, on avait vu, en quelques occasions, des enfants succéder à leurs pères dans les fiefs ou bénéfices. Mais ce fut le capitulaire de Charles-le-Chauve qui légalisa, ou, pour mieux dire, sanctionna cette hérédité, presque établie par l'usage. Veut-on savoir quels en furent les résultats ? Montesquieu nous l'apprend encore.

« L'hérédité des fiefs et l'établissement général des arrière-fiefs éteignirent le gouvernement politique, et formèrent le gouvernement féodal. Au lieu de cette multitude innombrable de vassaux que les rois avaient eus, ils n'en eurent plus que quelques-uns, dont les autres dépendirent. Les rois n'eurent presque plus d'autorité directe : un pouvoir qui devait passer par tant d'autres pouvoirs s'arrêta, ou se perdit avant d'arriver à son terme. De si grands vassaux n'obéirent plus, et ils se servirent même de leurs arrière-vassaux pour ne plus obéir ** ».

NOTE XIV.

Les deux sentinelles... assurèrent que personne n'était sorti du GYNÉCÉE.—Page 55.

Ce mot de *gynécée*, tout grec dans sa composition, et que les Romains avaient emprunté aux Grecs, désigne, comme on sait, la partie de la maison qui était réservée à l'habitation des femmes.

Dans la Grèce (dans l'antique Grèce du moins), les femmes étaient dans un état de demi-servitude; elles sortaient rarement du gynécée, où elles filaient la laine, la tis-

* Montesquieu, Esprit des lois, l. XXXI, chap. 28.

** *Ibid.*, chap. 32.

saient, en faisaient des voiles, des tuniques, des vêtements de toute espèce.

Les femmes à Rome étaient plus libres. Elles communiquaient plus facilement avec les hommes; elles n'étaient pas exclues, comme en Grèce, des banquets, des fêtes que donnaient leurs époux en certains jours solennels. On les y voyait souvent auprès d'eux, dans le *triclinium*, couchées sur le même lit, et la tête appuyée sur leur sein. Là, les gynécées n'étaient guère que des garde-meubles où des femmes esclaves serraient et rangeaient les vêtements, les meubles précieux, et, comme en Grèce, filaient et préparaient aussi la laine ou la soie pour divers usages.

Quand les Romains s'emparèrent des Gaules, ils y établirent des gynécées. Les Francs qui envahirent, quelques siècles après, le pays, ne détruisirent ni ces utiles établissements, ni presque aucune des institutions et des usages qu'y avaient apportés les Romains. Au contraire, les rois francs, les chefs et personnages importants de cette nation voulurent avoir aussi leurs gynécées. Mais ce ne furent guère, il faut le dire, que des âteliers où des femmes esclaves tissaient le lin, ou fabriquaient des étoffes de laine. Ducange * cite divers capitulaires des anciens rois francs, qui contiennent des réglements pour les gynécées.

Le même auteur remarque, et prouve par des citations de chroniques et de légendes, que ces gynécées établis dans les maisons des rois, des princes, des ducs, etc., devinrent pour eux des espèces de sérails, d'où ils tiraient leurs concubines et quelquefois leurs épouses.

NOTE XV.

Mon frère avait fait conduire les envoyés dans le château de SAINT ÉLOI, *à Gentilly.* — Page 76.

Éloi était né, en 588, à Cadillac, village à deux lieues

* Au mot *Gynæceum* de son Glossaire.

de Limoges. Son père (on ne sait point quel était son rang, ni sa profession) le plaça chez le préfet de la monnaie de Limoges. En ce temps-là, sans doute, ces préfets ne se contentaient pas de fabriquer des monnaies, ils exécutaient aussi des ouvrages d'or et d'argent de tout genre. En effet, ce fut là qu'Éloi apprit l'art de l'orfévrerie et s'y distingua.

Le roi Clotaire II et son successeur Dagobert lui conférent des travaux importants, et, entre autres, les bas-reliefs du tombeau de saint Germain, évêque de Paris, et deux siéges, ou plutôt deux trônes d'or, enrichis de pierreries. On voit que, dès ce temps de demi-barbarie, le luxe d'ostentation avait déjà envahi la cour de nos rois.

Pour récompenser dignement les talents que déployait l'orfèvre limousin, on ne trouva rien de mieux que de le faire évêque de Noyon; ce qui ne l'empêcha point de continuer ses travaux d'artiste. Il fabriquait de belles châsses d'argent pour des reliques de saints, et composait pour le peuple, des *homélies* dont plusieurs sont parvenues jusqu'à nous, et ne sont point inférieures en mérite aux autres compositions littéraires de cette époque.

Dans ce double métier, et grâces aussi aux faveurs que ne cessa de lui prodiguer le roi Dagobert, qui l'avait fait son *argentier* ou trésorier, Éloi devint excessivement riche. Il possédait de vastes domaines dans le territoire de Gentilly, où le roi avait lui-même une *villa*, ou, si l'on veut, un palais. Mais le dévot Éloi donna la plus grande partie de ses possessions à l'abbaye de Saint-Martial qu'il avait fait élever à Paris, dans la Cité même. Ses largesses envers l'Église lui ont valu le titre de saint.

Gentilly est un petit village, tout près de Paris, et l'un des plus anciens de tous ceux qui environnent cette ville. Qu'il tire ou non son origine et son nom d'une villa romaine dont le possesseur s'appelait *Gentilis*, comme le croit l'auteur de la *Notitia Galliarum* *, c'est ce qu'il importe

* Adrien de Valois, au mot *Gentiliacum*.

assez peu de savoir. Toujours est-il qu'il est fait mention de Gentilly (*Gentiliacum*) dans les actes et chartes de l'époque la plus reculée de notre histoire.

C'est tout près de Gentilly que l'on trouve les restes de l'aquéduc antique qui conduisait des eaux au palais des Thermes, et d'où le village d'*Arcueil* a pris son nom.

NOTE XVI.

Les DEUX AMANTS D'AUVERGNE (histoire).—Page 83.

La singulière anecdote des deux amants d'Auvergne est tout entière dans l'*Histoire des Français*, de Grégoire de Tours. Il fallait même qu'elle eût pour ce saint évêque bien de l'attrait, puisqu'il l'a répétée, mais en abrégé, dans son livre *De Gloria confessorum*. Dans ce dernier ouvrage, il se contente de dire en peu de mots : *Duos fuisse apud Avernum, virum scilicet et puellam refert antiquitas, qui conjuncti conjugio, non coitu, et in uno stratu quiescentes, non sunt ab alterutro polluti in voluptate carnali**. Dans son Histoire, au contraire, il développe ce fait assez extraordinaire; et il met dans la bouche de Scholastique, lorsqu'elle invite son époux à la continence, un discours tout-à-fait éloquent.

Tout ce petit drame, car on peut l'appeler ainsi, a paru si intéressant à une de nos jeunes muses, qu'elle a cru devoir en faire le sujet d'une charmante pièce de vers **. Ne pouvant, à regret, la transcrire ici tout entière, j'en citerai du moins quelques passages.

Injuriosus vient de recevoir, aux pieds des autels, la main de Scholastique (madame Tastu a changé ce nom peu poétique en celui de *Thécla*): le jeune couple est rentré dans la maison paternelle; et quand les fêtes de l'hymen sont terminées,

« Vers le lit où l'attend la vierge solitaire,
Qu'avec un baiser tendre y déposa sa mère,

* *De Gloria confessorum*, cap. 32.

** Voyez *Chroniques de France*, par madame Amable Tastu. Paris, 1829.

L'époux nouveau s'avance, et dans l'obscurité
Vient chercher doucement sa place à son côté.
Il entend les sanglots de la jeune épousée,
Et de ses pleurs amers sent sa couche arrosée.
« — Que présage, dit-il, le trouble où je te vois ?
Tu parus, sans regrets, consentir à mon choix ;
Qui donc peut te causer ces mortelles alarmes ? . . . »
Mais elle se taisait et redoublait de larmes.

. . . .

. . . .

« — Au nom du Christ, dit-il, fils du Dieu tout puissant,
Parle, je t'en conjure ! . . . » A ce pieux langage,
Thécla tourna vers lui son triste et doux visage :
« — Oh ! quels regrets amers et quels torrents de pleurs
Pourront jamais, dit-elle, épuiser mes douleurs !
Que devient aujourd'hui cette sainte promesse,
Qui devait à Dieu même enchaîner ma jeunesse !
Ce vœu religieux je l'oubliai pour toi :
Si je ne l'accomplis, malheur, malheur à moi !
A moi, qui du Seigneur, hélas ! abandonnée,
Ai pu voir sans mourir s'achever la journée ;
Quitter l'époux divin pour un époux mortel,
Pour un frivole amour son amour éternel,
Et des roses du ciel les couronnes fleuries
Pour ces roses d'hymen, hélas ! si tôt flétries !

Ce discours pathétique, et bien d'autres encore que j'omets, persuadent enfin le jeune époux, qui promet de respecter la belle compagne de sa couche.

« — Dans tes vœux, malgré moi, mon cœur est de moitié,
Dit le jeune homme ému d'une tendre pitié ;
Oui, Thécla, près de toi, comme toi, je veux vivre,
T'imiter dans ce monde et dans l'autre te suivre.
« — Eh bien ! si, dédaignant de terrestres plaisirs,
Tu peux rester soumis à mes pieux désirs,
Je te promets ta part de ma dot immortelle ! »
Et sa main, de la croix fait le signe fidèle.
Lui s'en arme à son tour ; et ces jeunes amants
Rendent le ciel témoin de leurs chastes serments,
Puis en signe de foi leurs mains se réunirent ;
Sous l'œil du Tout-Puissant bientôt ils s'endormirent.

NOTE XVII.

Ils (les Parisiens) *craindraient de rencontrer quelques-uns des Normands que mon père a laissés pour la garde du château de* CHARLEVANNE. — Page 97.

Charles-Martel, lorsqu'il régnait sous le titre de duc des Français, avait fait construire une pêcherie (*venna* ou *piscatoria*; ces mots sont synonymes) tout près du lieu où s'élève aujourd'hui, sur les bords de la Seine, le village de Bougival. C'est de cette pêcherie de Charles, *Karoli-venna*, qu'est venu le nom de *Charlevanne*.

Dès l'an 846, les Normands s'étaient établis à Charlevanne, d'où ils faisaient des excursions sur tout le territoire voisin. Ce lieu a perdu son nom, et n'est plus connu que sous celui de *la Chaussée*, hameau attenant au village de Bougival.

Le nom de Bougival, en latin *Buchivallis*, paraît venir du grand nombre de cavités, de trous (*buchi*) creusés dans la colline qui s'élève auprès du village *.

NOTE XVIII.

Près de là (d'ÉPINAI) *est le château d'où le roi Dagobert se fit porter sur le tombeau du saint*, etc. — Page 99.

Le village d'Épinai (*Spinogelum*) doit sans doute son nom au grand nombre de buissons qui couvraient la colline voisine, d'où les yeux planent sur une longue île qui s'est formée au milieu de la Seine. Il n'est distant que d'une lieue seulement de l'église de Saint-Denis.

C'est Frédégaire, ancien historien français, qui, dans

* Les chartes, diplômes, etc., qui peuvent servir de preuves à tout ce que contient cette note, sont cités par l'abbé Lebeuf dans son Histoire du *Diocèse de Paris*, t. VII, pages 165 et 172.

la chronique qu'il composa par ordre de Childebrand, frère de Charles-Martel, rapporte l'anecdote relative à Dagobert. Et il faut la croire exacte, puisque l'historien était presque contemporain de ce roi.

On ne voit plus dans le village d'Épinai aucunes traces de la maison de plaisance ou palais qu'y ont certainement possédé plusieurs rois de la première race.

NOTE XIX.

L'hydromel est la boisson des dieux dans le WALHALLA.— Page 103.

Dans une autre note, j'expliquerai (s'il est possible de l'expliquer) la mythologie fort embrouillée des peuples du Nord. Dans celle-ci je dois seulement parler du *Walhalla*, leur paradis.

« Les héros, dit l'*Edda* *, qui sont reçus dans le palais d'Odin, ont, tous les jours, le plaisir de s'armer, de passer des revues, de se ranger en ordre de bataille et de se tailler en pièces les uns les autres. Mais que l'heure du repas approche, ils retournent à cheval tous sains et saufs dans la salle d'Odin, et se mettent à boire et à manger. Quoiqu'ils soient en nombre infini, la chair d'un sanglier leur suffit à tous : chaque jour on le sert, et chaque jour il revient entier. Leur boisson est la bière et l'hydromel : une chèvre, dont le lait est de l'excellent hydromel, en fournit assez pour enivrer tous les héros : leurs verres sont les crânes des ennemis qu'ils ont tués. Odin seul, assis à une table particulière, boit du vin pour toute nourriture. Une foule de vierges servent les héros à table, et remplissent leurs coupes à mesure qu'ils les vident. »

Par les plaisirs que ces peuples espéraient de goûter après leur mort, on peut juger de ceux qu'ils appréciaient

* Edda, Island. Myth. 31—35.

le plus pendant leur vie. Combattre sans cesse, manger ensuite, et boire à longs traits de la bière ou de l'hydromel, ils ne concevaient pas de sort plus heureux *.

NOTE XX.

*Le roi nous relégua dans le couvent d'*ARGENTEUIL *que fondèrent, il y a deux siècles, le riche Franc Ermenric et la pieuse Numannes son épouse.* — Page 111.

La fondation d'un monastère de filles à *Argenteuil* remonte au VIIe siècle. Clotaire III en approuva l'établissement, vers l'an 665. Ce monastère était soumis dès lors à l'abbaye de Saint-Denis; « car, dit l'abbé Lebeuf **, les grands monastères d'hommes avaient quelquefois des monastères de filles de leur dépendance. »

Le monastère d'Argenteuil ne fut long-temps rempli que de religieuses de la famille royale ou de familles très-distinguées. Et il paraît que la vie qu'elles y menaient, sous le gouvernement des moines de Saint-Denis, était on ne peut plus scandaleuse. Leurs désordres étaient-ils un résultat de l'institution qui les plaçait sous l'autorité des moines? c'est ce qu'on peut raisonnablement supposer. Mais que d'autres couvents de filles, à la même époque, offraient des exemples de semblables désordres! Et pourtant ils n'étaient pas gouvernés par des moines.

Quoi qu'il en soit, ce couvent d'Argenteuil, qui, plus tard, eut pour abbesse l'amante d'Abélard, Héloïse, fut plusieurs fois envahi par les Normands dans leurs excursions sur les bords de la Seine. Les religieuses alors étaient obligées de fuir, ou de se soumettre aux vainqueurs, qui les emmenaient captives; et peut-être s'accoutumaient-elles bientôt à leur nouveau sort? Les Normands étaient moins barbares que ne le disent les chroniques du temps. C'est ce que j'aurai plus d'une fois occasion de démontrer.

* Voyez l'*Introduction à l'Histoire du Danemarck*, par Mallet, chap. VI.

** Histoire du Diocèse de Paris, t. IV, p. 2.

NOTE XXI.

*Le soleil se cachait, à ma droite, derrière les collines que couvre jusqu'à leur sommet l'antique forêt d'*Yvelines. — Page 116.

Vers le nord de Paris s'élevait la vaste forêt d'Yvelines, qui s'étendait jusque sur les collines qui sont à l'occident. Elle occupait tout l'espace qui est entre Aupec et Poissy. La forêt de *Lida* (de Saint-Germain-en-Laye) en faisait partie*. Ces forêts se joignaient pour ainsi dire, vers l'est, à celle de Vincennes (*Vilcenna*) et à quelques autres, dont on trouve les noms dans les anciennes chroniques. Ainsi Paris, surtout au nord de la Seine, avait une épaisse ceinture de forêts. On en compte moins sur la rive méridionale.

Le plus grand nombre de ces forêts n'existent plus: leur destruction devait nécessairement être une conséquence de l'accroissement de la population. Et pourtant il n'est point de grandes capitales qui soient, autant que Paris, entourées de bois, de forêts même. Faut-il en rendre grâce à la prudence de nos rois, qui ont presque toujours habité Paris ou ses environs; reconnaître que, dans la conservation de ces bois, ils avaient des vues d'une sage et prévoyante économie? Hélas! non. Ce n'était pas pour l'intérêt du peuple qu'ils conservaient des bois, mais bien pour se ménager des plaisirs. Quand les *démobores* (mangeurs de peuples), comme Homère appelle les rois, sont las de persécuter, de tuer les hommes, il faut bien, pour ne pas perdre le goût du sang, qu'ils trouvent des bêtes à poursuivre, à égorger.

* Lebeuf. — *Histoire du Diocèse de Paris*, t. VII, p. 210.

NOTE XXII.

Et aussitôt il (le scalde Egill)*prit sa harpe et chanta.* — Page 141 *.

Le sujet de la chanson ou *Romance* que chante le scalde Egill devant Adelinde est tiré, à ce qu'il semble, des annales de la Norwège. En effet, nous lisons dans l'ouvrage de Mallet sur le Danemarck :

« Une jeune beauté, nommée *Gida*, fit éprouver à *Harald* « une résistance à laquelle il n'était pas accoutumé. Harald, « amoureux d'elle sur sa renommée, lui avait envoyé quel- « ques seigneurs de sa cour pour lui offrir sa main; mais, « bien loin d'accepter avec empressement une proposition « qui rendait jalouses de son bonheur toutes les filles du Nord, « elle fit répondre dédaigneusement à Harald que, pour mé- « riter son cœur, il fallait s'être signalé par des exploits plus « glorieux que ceux qu'il avait faits; qu'elle tenait au-des- « sous d'elle de partager le sort d'un souverain dont le pou- « voir était si borné, et qu'elle ne le croirait digne d'elle « que quand il aurait soumis toute la Norwège à sa domina- « tion, à l'exemple des autres monarques du Nord. Loin de « s'irriter de ce refus, Harald redoubla d'admiration pour « l'ambitieuse Gida : il jura de ne prendre aucun soin de ses « cheveux jusqu'à ce qu'il eût achevé la conquête de la Nor- « wège; et il ne l'épousa en effet qu'après avoir soumis tout « le royaume.** »

Les *scaldes* étaient, chez les peuples du Danemarck et de la Norwège, ce qu'étaient les *bardes* chez les Gaulois : ils chantaient les hauts faits des princes, des chefs des armées;

* L'indication de la note, à cette page, a été omise par erreur dans le texte de l'ouvrage.

** Mallet. — *Introduction à l'Histoire du Danemarck*, t. I, p. 287.

souvent aussi des actions plus vulgaires, des aventures amoureuses, des fêtes, des combats singuliers, etc.

« On voit dans toutes les chroniques, dit Mallet*, les rois de Danemarck, de Norwège et de Suède, accompagnés d'un ou de plusieurs scaldes : ils étaient surtout honorés à la cour des princes qui se distinguaient par de grandes actions et par la passion de la gloire. Harald *aux beaux cheveux*, par exemple, leur donnait dans les festins les premières places sur le banc des officiers de sa cour. Plusieurs princes leur confiaient, soit à la guerre, soit en temps de paix, les commissions les plus importantes. Les égards qu'on avait pour eux allaient souvent jusqu'à leur remettre la peine des crimes qu'ils avaient commis, à condition qu'ils demanderaient leur grâce en vers; et nous avons encore l'ode par laquelle *Egill*, célèbre poète, se racheta de la peine d'un meurtre. » Cette ode porte le nom de *Rançon d'Egill.*

Les figures, les métaphores surtout, dont ils faisaient un fréquent usage dans leurs poèmes, étaient empruntées de la mythologie de ces temps-là, mythologie qui ne nous est pas familière comme celle des Grecs et des Romains. Ils appelaient, par exemple, le ciel, *le crâne du géant Ymer;* l'arc-en-ciel, *le pont des dieux;* l'or, *les larmes de Freya;* la poésie, *le présent*, *le breuvage d'Odin;* la terre, *le vaisseau qui flotte sur les âges;* les herbes et les plantes, *sa chevelure* ou *sa toison*, etc.

C'étaient aussi des scaldes les *drottes* ou *drotters.* Mais ceux-ci se consacraient principalement au culte des dieux. Ils connaissaient, dans tous ses détails, cette mythologie scandinave si compliquée, si obscure; et, enfin, ils présidaient aux sacrifices. Comme les *druides*, avec lesquels ils ont tant de rapports par le nom, ils étaient plus prêtres que poètes.

* Mallet, p. 338. — Mallet s'appuie, dans tout ce qu'il dit des scaldes, sur *Torfée,* auteur d'une histoire de la Norwège en 4 vol. in-fol.

NOTE XXIII.

Le Fiancé de la Vierge (*Histoire*). — Page 174.

C'est une histoire très-ancienne, et consignée dans nombre de légendes, que celle de ce jeune homme qui mit un anneau au doigt d'une statue de la Vierge, et se trouva ainsi le fiancé de la Mère de Dieu. Gautier de Coinsi, religieux bénédictin et poète, la mit en vers au XIIIe siècle.

Voici comme il commence le récit d'une aventure si ridicule, et en même temps la moralité qu'il en tire :

« Tenez silence, bone gent;
Un miracle qui moult est gent [1]
Dire vous vieil [2] et reciter,
Por les péchéeurs esciter
A soudre [3] qu'à Dieu promettent.
Trop ledement tuit cil [4] s'endetent,
Et si [5] se tuent et afolent,
Quand riens [6] promettent et nel' sollent [7]
A Dieu et à sa douce Mère. »

Qui aurait pu imaginer que le burlesque miracle que raconte Gautier de Coinsi, après ce début, eût jamais pu fournir le sujet d'un drame? C'est pourtant ce qui vient d'arriver. On a donné récemment sur un théâtre de Paris l'opéra comique de *Zampa*, puisé tout entier dans le fabliau *du Varlet qui se maria à Nostre-Dame, dont ne volt qu'il habitast à autre*. C'est le titre qu'il porte dans les *fabliaux et contes* publiés par Barbazan *.

[1] Gracieux.—[2] Veux.—[3] A payer; soudre, de *solvere*.—[4] Tous ceux-là. —[5] Aussi.—[6] Une chose.—[7] Et ne s'acquittent, *solvunt*.

* Voyez t. II, p. 420. — Le Grand a donné un extrait de ce fabliau dans son Recueil, t. IV, p. 24.

NOTE XXIV.

*Histoire de l'*ERMITE ASSASSIN. — Page 199.

C'est encore dans un ancien fabliau que l'on trouve une partie de l'histoire de l'*Ermite assassin ;* et ce fabliau me semble plus moral et d'une invention plus heureuse que celui dont nous avons parlé dans la note précédente. Il a pour titre dans le manuscrit que l'on possède à la Bibliothèque du Roi : *De l'ermite qui s'enyvra,* ou *De l'ermite qui tua son compère et jut à sa commère.*

La moralité que l'auteur (il n'est pas connu) met à la suite de cette longue histoire n'est peut-être pas celle, ou du moins la seule qu'il en faudrait tirer ; mais il ne pouvait s'en présenter aucune autre à l'esprit d'un dévot trouvère du XII ou XIIIe siècle. La voici :

Par ce conte vos voil montrer
Que nus ne se doit desperer
Por pechié que face ; ainz doit querre
A son cors penitance et guerre,
Tant que li cors ait gerredon
Et loier de sa mesprison.

On peut, presque sans y rien changer, rendre plus intelligibles ces six vers :

Par ce récit vous veux montrer
Que nul se doit désespérer,
Quelque péché qu'il ait pu faire ;
Mais à son corps déclarer guerre,
Et le châtier sans merci
Pour le punir d'avoir failli.

Le fabliau de l'*Ermite assassin* a été imité par plusieurs de nos poètes, et, entre autres, par Piron. Mais, je l'avoue, je préfère l'original, dans sa simplicité, à toutes ces imitations.

NOTE XXV.

Non, je ne les accepterais pas (ces conditions de paix), *dût mon corps servir de pâture aux chiens et aux corbeaux.* — Page 231.

La première entrevue du chef des Normands avec l'évêque Gozlin et le comte Eudes, les discours qu'ils prononcent de part et d'autre, sont dans notre chronique tels à peu près qu'on les trouve dans le poème d'Abbon. Je crois même que la chronique a rendu, plus clairement peut-être que les interprètes et commentateurs du poème, le véritable sens des vers très-obscurs qu'Abbon met dans la bouche du chef normand et de l'évêque.

Citons quelques vers du poème pour faire juger du style en général, et de l'impropriété des mots que l'auteur a employés.

Sigefroi a été introduit dans le palais de l'évêque Gozlin, *pastoris ad aulam*; il lui parle en ces termes :

O Gozline, tibi gregibusque tuis miserere,
Ne pereas, nostris faveas precibus rogitamus.
Indulge siquidem tantum transire queamus
Hanc urbem, tangemus eam nunquam, sed honores
Conservare tuos conemur, Odonis et omnes *.

Tout ceci s'entend facilement, et l'on n'a à reprocher au poète que son détestable latin; mais plus loin, il devient presque inintelligible, parce qu'à l'imperfection du style se joint le vague et l'obscurité des idées.

Je craindrais d'ennuyer le lecteur si je prolongeais cet examen d'un ouvrage si imparfait, littérairement parlant, mais si important, je le répète, sous le rapport historique.

* *Abbo. De Lutetia Parisior. a Norman. obsessa.* Lib. I, v. 40—45.

NOTE XXVI.

Un des porteurs de la châsse de sainte Geneviève, qui se nommait GROSBERT, *ne put tenir à tant de sarcasmes.* — Page 244.

Cette procession, et l'accident arrivé à *Grosbert*, sont racontés avec bonne foi par le moine Abbon *; mais le récit de l'événement, qu'on peut lire dans notre chronique, étant, à peu de circonstances près, conforme à celui qu'en fait le poète, je me crois dispensé de citer ses mauvais vers.

Puisque, dans la procession, on promenait la châsse de sainte Geneviève (ou de saint Germain) *autour de la ville*, il fallait que Paris eût une enceinte fortifiée, d'où l'on pouvait protéger les figurants dans la cérémonie contre toute attaque des ennemis qui occupaient, sur des barques et bateaux, les deux bras de la rivière au-dessous des deux ponts. En effet, en lisant avec attention les historiens qui ont décrit ce mémorable siége, on ne peut douter de l'existence de ces murailles ou remparts, et d'un *chemin de ronde* protégé par les fortifications.

Mais alors on se demandera comment, dans une île aussi petite que celle où s'élevait Paris, une île qui n'avait pas mille mètres en longueur, et beaucoup moins en largeur, il y avait autant d'églises qu'en nomment les chroniqueurs, deux palais au moins (celui du comte et celui de l'évêque), et enfin le nombre de maisons nécessaires à l'habitation d'une multitude d'hommes; car la population de Paris, assez considérable en tout temps, fut augmentée au moins du double, pendant le siége, par tous les moines et religieuses et par les familles de serfs, de *vilains*, qui vinrent y chercher un asile. Remarquez que l'*île de la Cité* était bien moins étendue qu'elle ne l'est aujourd'hui, puisque l'on

* Livre II, vers 146 et suiv.

n'y avait point encore joint l'île et l'îlot dont on a formé depuis et la place Dauphine et le terre-plein du Pont-Neuf.

Il est vraisemblable que la plus grande partie des familles qui se réfugiaient à Paris allaient vivre sous des tentes ou des cabanes provisoires, dans les îles qui se trouvaient au-dessus de Paris, telles que l'île Notre-Dame, l'île aux Vaches, l'île Louviers. Là, ils étaient à peu près en sûreté contre les attaques des Normands, qui n'avaient encore pu remonter au-delà de l'île de la Cité. Les deux ponts, fortifiés par des tours, leur barraient le passage.

Au reste, la ville de Paris, au IXe siècle (en 885), époque du siége, jouissait d'une réputation de magnificence et de beauté qu'elle avait pu mériter sous la domination des Romains, mais qu'elle n'aurait pas dû, à ce qu'il semble, conserver après que les Normands, en diverses excursions, eurent détruit les *villæ*, les temples, les monuments de toute espèce qui s'étaient élevés à l'entour sur les deux rives de la Seine.

Et cependant Abbon, dans son poème, la fait parler ainsi : « Je suis la cité qui m'élève, brillante comme une reine, au-dessus de toutes les autres. »

Sum polis ut regina micans omnes super urbes *.

Eh bien! cette *brillante reine* de toutes les villes, cette superbe cité n'avait pas alors trois mille mètres de circonférence, et l'on n'y arrivait que par deux ponts de bois.

NOTE XXVII.

L'ardeur au travail fut telle que la nuit suffit pour donner un étage de plus à LA TOUR. — Page 250.

Il paraît étonnant que, dans une seule nuit, les Parisiens, qui avaient eu beaucoup à souffrir du premier assaut donné à leur ville, aient pu réparer le dommage fait à leur

* *Abbon. Poema.* Lib. I, v. 12.

principale tour ou forteresse, et l'élever d'un étage. Mais il faut savoir que la base seulement était en pierre et en maçonnerie très-solide : tout le reste était de bois. Pour lui donner une plus grande hauteur, il ne s'agissait donc que de poser sur les anciennes constructions des poutres nouvelles que l'on n'avait qu'à assembler et lier fortement. C'est un travail qui peut promptement s'exécuter.

Voici comment le fait est raconté par Abbon :

Nil prorsus species turris renitens erat adhuc
Perfectæ, fundamentis tantum bene structis,
Ac modicum ductis sursum factisque fenestris
Gaudebat ; belli sed eadem nocte peracti
Altius hæc circumductis crevit tabulatis ;
Lignea sescuplæ siquidem super additur arci *.

« La tour ne présentait plus rien (après l'assaut) de sa forme primitive et complète; il ne lui restait que des fondements bien construits et des créneaux assez bas ; mais pendant la nuit même qui suivit le combat, cette tour, revêtue dans toute sa circonférence de fortes planches, s'éleva beaucoup plus haut, et une nouvelle citadelle en bois, d'une fois et demie plus grande, fut, pour ainsi dire, posée sur l'ancienne. »

NOTE XXVIII.

Bientôt s'éleva ce monticule de forme conique, que l'on voit de loin, et qui porte aujourd'hui le nom de LA TOMBELLE. — Page 253.

Les premiers tombeaux, chez toutes les nations du monde, ont été des monticules de terre et de pierres, ensuite des pyramides, qui n'étaient que l'image de ces monticules. C'est un sentiment naturel de couvrir de terre,

* *Abbon. Poem.* Lib. I, v. 78 et seq.

pour le cacher aux yeux, l'objet dont la présence non-seulement attristerait, mais deviendrait insalubre, insupportable. Ce n'est qu'après un long laps de siècles, et lorsque d'autres institutions ont changé leurs mœurs et leurs coutumes, que les peuples en viennent soit à creuser le sol pour y enfouir les morts, soit à les consumer sur des bûchers.

Les Grecs des temps héroïques élevaient des monticules sur leurs morts. La plaine *où fut Troie* nous offre sur toute sa surface des tumulus de ce genre. Mais, à une époque moins ancienne, les Grecs élevèrent de magnifiques monuments funèbres, surtout aux personnages illustres, et les décorèrent de statues et d'épitaphes.

Les Romains adoptèrent cette coutume, et même portèrent jusqu'à l'exagération les honneurs qu'ils rendaient aux cendres des morts. Leurs tombeaux étaient de splendides monuments, dont les ruines aujourd'hui nous étonnent, nous frappent d'admiration.

Mais les peuples du Nord, les Germains, les anciens Gaulois, conservèrent long-temps l'antique usage. Ils ensevelissaient les morts sous des monceaux de pierres. De là tous ces monticules de forme plus ou moins pyramidale, que l'on trouve si fréquemment en Allemagne, en France, en Angleterre, etc..

Dans les campagnes qui environnent Paris, il y avait, comme partout ailleurs, de ces tertres élevés qui couvraient des restes, soit d'anciens Gaulois, soit des guerriers normands; car, dans les diverses excursions de ces Normands, et surtout au siége de Paris, il dut en périr en très-grand nombre. C'est dans les mêmes lieux, hors de la ville, où les Parisiens, sous la domination romaine, inhumaient leurs morts, que les assiégeants portèrent les corps de ceux qui succombèrent. Aussi voyait-on autrefois des tumulus ou monticules s'élever au milieu de ces *rues de tombeaux* qui s'étaient formées hors de Paris, comme il s'en formait toujours sur les bords des routes qui aboutissaient aux villes romaines. Les noms de quelques localités, surtout au midi de la Seine, rappellent à la fois des lieux consacrés à des sépultures, et ces tumulus ou *tombelles*. Il y avait, non pas des *cimetières*, comme le dit Lebeuf, mais de longues files de tombeaux sur les deux bords des chemins, dans la plaine au midi de Paris. Cet antiquaire cite avec raison, comme preuve de son opinion, les noms de *la Tombe Isoire*, maison qui se trouve à *Mont-Souris*, dans la commune de Mont-Rouge, le *Fief des tombes*, dans le même emplacement, etc. *

NOTE XXIX.

Ils crurent voir sortir un homme de la forêt de Mont-Savey. — Page 257.

La petite montagne, située vers l'orient d'été de Paris, et que des collines, formant un arc de cercle, joignent, pour ainsi dire, à Montmartre, a porté trois noms différents : d'abord celui de *Savegium* ou *Saveiæ*, et, par abréviation, *Saviæ;* ensuite celui de *Poitronville*, que lui donna sans doute, dans les temps féodaux, quelque seigneur qui s'appelait Poitron ou Boitron ; et enfin, en des temps plus modernes (dans le XVe siècle), le nom de *Belleville* qu'elle a conservé, et qu'elle doit sans doute à sa situation, plus encore aux charmantes *villæ* dont elle a toujours été couverte.

Nos rois de la première race avaient, sur le haut de cette montagne, au milieu des bois qui la couvraient, une maison de campagne. Il paraît même qu'on y a battu monnaie; car on trouve des médailles qui portent l'inscription *Savi.*

Le village de Belleville fait partie aujourd'hui des faubourgs de Paris. On y arrive par une longue rue bordée des deux côtés de cafés, de guinguettes de toute espèce. Toute la montagne est, de temps immémorial, un lieu consacré aux amusements, aux plaisirs, souvent trop bruyants, des habitants de la grande ville **.

* Lebeuf. — *Traité sur les anciennes sépultures.*

** Le lecteur qui désirerait plus de renseignements sur Belleville, en

NOTE XXX.

Il avait transporté son habitation sur le rivage que borde la forêt de VILCENNA. — Page 257.

Le nom de *Vilcenna* que portait, dès les plus anciens temps, *Vincennes*, n'a subi qu'une légère altération. Sa forêt, autrefois célèbre, n'a éprouvé aussi qu'une diminution, assez forte, il est vrai, dans son étendue. Ce n'est plus qu'un bois, un parc; mais il est entouré de murs.

L'abbé Lebeuf, qui trouvait si facilement les étymologies des noms des villages qui entourent Paris, en les faisant dériver des noms des Romains, qui, à l'en croire, y possédaient des maisons de campagne, me semble s'être singulièrement écarté de sa méthode accoutumée, en tirant le nom de *Vilcenna* du mot franc ou germain *wils*, lequel signifiait, selon lui, un *médiocre cheval*, ce qui lui fait supposer qu'il y avait là un *haras**. Pourquoi ne nous a-t-il pas dit tout simplement que là se trouvait quelque belle *villa* d'un Romain nommé *Cennius*?

Quoi qu'il en soit, le mot de *Vincennes* revient souvent dans notre histoire. Nos rois y avaient un palais; saint Louis, comme nous l'apprend Joinville, y rendait la justice dans le bois, sous un chêne; Louis XI en fit une prison d'État. Et, de notre temps, si une noble victime y a péri par les ordres d'un despote, un guerrier s'y est signalé par un acte éclatant de bravoure et de patriotisme.

trouvera dans l'abbé Lebeuf, *Dissertations sur l'Histoire ecclésiastique et civile de Paris*; dans M. Dulaure, *Histoire des environs de Paris*, etc., etc.

* Voyez l'*Histoire du Diocèse de Paris*, t. V, p. 75.

NOTE XXXI.

Il n'y avait autour de l'église de SAINT-GERMAIN-LE-ROND *aucun édifice dont il pût s'emparer.* — Page 258.

Cette église, sur la rive septentrionale de la Seine, avait pour patron un saint Germain, autre que le saint Germain évêque de Paris, dont les cendres étaient conservées dans la riche abbaye qui s'élevait sur la rive méridionale, ce qui lui avait fait prendre le nom de *Saint-Germain-des-Prés*. Ce fut sans doute pour la distinguer de l'autre, et aussi à cause de sa forme, qu'on appela la première *Saint-Germain-le-Rond*. Le poète Abbon établit clairement la distinction à faire entre les deux églises du nom de Saint-Germain, lorsqu'il dit :

Ergo suas ut Ainricus *secessit ad aulas,*
Germani teretis *contemnunt littora sancti,*
Æquivocique legunt cujus factis bene vescor *.

Voici comme ces vers ont été traduits, non sans peine, mais très-exactement :

« Aussitôt que Henri (de Saxe) s'est retiré dans ses États, « les Barbares abandonnent les terres de Saint-Germain-le-« Rond, et passent sur celles du saint du même nom, dont « les bienfaits me nourrissent. » (Abbon était moine de l'abbaye de Saint-Germain-des-Prés).

La forme ronde du Saint-Germain de la rive septentrionale indique que ce fut de tout temps un *baptistère*. C'était la forme que l'on donnait dans les premiers temps du christianisme aux édifices qui avaient cette destination.

Les Normands, qui faisaient le siége de Paris, ne pouvaient mieux choisir, pour y placer un de leurs camps, que le lieu où s'élevait ce baptistère. Ils l'entourèrent de bons

* *Abbon*. Lib. II, v. 75 et seq.

retranchements, dont on croit voir des traces dans la rue qui porte aujourd'hui le nom des *Fossés-Saint-Germain-l'Auxerrois.*

NOTE XXXII.

Histoire de Windal et Pappula. — Page 268.

Cette histoire-là trouvera bien des incrédules. Comment admettre que le *Louvre* tire son nom d'un mot anglo-saxon? J'avoue que, tout disposé que je suis à ne point révoquer en doute la plupart des faits que contient la chronique de frère *Polycarpe Joculat*, je regarde l'histoire de Windal comme très-apocryphe.

Ce n'est pas ainsi qu'en jugèrent deux poètes que j'ai connus, et dont l'un (le jeune *Millevoye*) excita tant de regrets à sa mort. Ils avaient lu l'anecdote dans un journal littéraire très-estimé, au rédacteur duquel elle avait été envoyée par le traducteur de notre chronique; et ils entreprirent d'en faire le sujet d'un petit poème qu'ils voulaient intituler *historique*. Ce ne fut que sur mes observations qu'ils se décidèrent à abandonner (je le crois du moins) le travail qu'ils avaient déjà commencé.

Je déclare donc ici, pour l'acquit de ma conscience, que l'histoire de l'*origine du Louvre* ne me paraît être qu'un de ces contes forgés sur des traditions vulgaires par un de ces milliers de trouvères qui, dans le moyen âge, cherchaient à désennuyer les châtelains et leurs nobles dames par des récits où, le plus souvent, la vérité n'était pas plus respectée que le sens commun.

NOTE XXXIII.

« *N'attendez de nous ni services, ni plaisirs : nous méprisons trop les poltrons.* » — Page 289.

C'est encore Abbon qui nous a transmis ce discours un

peu véhément des fières Danoises à leurs époux. Si l'on veut en croire ce moine-poète, les Normands furent tout épouvantés de ce que les assiégés, les voyant monter à l'assaut de la grosse tour, leur jetèrent sur la tête des flots de poix et de cire bouillante; mais il me semble qu'à cette époque où n'étaient pas en usage les canons qui peuvent plus efficacement éloigner les ennemis, on ne pouvait guère employer d'autres moyens de défense contre des assaillants.

D'après le genre de reproches que les *Danoises* adressent à leurs époux qui fuient, on peut croire qu'elles avaient autant d'orgueil que d'intrépidité. Et c'est ce que reconnaissent en elles leurs ennemis même.

Le sarcasme méprisant que lancent les Parisiens contre les Normands, dont la longue chevelure prenait feu dans l'huile enflammée que l'on jetait sur eux, n'est pas de très-bon goût. Mais c'est encore Abbon que nous pouvons citer pour prouver que les expressions de jactance et de mépris que proférèrent, suivant lui, les Parisiens, n'ont pas été inventées à plaisir par l'auteur de notre chronique: les voici telles qu'elles sont consignées dans le poème d'Abbon:

Ambusti, Sequanæ ad pelagos concurrite, vobis
Quo reparent, alias reddent jubas mage comtas.

« Malheureux brûlés, courez vers les flots de la Seine; tâchez qu'ils vous fassent repousser une autre chevelure mieux peignée. »

NOTE XXXIV.

Une fumée blanchâtre et humide couvrit quelque temps le pont et une partie de la cité. — Page 294.

Les barques incendiaires des Normands s'engloutirent dans les eaux de la Seine, sans mettre le feu au pont de bois qui réunissait Paris au continent : tel est le fait attesté par les historiens. Abbon, dans son poème, regarde cet événement comme un miracle, et l'attribue au saint patron de l'abbaye où il était moine ; cela devait être. L'auteur de notre chronique en fait honneur, au contraire, à une sainte, Marie l'Égyptienne. Lequel des deux a raison? Peu importe. Toujours est-il qu'il y eut miracle, et que le peuple de Paris alla solennellement en rendre grâces à Dieu dans l'église de Notre-Dame.

Ce que j'aurais à remarquer dans le récit que fait Abbon de l'événement miraculeux, c'est qu'il s'était nourri de la lecture de Virgile, et qu'en cette occasion, comme en plusieurs autres, il cherche à l'imiter, et lui prend même souvent des vers qu'il adapte à son sujet, on ne peut plus maladroitement. Par exemple, lorsque les Parisiens voient s'approcher de leur pont les barques qui vomissaient des flammes, ils s'abandonnent au plus violent désespoir; le poète fait trembler et pleurer jusqu'aux tours et aux murs de la ville :

Urbs luget, speculæque timent, et mœnia deflent. *

« La fraîche jeunesse, dit-il, la vieillesse aux cheveux blancs, font entendre de tristes mugissements; les femmes, s'arrachant les cheveux, déchirent le voile qui couvre leur sein, et le meurtrissent de coups.

.... Dant pulchri juvenes et alba senectus
Mœrentes gemitus, matresque jubas laniando
Terga dabant siccæ, crinesque per arva revolvunt.
Hæ colaphis nudata suis jam pectora tundunt **. »

Mais un cri général s'élève vers le ciel. On invoque avec

* *Abbo*. Lib. I, v. 386.
** *Ibid.*, v. 388.

ferveur le grand saint Germain pour qu'il vienne secourir une ville où jadis il fut évêque.

> .... *Misere* (pour *miserere*) *tuis, Germane, misellis!...*
> *O famulis, Germane, tuis succurrere disce!**

Le saint compatissant s'empresse de voler vers le trône de l'Éternel, de l'implorer pour le peuple parisien; et le miracle s'opère.

Il n'est guère possible, à ce qu'il me semble, d'imiter avec moins de goût, et peut-être moins de convenance, le grand poète latin. Mais j'ai voulu offrir ici un échantillon de ce qu'était la haute littérature au IXe siècle.

NOTE XXXV.

Tu verras au milieu de la campagne la chapelle à demi ruinée de Sainte-Catulle. — Page 354.

Dans les litanies que l'on chantait à Saint-Denis, aux fêtes des Rogations, on trouve cette invocation : *Sancta Catulla.*

Cette *Catulla* était, comme on sait, la pieuse Romaine qui recueillit les corps de saint Denis et de ses compagnons, et les fit inhumer dans un champ qui lui appartenait. Aussi ne manqua-t-on point, un siècle après, d'en faire une sainte. On peut croire, puisque notre chronique nous l'apprend, qu'on lui avait bâti, dans la plaine de Saint-Denis, une chapelle, et qu'au temps de l'invasion des Normands le petit édifice commençait déja à tomber en ruine.

L'abbé Lebeuf, tout pieux, tout dévoué qu'il était aux intérêts de l'Église, semble douter que sainte *Catulle* ait jamais existé, et que le village que l'on appelle aujourd'hui

* *Abbo.* Lib. I, v. 394 et 399.

Saint-Denis ait d'abord porté le nom de *Catulliacum*. * — Il faut en convenir, les érudits de bonne foi sont les ennemis les plus redoutables tant des faiseurs de légendes et de fausses chartes que des historiens menteurs.

* Voyez l'*Histoire du Diocèse de Paris*, t. III, p. 175.

FIN DES NOTES DU TOME PREMIER.

TABLE

DES CHAPITRES ET DES NOTES

DU TOME PREMIER.

NOTES DU TOME PREMIER.

FIN DE LA TABLE DU TOME PREMIER.

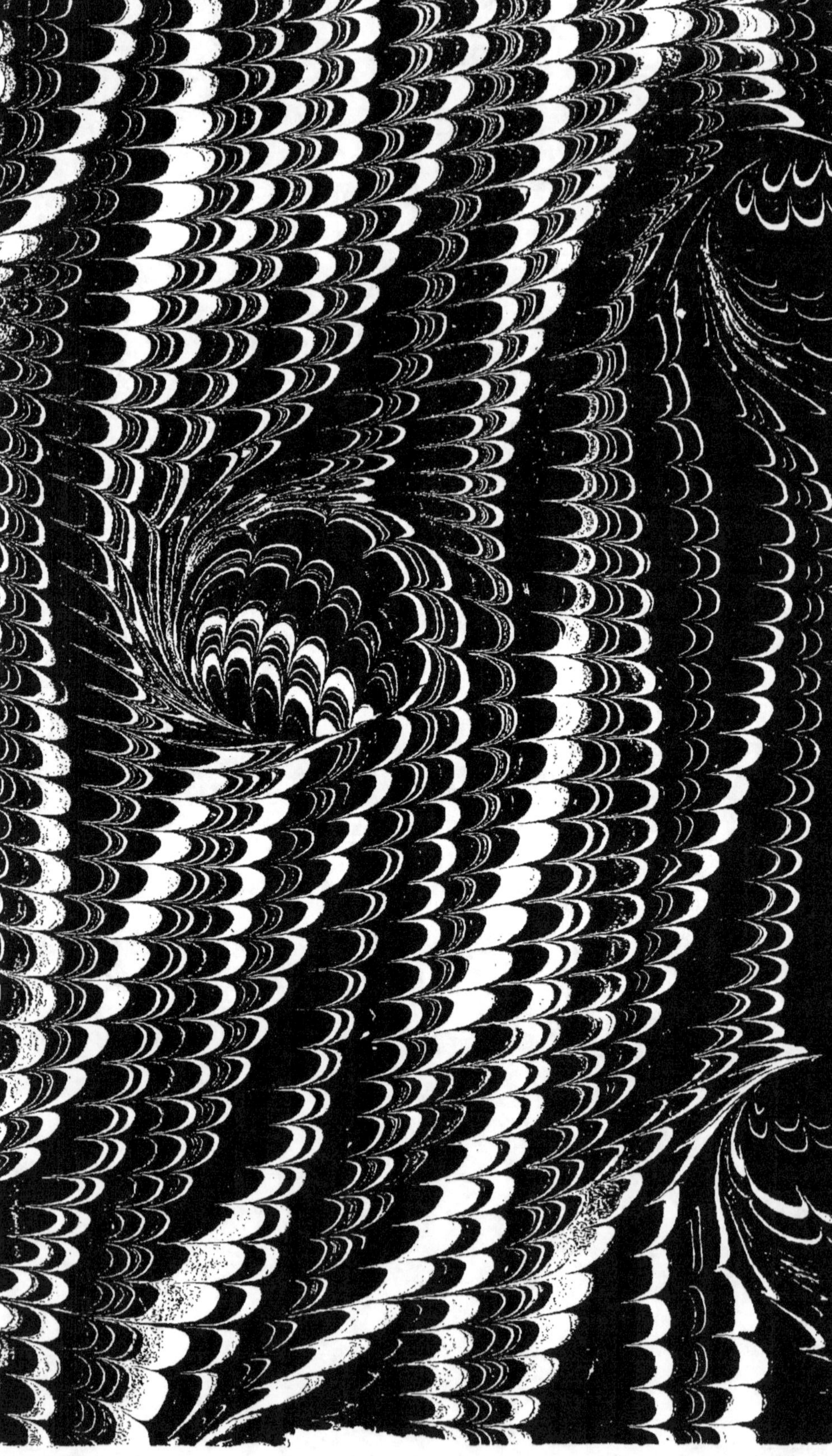

BIBLIOTHEQUE NATIONALE DE FRANCE
3 7531 04324926 8

www.ingramcontent.com/pod-product-compliance
Lightning Source LLC
LaVergne TN
LVHW020552110826
845149LV00002B/240

9782019568467